古代歷史文化 研究輯刊

十四編

王明蓀 主編

第12冊

隋唐政治與文化研究論文集（中）

李文才 著

國家圖書館出版品預行編目資料

隋唐政治與文化研究論文集（中）／李文才 著—初版—新
北市：花木蘭文化出版社，2015〔民 104〕
目 6+180 面；19×26 公分
（古代歷史文化研究輯刊 十四編；第 12 冊）
ISBN 978-986-404-320-0（精裝）
1. 政治文化　2. 隋唐
618　　　　　　　　　　　　　　　　　　　104014376

ISBN-978-986-404-320-0

9 789864 043200

古代歷史文化研究輯刊
十四編　第十二冊　　　　　　ISBN：978-986-404-320-0

隋唐政治與文化研究論文集（中）

作　　者　李文才
主　　編　王明蓀
總 編 輯　杜潔祥
副總編輯　楊嘉樂
編　　輯　許郁翎
出　　版　花木蘭文化出版社
社　　長　高小娟
聯絡地址　235 新北市中和區中安街七二號十三樓
　　　　　電話：02-2923-1455／傳眞：02-2923-1452
網　　址　http://www.huamulan.tw 信箱 hml810518@gmail.com
印　　刷　普羅文化出版廣告事業
初　　版　2015 年 9 月
全書字數　504881 字
定　　價　十四編 28 冊（精裝）台幣 52,000 元

版權所有・請勿翻印

隋唐政治與文化研究論文集(中)

李文才　著

目

次

唐代赤水軍指揮系統之構成及其特點

一、緒論

學界較早關注赤水軍，並加以申論者，爲已故北京大學教授王永興氏。王氏關於赤水軍的研究論點，主要有二：1. 赤水軍成立於武德二年（619）「恐不可信」，赤水軍成立時間應當爲武則天在位期間，迴紇、契苾等四蕃族內屬甘、涼之後。2.「赤水軍乃敕勒族（亦稱鐵勒）迴紇、契苾、思結、渾四部所組成之軍隊也。敕勒族四部以迴紇部最爲強大，故迴紇部酋相繼爲赤水軍使，可推知其他三部酋長爲赤水軍使下諸將，四部之一般部落成員則爲赤水軍之兵士也。」〔註1〕

對於上述王氏的這兩個論點，筆者曾撰文提出商榷性意見，認爲：1. 唐高祖武德二年（619）七月，安修仁以其地來降，唐朝政府出於平定河西之政治軍事目的，以及綏撫安氏家族及其私屬武裝之考慮，遂以安氏私屬武裝爲基礎，就地組建了赤水軍。因此，赤水軍成立於武則天時期的論點不能成立。2. 赤水軍係由敕勒族所組成的軍隊，這個說法也不能成立。這是因爲，首先赤水軍之成立是由出自昭武九姓胡的安修仁發起，既然赤水軍因安修仁歸唐而組建，那麼組建後的第一任指揮官，應當由安修仁或安氏家族的其他人物充任，這一點應該可以確定。其次，就赤水軍的發展歷史來看，赤水軍指揮官——「赤水軍（大）使」也並非全部由迴紇部酋擔任，其他少數民族將領甚至漢人將領，也可擔任此職。〔註2〕當時拙文的論述重點爲赤水軍指揮系

〔註1〕 前揭《唐代前期軍事史略論稿》，第110頁。
〔註2〕 李文才：《試論赤水軍的軍事地位及其成因》，《唐史論叢》第14輯，第359～374頁，西安，陝西師範大學出版總社有限公司，2012。

統，通過對赤水軍指揮官──赤水軍（大）使，以及副使、赤水軍基層軍官等人員組成情況的討論，對上述王氏的第二個論點進行修正，並提出了自己的見解。至今我依然認爲，王氏上述兩個論點不能成立。

由於拙文當時在史料搜集方面也存在不足，特別是在赤水軍（大）使、副使、基層軍官人員的材料收集上闕漏頗多，從而影響到對赤水軍指揮系統之構成特點、君主對赤水軍之掌控意圖等問題判斷的嚴密性。

學術，天下公器也。在學術探索的道路上不懼出現失誤甚至是錯誤，關鍵是發現錯誤之後的態度。前述拙文在史料搜集上的粗疏，以及成文的倉促，直接影響到文章的科學性。基於懲前毖後之想法，今再撰本文以對前述拙文進行補正，並力爭在赤水軍指揮系統構成及其特點等問題的研究方面取得一定突破。

二、歷任赤水軍（大）使考述

欲討論赤水軍指揮系統之構成特點，首先要把赤水軍最高軍事主官的名稱及其內涵弄清楚；然後，再看由哪些人擔任這個職務，並據以分析其任職背景等情況。

就現存史料所揭示，關於赤水軍最高軍事主官的名稱，有多種不同叫法，如：赤水軍使、赤水軍大使、赤水兵馬大使、赤水兵馬使、赤水大使等，只有在極個別情況下，稱爲「節度赤水軍事」（詳見下文所論），在以上諸多稱呼中，有些名稱之間是全稱與簡稱的關係，如：「赤水軍使」當爲「赤水軍大使」之簡稱；「赤水兵馬使」、「赤水大使」當爲「赤水兵馬大使」的簡稱。然而，前揭王永興氏卻認爲赤水軍（大）使的正式名稱，應該是「赤水九姓使」或「九姓部落赤水軍兵馬大使」。據前揭王著略云：

> 根據以上考辨分析，《會要》所云：「赤水九姓使」，《新書·方
> 鎮表》所云：「九姓部落赤水軍兵馬大使」，乃敕勒族諸部所組成的
> 軍隊；前者爲簡稱，後者爲全稱。〔註3〕

對於王氏的這個判斷，我並不認同。因爲本文以下所列舉之眾多史實均表明：絕大多數情況下，「赤水軍（大）使」、「九姓大使」（或稱「九姓部落大使」，或簡稱「九姓」）都是並提的兩個職務，二者絕非一職，可以確定無疑。

因此，我以爲赤水軍（大）使並非「赤水九姓使」，或「九姓部落赤水軍兵馬大使」的簡稱。《唐會要》所說的「赤水九姓使」，其實包含赤水軍（大）

〔註 3〕 前揭《唐代前期軍事史略論稿》，第 111 頁。

使、九姓大使二個使職，《新表》「九姓部落赤水軍兵馬大使」，同樣包含「九姓部落大使」、「赤水軍兵馬大使」兩職，它們都是由於文字有簡省而被誤解為一職。

接下來考述歷任赤水軍（大）使任職者的情況。

赤水軍成立後的第一任指揮官——赤水軍（大）使，以史籍無載，故不得而知。我在前揭拙文中曾推測認為，赤水軍之組建既係因安修仁歸服而置，因此第一任赤水軍使應當可以確定為安修仁或安氏家族的其他人物。〔註4〕不過，畢竟這只是一種推測。因此，本文在討論赤水軍指揮系統時，不將其列入考察範圍。

以下據諸相關史籍，將明確可查的赤水軍（大）使情況考述如下：

1、劉審禮

劉審禮（？～681），據兩《唐書・劉德威附子審禮傳》，徐州彭城人。劉審禮擔任赤水軍大使一事，兩《唐書》無載，其事見諸黑齒常之墓誌銘略云：「於時中書令李敬玄為河源道經略大使，諸軍取其節度。赤水軍大使尚書劉審禮，既以敗沒，諸將莫不憂懼。」〔註5〕是劉審禮曾以赤水軍大使的身份領兵，隨同中書令李敬玄征戰。墓誌銘所載之軍事行動，即兩《唐書》、《資治通鑒》諸史所載發生於儀鳳三年（678）九月間的唐蕃「青海之戰」。唐蕃青海之戰，以李敬玄兵敗、劉審禮被俘為結局，據《舊唐書・高宗紀》云：「（九月）丙寅，洮河道行軍大總管・中書令李敬玄、左衛大將軍劉審禮等與吐蕃戰於青海之上，王師敗績，審禮被俘。」〔註6〕劉審禮後於永隆二年（681）卒於吐蕃。〔註7〕

劉審禮西征前的任職，據前揭《舊傳》云：「稍遷工部尚書，兼檢校左衛大將軍。儀鳳二年，吐蕃寇涼州，命審禮為行軍總管，與中書令李敬玄合勢討擊。」〔註8〕按，《舊傳》此處所載「儀鳳二年」不確，唐蕃青海之戰發生

〔註4〕 前揭拙文《試論赤水軍的軍事地位及其成因》，《唐史論叢》第 14 輯，第 360 頁。

〔註5〕 周紹良主編：《唐代墓誌彙編》聖曆 022《大周故左武威衛大將軍檢校左羽林軍贈左玉鈐衛大將軍燕國公黑齒府君墓誌文并序》，第 941～943 頁，上海，上海古籍出版社，1992。

〔註6〕 《舊唐書》卷五《高宗紀下》，第 103～104 頁。

〔註7〕 《舊唐書》卷七七《劉德威附子審禮傳》：「永隆二年，卒於蕃中，贈工部尚書，謚曰僖。」（第 2678 頁）

〔註8〕 《舊唐書》卷七七《劉德威附子審禮傳》，第 2678 頁。

於儀鳳三年。故《新傳》「儀鳳三年，吐番寇涼州，副中書令李敬玄討之。」
〔註9〕《新傳》所載是也。綜合新舊二傳可知：劉審禮是以工部尚書、兼檢校
左衛大將軍的身份，出任赤水軍大使一職，並作爲唐軍西征副統帥，領軍出
征。

綜合上述墓誌銘、紀、傳可知：唐高宗儀鳳三年（678）九月，唐朝以中
書令李敬玄爲主帥（河源道經略大使、洮河道行軍大總管）、工部尚書兼檢校左衛大
將軍劉審禮爲副帥（赤水軍大使、行軍總管），領兵西征吐蕃，唐蕃雙方在青海展
開戰鬥，由於主帥李敬玄遷延不進、貽誤戰機，最後造成唐軍敗績，副帥、
赤水軍大使劉審禮戰敗被俘。〔註10〕

因此，劉審禮擔任赤水軍大使的時間，在唐高宗儀鳳三年（678）九月前後。

2、司馬名逸

司馬名逸，河內人。據劉秀所撰《涼州衛大雲寺古刹功德碑》，略云：

> 大雲寺者，晉涼州牧張天錫昇平之年所置也。本名宏藏寺，後
> 改爲大雲。因則天大聖皇妃臨朝之日，創諸州各置大雲，隨改號爲
> 天賜菴。其地接四郡境，控三邊衝要，俯蒼松而環城，珍白蘭而作
> 鎮……時有明牧右武將軍、右御史中丞、內供奉、持節、西河（按，
> 當爲河西）諸軍節度大使、赤水軍大使、九姓大使、監秦涼州倉庫使、
> 檢校涼州都督河內司馬名逸，實晉南陽王模十三代系也……赤水軍
> 副使·右衛將軍陳宗北、左金吾衛翊府中郎將安忠敬、軍長史萬徹、
> 軍司馬王休祥、神烏縣令胡宗輔……」〔註11〕

據此可知，司馬名逸是以右武〔衛〕將軍、右御史中丞、內供奉、持節、河
西諸軍節度大使、檢校涼州都督的身份，兼任赤水軍大使、九姓大使、監秦
涼州倉庫使諸職。

司馬名逸任職時間，可依據功德碑內容，結合相關史載推測大概。大雲
寺本西晉末年張天錫創置，原名宏藏寺，因武則天「臨朝之日」，命諸州各置

〔註9〕 《新唐書》卷一〇六《劉德威附子審禮傳》，第4055頁。

〔註10〕 據《新唐書》卷一〇六《劉德威附子審禮傳》：「儀鳳三年，吐番寇涼州，副中
書令李敬玄討之。遇虜青海上，與戰，敬玄逗撓不前，審禮敗，爲虜執。」（第
4055頁）《資治通鑑》所載劉審禮戰敗被俘的原因，與《新傳》同。由此可知，
唐蕃青海之戰劉審禮戰敗被俘，主要因爲主帥李敬玄「逗撓不前」，以致劉審
禮孤軍深入、缺乏配合所導致。

〔註11〕 《全唐文》卷二七八（劉秀）《涼州衛大雲寺古刹功德碑》，第2821～2823頁。

大雲寺一所，而改名大雲寺；不久又曾改名天賜庵；最終又復名大雲寺。武則天臨朝稱制，時在弘道元年（683）十二月，唐高宗駕崩之後。〔註12〕據此可知，司馬名逸擔任此職，當在 683 年十二月以後。

又，功德碑所提到的赤水軍副使、左金吾衛翊府中郎將安忠敬，乃安興貴之孫，據安忠敬神道碑略云：

> 公……始以良家子僕射韋公待價引於帳下，安息軍建奇績，解
> 褐授游擊將軍、臨洮府右果毅。復以善部統，御史大夫唐公休璟處
> 之前鋒，洪源谷立異効。遷右威衛翊府右郎將兼新泉軍使，進本衛
> 中郎將赤水軍副使，兼赤水、新泉兩軍監牧使……〔註13〕

從中可知，安忠敬是以「良家子」的身份，隨韋待價征戰安息而走入仕途；後來又以擅長統軍，成爲唐休璟的部下，率部隨唐休璟征戰洪源谷，並在這這次戰役中立下「異効」（特殊戰功）。正是憑藉洪源谷所立「異効」，安忠敬隨後接連陞遷右威衛翊府右郎將兼新泉軍使、本衛（即右威衛翊府）中郎將、赤水軍副使兼赤水‧新泉兩軍監牧使諸職。

洪源谷之戰，發生於武則天久視元年（700）閏七月，是月吐蕃大將麴莽布支率兵攻擊涼州，進圍昌松，唐隴右諸軍大使唐休璟與之戰於洪源谷，唐軍六戰皆捷，大敗吐蕃。〔註14〕神道碑所云「洪源谷立異効」，即指安忠敬在此次戰役中所立戰功。洪源谷之戰後，安忠敬以戰功被任命爲右威衛翊府右郎將兼新泉軍使，不久，又遷爲本衛（即右威衛）中郎將、赤水軍副使兼赤水、新泉兩軍監牧使。這也就是說，安忠敬擔任赤水軍副使的時間，當在久視元年（700）閏七月以後。

〔註12〕 據《舊唐書》卷六《則天皇后紀》：「弘道元年十二月丁巳，大帝崩，皇太子顯即位，尊天后爲皇太后。既將篡奪，是日自臨朝稱制。」（第116頁）

〔註13〕 《全唐文》卷二三〇（張說十）《河西節度副大使鄯州都督安公神道碑銘并序》，第2331～2332頁。

〔註14〕 《資治通鑑》卷二〇七則天后久視元年（700）閏七月：「丁酉，吐蕃將麴莽布支寇涼州，圍昌松，隴右諸軍大使唐休璟與戰於港（按，當作『洪』）源谷。麴莽布支兵甲鮮華，休璟謂諸將曰：『諸論既死，麴莽布支新爲將，不習軍事，【諸貴臣子弟皆從之】，望之雖如精銳，實易與耳，請爲諸君破之。』乃被甲先陷陳，六戰皆捷，吐蕃大奔，斬首二千五百級，獲二神將而還。」（第6549頁。按，本節敘事，諸本字句多有不同，如「洪源谷」，中華書局點校本所據之底本──清胡克家翻刻元刊胡注本作「港源谷」，據諸所引安忠敬神道碑，當以「洪源谷」爲是；又【諸貴臣子弟皆從之】一句，胡克家翻刻元刊胡注本闕此句，其他多數版本均有此句。詳情參諸本節胡注，及整理者校語。）

又，功德碑的作者劉秀，在唐中宗時官至修文館學士，因此，功德碑的寫作時間不應晚於唐中宗在位期間，即景龍三年（709）以前。據此可以判斷：司馬名逸擔任赤水軍大使的時間，當在武則天久視元年（700）閏七月，至唐中宗景龍三年（709）之間。

3、司馬逸客

司馬逸客，依理而言，當出自河內司馬氏。司馬逸客之事跡，在蘇頲所撰《命呂休璟等北伐制》中有所反映，略云：

> 右領軍衛將軍兼檢校北庭都護、碎葉鎮守使、安撫十姓呂休璟……可爲金山道行軍大總管。北庭副都護郭虔瓘、安處哲等……並可爲副大總管，領瀚海、北庭、碎葉等漢兵及驍勇健兒五萬騎；金山道前軍大使特進賀獵毗伽欽化可汗突騎施守忠領諸番部落兵健兒二十五萬騎，相知計會，逐便赴金山道。朔方道行軍大總管、右武衛大將軍攝右臺大夫、同中書門下三品、上柱國、韓國公張仁亶……與副大總管、右監門衛大將軍魯受信等領蕃領蕃漢兵募健兒，或用絕群飛騎城傍等十五萬騎；赤水軍大使、涼州都督司馬逸客，外寬內明，正辭直道，標慷慨之節，曾不顧身，蘊經營之志，期於盡敵，與右武衛將軍陳邱、右金吾衛翊府中郎將李元通、副使‧右驍騎衛‧鹿陵府折衝能昌仁、左衛‧神山府折衝陳義忠等，領當軍及當界蕃漢兵募健兒七萬騎……〔註15〕

此司馬逸客，兩《唐書》等正史無載，故其任職於涼州時間，只能通過考察制書中所提及的郭虔瓘、突騎施守忠、張仁亶諸人事跡加以推測。

突騎施守忠，本名突騎施娑葛，唐中宗景龍三年（709）七月歸順唐朝，唐朝冊封其爲欽化可汗，並賜名守忠。〔註16〕上引制書既稱「金山道前軍大使、特進、賀獵毗伽欽化可汗突騎施守忠……」云云，這表明制書發布時，突騎施守忠已經歸順唐朝，並冊封爲欽化可汗，故本道制書的發布時間，應當在景龍三年（709）七月以後。

郭虔瓘，據《舊唐書》本傳云：「郭虔瓘，齊州歷城人也。開元初，累遷右驍衛將軍，兼北庭都護。二年春，突厥默啜遣其子移涅可汗及同俄特勤率

〔註15〕《全唐文》卷二五三（蘇頲四）《命呂休璟等北伐制》，第 2562 頁上欄～2563 頁上欄。

〔註16〕《資治通鑑》卷二○九唐中宗景龍三年（709）：「秋，七月，突騎施娑葛遣使請降；庚辰，拜欽化可汗，賜名守忠。」（第6636頁）

精騎圍逼北庭，虔瓘率眾固守……虔瓘以破賊之功，拜冠軍大將軍，行右驍衛大將軍。」[註17] 表明郭虔瓘是在唐玄宗開元元年（713）陞遷爲右驍衛將軍，兼北庭都護。而上引制書發布時，郭虔瓘還是北庭副都護，據此可以判斷：上揭制書發布的時間，當在開元元年（713）十二月之前。[註18]

張仁亶，即張仁愿，景龍二年，拜左衛大將軍、同中書門下三品，累封韓國公。[註19] 突騎施守忠於景龍三年（709）七月歸順唐朝；八月，唐中宗即親至通化門送張仁亶出征，並御製詩賦。[註20] 此二事之間的關聯性很明顯：自武則天統治以來與唐朝長期作對的突騎施守忠所部，至此終於歸順，突厥諸部的實力大大消弱，於是唐朝決定利用這個有利時機，對突厥餘部大舉用兵，這應當就是《命呂休璟等北伐制》發布的背景。[註21]

綜上所述，《命呂休璟等北伐制》發布於景龍三年（709）七月至開元元年（713）十二月之間，最有可能的時間則是景龍三年（709）八月。因此，司馬逸客擔任赤水軍大使、涼州都督的時間，應該在唐中宗景龍三年（709）八月前後。

4、賀拔延嗣

賀拔延嗣，吳廷燮《唐方鎮年表》引《新唐書・方鎮表》及《唐會要》所載，認爲：賀拔延嗣於景雲元年（710）、二年（711）任河西節度使期間，

[註17] 《舊唐書》卷一○三《郭虔瓘傳》，第 3187 頁。
[註18] 按，先天二年（713）十二月，始改元爲開元。
[註19] 《舊唐書》卷九三《張仁愿傳》：「張仁愿，華州下邽人也。本名仁亶，以音類睿宗諱改爲……景龍二年，拜左衛大將軍、同中書門下三品，累封韓國公。春還朝，秋復督軍備邊。中宗賦詩祖餞，賞賜不可勝紀……開元二年卒，贈太子少傅，賻物二百段，命五品官一人爲監護使。」（第 2981～2983 頁）
[註20] 《舊唐書》卷七《中宗紀》：景龍三年八月「乙未，親送朔方軍總管、韓國公張仁亶於通化門外，上製序賦詩。」（第 148 頁）
[註21] 按，呂休璟，包括兩《唐書》、《資治通鑒》在內諸史，均言之甚少。上引制書呂休璟的職務爲「右領軍衛將軍兼檢校北庭都護、碎葉鎮守使、安撫十姓使」，然查吳廷燮《唐方鎮年表》卷八「磧西北庭」條，不載呂休璟曾任北庭都護事；但同書「安西四鎮」條卻記載呂休璟於開元二、三年，任安西四鎮都護一職。（第 1240 頁，北京，中華書局，1980。）因此，我頗懷疑，呂休璟在擔任「安西四鎮都護」之前，曾任「檢校北庭都護、碎葉鎮守使、安撫十姓使」之職，因爲「檢校」屬臨時代理，碎葉鎮只是「安西四鎮」其中之一。呂休璟於開元二年（714）之所以能夠升任安西都護，大概正是憑藉這次「北伐」立功。如此，則呂休璟以右領軍衛將軍兼檢校北庭都護、碎葉鎮守使、安撫十姓使的身份領兵「北伐」，當在開元二年（714）之前。

即同時兼任河西諸軍州支度、營田、督察九姓部落、赤水軍兵馬大使。〔註22〕
唐玄宗時期，河西節度使在兼任職務方面的變化情況，《新唐書‧方鎮表》「河
西」條有載，略云：

> 景雲元年，置河西諸軍州節度、支度、營田、督察九姓部落、
> 赤水軍兵馬大使，領涼、甘、肅、伊、瓜、沙、西七州，治涼州。
> 副使治甘州，領都知河西兵馬使。

> 開元二年，河西節度使兼隴右群牧都使、本道支度、營田等使。

> 開元七年，河西節度增領經略大使。

> 天寶四載，以張掖郡太守領河西節度副使。〔註23〕

依《新表》所載，則「安史之亂」以前的歷任河西節度使，在一般情況下應
該同時兼任本道支度使、營田使、督察九姓部落使、赤水軍兵馬大使、隴右
群牧都使、經略大使等職。

然徵諸史載，河西節度使儘管多數時候兼任赤水軍使之職，但並非絕對，
在有些時候河西節度使並不同時兼任該職。如，自開元十七年（729）起，至
開元二十四年（736），牛仙客一直擔任河西節度使之職，並同時兼任其他多
項職務，然遍檢有關牛仙客的史料，均無其兼任赤水軍使的記載。〔註24〕

5、楊執一

楊執一（662～726），弘農華陰人。據楊執一墓誌銘略云：「府君諱執一，
字太初，弘農華陰人也……徵拜涼州都督，兼左衛將軍、河西諸軍州節度、督
察等大使……以開元十四年正月二日遘疾，薨於官舍，享年六十有五。」〔註25〕

墓誌銘不載楊執一擔任赤水軍使事，是因為行文省略之緣故。楊執一擔
任赤水軍使一事，載諸《唐會要》卷七十八「節度使」條：

〔註22〕《唐方鎮年表》卷八「河西」條，第 1216 頁。

〔註23〕《新唐書》卷六七《方鎮表四》「河西」條，第 1861～1866 頁。

〔註24〕《全唐文》卷二九二（張九齡十）《大唐贈使持節涇州諸軍事涇州刺史牛公碑銘
并序》中詳列牛仙客的職銜，云：「嗣子銀青光祿大夫、太僕卿、判涼州、持
節、河西節度使兼隴西群牧都使、支度、營田使、隴右採訪處置使、攝御史
大夫、隴西縣開國子仙客……」（第 2958 頁下欄～2959 頁下欄）所列牛仙客
職銜（尤其是河西諸職）甚為詳細，但並未說他兼任赤水軍使一職，由此可
證，河西節度使並不一定要兼任該職。

〔註25〕《唐代墓誌彙編》開元 263《大唐故金紫光祿大夫行鄜州刺史贈戶部尚書上柱
國河東忠公楊府君墓誌銘并序》，第 1336～1338 頁。

景雲二年四月，賀拔延嗣爲涼州都督，充河西節度使，自此始
有節度之號。至開元二年四月，除陽執一，又兼赤水、九姓、本道
支度、營田等使。十一年四月，除張敬忠，又加經略使。十二年十
月，除王君㚟，又加長行轉運使。自後遂爲定額也。〔註26〕

其中所言「陽執一」，即楊執一，其兼任赤水軍使，始自唐玄宗開元二年（714）
四月。又據張說所撰《贈戶部尙書河東公楊君神道碑》略云：

公諱執一，字某，弘農華陰人也……戶部尙書相國執柔之弟……
除汾州刺史……詔徵爲涼州都督，兼左衛將軍、河西諸軍州節度、
督察九姓、赤水軍等大使……又轉牧原州，未發，復授涼州都督，
改右衛將軍，使悉如故……〔註27〕

可見，楊執一擔任涼州都督期間，同時兼任河西諸軍州節度、督察九姓使、
赤水軍大使等職。據上引吳廷燮《唐方鎭年表》，楊執一在河西任職的時間爲：
開元二年四月至開元四年（714～716），這也是他擔任赤水軍（大）使的時間。

6、伏帝匐

伏帝匐（？～719），爲唐初遷居甘、涼一帶的迴紇鐵勒（敕勒）部首領，
迴紇人。伏帝匐所在部落之世系傳承，《舊唐書·迴紇傳》有所記述，略云：

貞觀初，菩薩與薛延陀侵突厥北邊……迴紇由是大振。因率其
眾附於薛延陀，號菩薩爲「活頡利發」，仍遣使朝貢……迴紇之盛，
由菩薩之興焉。

貞觀中……迴紇酋帥吐迷度與諸部大破薛延陀多彌可汗，遂倂
其部曲，奄有其地。貞觀二十年……以迴紇部爲瀚海府，拜其俟利
發吐迷度爲懷化大將軍，兼瀚海都督……

貞觀二十二年，吐迷度爲其姪烏紇所殺……太宗恐迴紇部落攜
離，十月，遣兵部尙書崔敦禮往安撫之……贈吐迷度左衛大將軍，
賻物及衣服設祭甚厚。以吐迷度子前左屯衛大將軍、翊衛左郎將婆
閏爲左驍衛大將軍、大俟利發、使持節迴紇部落諸軍事、瀚海都
督……

〔註26〕　《唐會要》卷七十八「節度使」條，第 1689 頁。

〔註27〕　【宋】李昉 等編：《文苑英華》卷八九五《贈戶部尙書河東公楊君神道碑》，
第 4714～4716 頁，北京，中華書局，1966。

永徽二年，賀魯破北庭，詔將軍梁建方、契苾何力領兵二萬，取迴紇五萬騎，大破賀魯，收復北庭。顯慶元年，賀魯又犯邊，詔程知節、蘇定方、任雅相、蕭嗣業領兵并迴紇大破賀魯於陰山……加婆閏右衛大將軍、兼瀚海都督。永徽六年，迴鶻遣兵隨蕭嗣業討高麗。龍朔中，婆閏死，姪比粟毒主領迴鶻，與同羅、僕固犯邊。高宗命鄭仁泰討平僕固等，比粟毒敗走，因以鐵勒本部爲天山縣。永隆中獨解支，嗣聖中伏帝匐，開元中承宗、伏帝難，並繼爲酋長，皆受都督號以統蕃州，左殺右殺分管諸部。〔註28〕

參諸《唐會要》卷九八「迴紇」條，略云：

獨解支卒，子伏帝匐立，爲河西經略副使兼赤水軍使。開元七年，伏帝匐卒，贈特進，遣使弔祭。（第2068頁）

綜合上引《舊傳》、《唐會要》所載，將伏帝匐之世系傳承梳理如下：菩薩➜吐迷度➜婆閏➜比粟毒➜獨解支➜伏帝匐➜承宗➜伏帝難。參諸相關史載，以上述世系傳承爲序，將伏帝匐一族與唐朝關係略作解釋如下：

迴紇原號鐵勒（特勒），本臣屬於突厥，隋文帝開皇時期晉王楊廣北征突厥，鐵勒部落分散，至大業年間始稱迴紇。唐太宗貞觀初年，菩薩任部落酋長，迴紇開始興盛；貞觀四年隨突厥頡利可汗敗亡，迴紇與薛延陀成爲最強的兩個部落。大概在貞觀二十年前後，迴紇酋長吐迷度聯合諸部，大敗薛延陀，盡有其地，唐太宗特別賜宴內殿，並創置六府七州，其中迴紇部設瀚海府，並以吐迷度爲懷化大將軍、瀚海都督，吐迷度同時又稱可汗。貞觀二十二年，吐迷度被其姪烏紇所殺，唐太宗爲穩定局勢，派特使前往安撫，任命吐迷度之子婆閏繼承其位，並爲之加官進爵。

永徽二年（651）、顯慶元年（656），婆閏先後兩次率部隨唐軍征討突厥阿史那賀魯；永徽六年（655），婆閏率所部兵隨蕭嗣業征討高麗；龍朔（661～663）年間，婆閏死後，其姪比粟毒代領部眾；從龍朔元年起，唐朝繼續征討高麗，西北邊防相對空虛，比粟毒遂聯合同羅、僕固兩部，入侵唐朝邊境；龍朔三年（663）正月，鄭仁泰討平叛亂諸部，比粟毒敗走，唐朝遂以鐵勒本部所在地設置天山縣。〔註29〕永隆（680～681）年間，獨解支擔任鐵勒部首

〔註28〕《舊唐書》卷一九五《迴紇傳》，第5195～5198頁。
〔註29〕《舊唐書》卷四《高宗紀上》：龍朔三年「春正月，左武衛大將軍鄭仁泰等帥師討鐵勒餘種，盡平之。」（第84頁）

領；嗣聖（684）元年，獨解支死，子伏帝匐繼立；開元七年（719），伏帝匐死，繼任者先後爲承宗、伏帝難二人。

上述諸人均同時有蕃漢雙重身份，一方面他們都是本部酋長，以「左殺右殺」之名號統領本部落兵馬；另一方面他們又都有唐朝授予的都督官號，以統治所領蕃州。其中伏帝匐，從嗣聖元年（684）年起，至開元七年（719）死去，擔任本部酋長達 35 年之久，從伏帝匐死後，唐朝給以「特進」之贈官，並遣使弔祭等情況來看，可知唐朝對他極爲信重。

伏帝匐擔任河西經略副使兼赤水軍使，是在什麼時候？伏帝匐既卒於開元七年（719），因此其擔任赤水軍使當在此之前。這裏只需弄清楚伏帝匐擔任此職的起始時間。

伏帝匐事跡，在蘇珽所撰《命薛訥等與九姓共伐默啜制》中有所透露，略云：

> 黃門：朕聞天所與者，奉天命而不違；人所棄者，順人心而必伐……九姓部落等，忠誠貫日，義烈聞風，數其擢髮之憝，成於屈指之計。請除驕子，累遣使臣，摧鋒而願先驅，蓄銳而期後命。右羽林軍大將軍・朔方道大總管薛訥、左衛大將軍・安北副大都護兼剝王府長史【長】平郡公張知運、右羽林軍將軍兼涼州都督・赤水大使楊敬述、右騎衛將軍論弓仁、左武衛將軍・大武軍大使于仁誓、右武衛將軍・豐安軍大使杜賓客、豐州都督・西受降城使呂休琳、勝州都督・東受降城使邵宏、左金吾衛大將軍迴紇伏帝匐、右衛大將軍渾元忠、左衛大將軍似和舒、右武衛將軍兼賀蘭州都督契苾承祖等……訥可中道大總管，賓客、宏、休琳等爲副；知運可東道大總管，弓仁、仁誓爲副；敬述可西道大總管，伏帝匐、元忠、和舒、承祖等爲副。各領馬兵二萬人，與九姓計會。〔註30〕

據此可知，在隨同薛訥征討突厥默啜可汗的時候，已有涼州都督、赤水大使楊敬述，其時伏帝匐的官職爲「左金吾衛大將軍」，因此伏帝匐擔任赤水軍使的時間，應當在楊敬述之後。又據前述，這道制書發布於唐玄宗開元三年（715）九月，因此，伏帝匐出任赤水軍使的時間肯定在 715 年九月以後。

這裏還可以對伏帝匐出任赤水軍使的背景及原因，略作分析。

〔註30〕 《全唐文》卷二五三（蘇珽四）《命薛訥等與九姓共伐默啜制》，第 2564 頁下欄～2565 頁上欄。

上述薛訥諸將於開元四年（716）初，發動征討默啜之役，至同年六月，默啜被九姓拔曳固所殺，默啜兄子小殺繼立爲可汗，迴紇、同羅等五部落相繼歸附，此次征討默啜之役，以唐軍大獲全勝而告終。〔註 31〕據此，我初步推測，可能正是鑒於伏帝匐在此役立下較大戰功，故而事後任命他爲赤水軍使。何以言之？

我們注意到，赤水軍大使楊敬述在此次戰役中，擔任西道行軍大總管，其下屬伏帝匐、渾元忠、似和舒、契苾承祖四人，均爲少數民族，其中至少伏帝匐、渾元忠、契苾承祖三人出自鐵勒族（敕勒）諸部（分別爲迴紇部、渾部、契苾部）。這就意味著，楊敬述所部主力乃以上諸人所統之鐵勒諸部兵馬，也就是所謂的「九姓」部落兵馬。〔註32〕另外，最後誅殺默啜的拔曳固，也是「九姓」之一。據此我們或可推測認爲，在此次打垮默啜的戰役中，楊敬述所統帥的西路軍（主力係以鐵勒諸部所組成的赤水軍）不僅戰功卓著，而且最後誅殺默啜的軍事行動，可能也正是由他們協同九姓拔曳固所完成。正是鑒於鐵勒諸部兵馬在此次戰役中的突出表現，以及赤水軍主要由鐵勒族諸部落兵馬組成的事實，爲便於指揮和駕馭這支勁旅，唐玄宗遂在戰役之後任命來自迴紇部的伏帝匐爲新一任赤水軍使。

因此，伏帝匐擔任赤水大使的時間，當在開元四年（716）六月至開元七年（719）之間。

7、楊敬述

楊敬述事跡，《舊唐書》卷八《玄宗紀上》、卷一九四上《突厥傳上》等均有記載，綜合紀、傳所載將其事跡概括如下：

> 開元八年（720）九月，突厥暾欲谷進攻甘、涼等州，涼州都督楊敬述戰敗，契苾部遭到搶掠；唐朝遂任命王晙、韋抗等人，率兵防禦。王晙就任朔方大總管以後，即謀劃聯合拔悉密、奚、契丹等部，準備掩襲突厥牙帳。

〔註31〕據《舊唐書》卷八《玄宗紀上》載，開元四年六月，「癸酉，突厥可汗默啜爲九姓拔曳固所殺，斬其首送于京師。默啜兄子小殺繼立爲可汗⋯⋯其迴紇、同羅、霫、勃曳固、僕固五部落來附，於大武軍北安置。」（第 176 頁）其中「勃曳固」，當即「拔曳固」。

〔註32〕前揭《唐代前期軍事史略論稿》中有云：「『九姓』因迴紇而言，迴紇爲敕勒族諸部最強大者，其內部分爲九姓部落（見《舊唐書》卷一百九十五迴紇傳），可以爲敕勒族諸族之代稱。」（第 110 頁）

開元九年（721）秋，拔悉密率兵到達約定的會師地點，但王晙與奚、契丹兩番並未如約而至，造成拔悉密孤軍深入，從而被暾欲谷所敗。暾欲谷獲勝後，在回師途中對涼州進行搶掠，涼州都督楊敬述派遣副將盧公利、元澄等人率部邀擊暾欲谷，唐軍在刪丹山（即今甘肅境内之甘峻山）與暾欲谷遭遇，結果因爲突遇寒流，士兵弓矢盡墜，遂致大敗。事後，楊敬述被削除官爵，以白衣檢校涼州事。

《舊唐書》紀、傳均不言楊敬述「赤水大使」之職。記載楊敬述擔任赤水軍大使一職的文獻，是前揭蘇頲所撰《命薛訥等與九姓共伐默啜制》，其中有「右羽林軍將軍兼涼州都督赤水大使楊敬述……可西道大總管，伏帝匐、元忠、和舒、承祖等爲副……」云云。

然而，蘇頲所撰制書，薛訥等與九姓所討伐的對象是突厥默啜，默啜已於開元四年（716）六月被九姓拔曳固所殺。這表明制書所發布的時間，當在開元四年（716）六月之前。從制書標題及内容看，是命令薛訥等人與九姓聯合，共同討伐默啜。具體是在什麼時間呢？

徵諸史載，默啜領導下的突厥自武則天執政以來，最爲桀驁不遜，開元二年（714），默啜遣其子移涅可汗及同俄特勤、妹婿火拔頡利發石阿失畢等人率精騎圍逼北庭，被北庭都護郭虔瓘擊敗；開元三年（715）秋，在部下相繼歸服唐朝的情況下，默啜又在磧北地區攻擊九姓首領阿布思，結果九姓大潰，人畜多死，阿布思率部歸唐，唐玄宗特賜阿布思名爲李獻忠。開元四年（716），默啜又在獨樂河與九姓拔曳固展開大戰，至六月，默啜被拔曳固襲殺。因此，我初步推測，自阿布思歸唐以後，唐玄宗就萌生利用九姓與默啜之間的矛盾，一舉擊潰默啜的想法。這應當就是《命薛訥等與九姓共伐默啜制》發布的背景。

又《資治通鑑》唐玄宗開元三年（715）四月至九月的紀事中，也載有薛訥、郭虔瓘等人備邊防禦默啜，以及征突厥之軍事行動，略云：

> （開元三年）夏，四月，庚申，以右羽林大將軍薛訥爲涼州鎮〔軍〕大總管，赤水等軍並受節度，居涼州；左衛大將軍郭虔瓘爲朔州鎮〔軍〕大總管，和戎等軍並受節度，居并州，勒兵以備默啜。

> 默啜發兵擊葛邏祿、胡祿屋、鼠尼施等，屢破之；敕北庭都護湯嘉惠、左散騎常侍解琬等發兵救之。五月，壬辰，敕嘉惠等與葛邏祿、胡祿屋、鼠尼施及定邊道大總管阿史那獻互相應援……

（九月）九姓思結都督磨散等來降；己未，悉除官遣還……

壬戌，以涼州大總管薛訥爲朔方道行軍大總管，太僕卿呂延祚、靈州刺史杜賓客副之，以討突厥。〔註33〕

從中可知：開元三年（715）四月，任命薛訥爲涼州鎮軍大總管，駐守涼州，同時節度赤水軍軍事，郭虔瓘爲朔州鎮軍大總管，駐守并州，同時節度和戎等軍軍事，薛、郭二人的軍職均爲「鎮軍大總管」，對於突厥默啜可汗主要以防禦爲主。然而，隨默啜主動攻擊九姓諸部軍事行動的展開，唐朝便不能繼續被動防禦，於是唐玄宗命令北庭都護湯嘉惠等率軍馳援。九月，薛訥由涼州大總管改任朔方道行軍大總管，這就表明唐軍由軍事防禦改爲主動進攻了，薛訥的軍職由「鎮軍大總管」改爲「行軍大總管」，「鎮軍」、「行軍」儘管職銜僅一字之差，卻意味著軍事戰略上由守轉攻。薛訥改任的時間應當就在開元三年（715）九月前後，這也正是《命薛訥等與九姓共伐默啜制》發布的時間。

綜合以上，楊敬述擔任涼州都督、赤水軍大使的時間，當在開元三年（715）九月之後，聯繫上述楊執一任職河西的最後時間爲開元四年（716），我初步推定：楊敬述就任河西諸職，始自開元四年楊執一卸任之後，直到開元九年（721）戰敗於吐蕃而被免職，因此楊敬述任職於河西的時間爲：716～721年。

楊敬述在任職河西期間，曾一度將赤水軍使之職讓於伏帝匐，時間爲開元四年至七年（716～719），伏帝匐死後，楊敬述以河西節度使的身份再次兼任赤水軍使之職。因此，吳廷燮將楊敬述任職於河西的時間定爲開元七至九年（719～721），很有可能是基於他未兼赤水軍使一職而言。〔註34〕

8、哥舒道元

哥舒道元，突騎施人。據《新唐書·哥舒翰傳》云：「哥舒翰，其先蓋突騎施酋長哥舒部之裔。父道元，爲安西都護將軍、赤水軍使，故仍世居安西。」〔註35〕

哥舒道元事跡，史籍再無他載，故包括其任職赤水軍使的時間、背景等情況，均不得其詳。僅據上引《新傳》透露之信息可知，哥舒道元乃是以安西都護府下屬將軍的身份，擔任赤水軍使之職。這與其他赤水軍使任職者的

〔註33〕 《資治通鑑》卷二一一唐玄宗開元三年（715）四月、九月，第6710、6712頁。

〔註34〕 《唐方鎮年表》卷八「河西」條，第1217頁。

〔註35〕 《新唐書》卷一三五《哥舒翰傳》，第4569頁。

情況明顯不同，因爲本文所列之其他赤水軍使，均由河西（或河西‧隴右）節度使，或河西節度使府屬下的將領擔任。哥舒道元以安西都護府屬下將領的身份，擔任赤水軍使，原因不得而知，但有可能與當時吐蕃入寇安西、北庭地區，造成該地區形勢緊張有某些關係。

9、張敬忠

據前揭《唐會要》卷七十八「節度使」條云：

> 河西節度使，景雲二年四月，賀拔延嗣爲涼州都督，充河西節度使，自此始有節度之號。至開元二年四月，除陽執一，又兼赤水、九姓、本道支度、營田等使。十一年四月，除張敬忠，又加經略使。

是張敬忠從開元十一年（723）四月起，擔任河西節度使，同時兼任赤水、九姓、本道支度、營田等使，並加經略使之職。

10、王君㚟

王君㚟（？～727），瓜州常樂人。據張說所撰王君㚟神道碑銘略云：「維大唐開元十五年閏九月二十三日庚申，右羽林大將軍、持節、河西隴右兩道節度使、營田、九姓、轉運十（道）副大使兼赤水大使、專知節度事、攝御史中丞、判涼州都督、上柱國、晉昌伯薨於鞏筆亭……公諱君㚟，字威明，瓜州常樂人也。」〔註36〕

又據前揭《唐會要》卷七十八「節度使」條所載，開元十二年（724）十月，王君㚟被任命爲河西節度使，兼赤水、九姓、本道支度、營田、經略使，又加兼長行轉運使（簡稱轉運、轉運使或轉運大使）。直到開元十五年（727）九月，王君㚟被迴紇部落攻殺於甘州鞏筆驛，赤水軍使一直由其擔任。

王君㚟擔任赤水軍使的時間爲：開元十二年（724）十月至開元十五年（727）九月。

11、蕭嵩

蕭嵩（669？～749），南蘭陵人，唐太宗貞觀時期宰相蕭瑀曾孫。蕭嵩擔任赤水軍使事，兩《唐書‧蕭嵩傳》無載。記載此事的是韓休（開元二十一年，曾任黃門侍郎，同中書門下平章事）所撰《梁宣帝明帝二陵碑》，略云：

> 嗣子曰嵩，金紫光祿大夫、吏部尚書兼中書令、河西節度、經略、支度、營田、九姓、長行轉運等副大使、知節度事、判涼州事、

―――――――――

〔註36〕 《全唐文》卷二二九（張説九）《右羽林大將軍王公神道碑奉勅撰》，第2313頁上欄。

赤水軍使、檢校天下諸軍兵募健兒使、集賢院大學士、上柱國、徐國公⋯⋯」〔註37〕

蕭嵩出任該職的時間，可依據相關史料略加分析。據《舊唐書・蕭嵩傳》略云：

> （開元）十五年，涼州刺史、河西節度王君㚟恃眾每歲攻擊吐蕃。吐蕃大將悉諾邏恭祿及燭龍莽布支攻陷瓜州城，執刺史田元獻及君㚟父壽，盡取城中軍資及倉糧，仍毀其城而去。又攻玉門軍及常樂縣，縣令賈師順嬰城固守，賊遂引退。無何，君㚟又爲迴紇諸部殺之於鞏筆驛，河、隴震駭。玄宗以君㚟勇將無謀，果及於難，擇堪邊任者，乃以嵩爲兵部尚書、河西節度使，判涼州事。〔註38〕

據此可知，蕭嵩擔任赤水軍使之職，應該是在開元十五年（727）九月，王君㚟戰死之後。

仍據前引《舊傳》，開元十六年（728），蕭嵩指揮河隴諸軍，大破吐蕃，以功加同中書門下三品；開元十七年（729），蕭嵩又加兼中書令，成爲執政宰相。儘管此後蕭嵩「常帶河西節度，遙領之」。〔註39〕蕭嵩以執政宰相「遙領」河西節度，有雙重意義，一方面此事爲開先河之舉，另一方面所兼包括赤水軍使在內的河西諸軍職，僅爲名義上的「遙領」。

12、崔希逸

崔希逸（？～738），以兩《唐書》無傳，詳情不得而知。根據河南洛陽所出土之崔府君夫人王氏殘碑的內容，約略可以推測，崔希逸應當出自博陵崔氏。〔註40〕

崔希逸擔任赤水軍使一事，見諸孫逖所撰之《授崔希逸河南尹制》，略云：

> 門下：制天秩者，必在於賞功；尹王都者，是先於舉德。朝散大夫、守左散騎常侍、持節河西節度、經略、支度、營田、九姓、

〔註37〕 《全唐文》卷二九五（韓休）《梁宣帝明帝二陵碑》，第2989頁上欄。

〔註38〕 《舊唐書》卷九九《蕭嵩傳》，第3094頁。又，文中「鞏筆驛」，前揭王君㚟神道碑銘作「鞏笘亭」。案，笘，籧也，一種竹制圓形盛物器具，後亦作「囷」；亭，驛也。綜合而論，「筆」字費解，疑作「笘」爲是。

〔註39〕 《舊唐書》卷九九《蕭嵩傳》，第3095頁。

〔註40〕 周紹良主編：《唐代墓誌彙編續集》乾元006《（上殘）崔府郡夫人雁門郡太夫人太原王氏墓誌銘并序》：「⋯⋯夫人有子四人，長曰希逸，原州（下殘）毅，純和懿德，信行克修。次子希莊，特進、兼太僕卿、博陵郡開國⋯⋯次子希振，左驍衛將軍。次子希璿，保□郡肅清府左果毅。並功超定遠，名壯陳安⋯⋯」（第678～779頁，上海，上海古籍出版社，2001。）

長行轉運等副大使、知節度使、判涼州事、赤水軍使、上護軍、攝御史中丞、賜紫金魚袋崔希逸,**濬識宏才,清標雅致**……可銀青光祿大夫、河南尹,勳如故。〔註41〕

又據《舊唐書‧牛仙客傳》所提供的信息,崔希逸就任河西節度使的時間,爲開元二十四年(736)秋,其時崔希逸正擔任右散騎常侍一職。〔註42〕

崔希逸擔任河西節度使期間,曾迫不得已於開元二十五年(737)二月、二十六年(738)三月,先後兩次率兵襲擊吐蕃。儘管這兩次軍事行動唐軍均獲得勝利,但由於崔希逸主觀上並不想與吐蕃開戰,所以他對戰爭流露出明顯的不滿情緒,這也正是在他到開元二十六年五月,由河西節度使轉任河南尹的關鍵原因。崔希逸到河南尹任上不久,即因自念失信於吐蕃,抑鬱而死。〔註43〕崔希逸擔任赤水軍使的時間:開元二十四年秋至開元二十六年五月(736年秋～738年五月)。

13、李林甫

李林甫(?～752),隴西人,唐宗室疏屬。據《授李林甫兼河西節度等使制》略云:「晉國公李林甫……可兼充河西節度、經略、支度、營田、長行轉運、九姓等使、節度赤水軍事,仍判涼州事,餘並如故。」〔註44〕

〔註41〕 《全唐文》卷三〇九(孫逖二)《授崔希逸河南尹制》,第3142頁上欄。

〔註42〕 《舊唐書》卷一〇三《牛仙客傳》:「開元二十四年秋,(牛仙客)代信安王(李)禕爲朔方行軍大總管,右散騎常侍崔希逸代仙客知河西節度事。」(第3196頁)

〔註43〕 據《資治通鑑》卷二一四唐玄宗開元二十五年(737)二月:「己亥,河西節度使崔希逸於青海西。初,希逸遣使謂吐蕃乞力徐曰:『兩國通好,今爲一家,何必更置兵守捉,妨人耕牧!請皆罷之。』乞力徐曰:『常侍忠厚,言必不欺。然朝廷未必專以邊事相委,萬一有姦人交鬥其間,掩吾無備,悔之何及!』希逸固請,乃刑白狗爲盟,各去守備;於是吐蕃畜牧被野。時吐蕃西擊勃律,勃律來告急。上命吐蕃罷兵,吐蕃不奉詔,遂破勃律;上甚怒。會希逸傔人孫誨入奏事,自欲求功,奏稱吐蕃無備,請掩擊,必大獲。上命內給事趙惠琮與誨偕往,審察事宜。惠琮等至,則矯詔令希逸襲之。希逸不得已,發兵自涼州南入吐蕃境二千餘里,至青海西,與吐蕃戰,大破之,斬首二千餘級,乞力徐脫身走。惠琮、誨皆受厚賞。自是吐蕃復絕朝貢。」(第6826～6827頁)同卷開元二十六年(738),「三月,吐蕃寇河西,節度使崔希逸擊破之。鄯州都督、知隴右留後杜希望攻吐蕃新城,拔之,以其地爲威戎軍,置兵一千戍之。夏,五月,乙酉,李林甫兼河西節度使。丙申,以崔希逸爲河南尹。希逸自念失信於吐蕃,內懷愧恨,未幾而卒。」(第6832頁)

〔註44〕 《全唐文》卷三〇九(孫逖二)《授李林甫兼河西節度等使制》,第3145頁上欄至下欄。

李林甫兼任河西諸職，與蕭嵩的情況有相似之處，即以執政宰相的身份「遙領」河西諸職；但二者也有不同之處，蕭嵩曾親自任職於河西，並指揮部署過對吐蕃的軍事鬥爭，而李林甫則無此經歷。另外，李林甫所任「節度赤水軍事」，與一般通稱的「赤水軍（大）使」在稱呼上也略有不同。李林甫兼任河西諸職，是在崔希逸離任之後，因此其兼任時間始自開元二十六年（738）五月。

14、王倕

據吳廷燮《唐方鎮年表》：開元二十九年到天寶四載（741～745），河西節度使為王倕，但不言其兼任赤水軍大使事。〔註45〕王倕的職務中包含兼任赤水軍使一職，我們可以通過對相關史料的分析推知。

據《資治通鑑》載，天寶元年（742）十二月，河西節度使王倕向朝廷報捷，言擊破吐蕃漁海、遊弈等軍。〔註46〕天寶元年為唐河西、隴右諸軍出擊吐蕃接連奏凱的一年，河隴邊軍擊破吐蕃漁海、遊弈等軍一事，在樊衡所撰《河西破蕃賊露布》中也有記述，略云：

> 朝議大夫、守左散騎侍郎、河西節度經略使、營田、九姓、長
> 行轉運等副使、判武威郡事、赤水軍使、攝御史中丞、賜紫金魚袋、
> 上柱國臣某破蕃賊露布事……臣以統五原之帥，擁中軍之師，奉聖
> 略，憑天威，以今月初六日戒嚴，引高牙而出。十二月會於大斗之
> 南，擇精騎五千，皆蓬頭、突鬢、劍服之士。乃遣都知兵馬使、左
> 羽林軍大將軍安波主帥之，先鋒使、右羽林大將軍李守義副之，十
> 將中馬軍副使、折衝李廣琛等部之。臣自以馬步三千，於大斗、建
> 康、三水、張掖等五大賊路為應接……十二日至新城南……十五日
> 至清海北界……凡斬二千餘級。十六日進至魚海軍……因得戮巨鯨
> 於魚海，墜封豕於鹿泉。平積骸成京觀，斬魚海軍大使劍具一人，
> 生擒魚海軍副使金字告身論悉諾匝，生擒棄軍大使節度悉諾穀，生
> 擒遊奕副使諾匝，生擒副使金字告身拱齎，生擒魚海軍副使銀字告
> 身統牙胡。其餘偏禆，難以盡載。斬首三千級，生俘千餘人、牛馬、

〔註45〕《唐方鎮年表》卷八「河西」條，第1211頁。

〔註46〕《資治通鑑》卷二一六唐玄宗天寶元年（742）十二月：「隴右節度使皇甫惟明奏破吐蕃大嶺等軍；戊戌，又奏破青海道莽布支營三萬餘眾，斬獲五千餘級。庚子，河西節度使王倕奏破吐蕃漁海及遊弈等軍。（胡注：史言明皇喜邊功，故邊帥告捷者相繼。）」（第6856頁）

羊駝八萬餘頭……凡七八日間，約三百餘陣，至合河之北，斬得二
丈之綏。而莽布支更益其重兵，追截我歸路。安波主懼其危迫，請
救其後軍。臣遂遣副使劉之儒等領後軍二千騎迎之。會中使駱元表
至……〔註47〕

此《露布》所載之「臣某」，就是王倕，因為其中所載戰爭時間、地點均與前
揭《資治通鑒》所載相合。《露布》所云「十二月會於大斗之南……十二日……
十五日……十六日，進至魚海軍……」，《資治通鑒》所載王倕報捷的時間為
天寶元年十二月庚子，據陳垣《二十史朔閏表》，天寶元年十二月壬申朔，庚
子為二十九日。據《露布》云此次戰役前後持續七、八天，如果從十六日起
計算，唐軍擊破漁海、遊弈的時間，應當在二十三、二十四日前後。又據《露
布》後文所載，在攻破漁海軍之後，戰爭還在繼續，「臣某」又派遣副使劉之
儒率兵增援安波主，安波主在援兵配合下，又擊敗莽布支，隨後「臣某」又
命令安波主乘勝追擊，並派遣副使娑羅、李可朱，大斗軍副使烏懷願，討擊
副使哥舒翰等人前往支持，諸軍再獲大勝，又生擒吐蕃金銀告身三人、斬首
千餘、俘二百餘、獲牛馬羊駝等三千餘頭匹，器械等一萬餘事。計算其所用
時間，應當也需要三、四日左右，如此算來其報捷時間應當再順次後推，大
概也就到了二十六、二十七日前後，如果再考慮到報捷途中亦需消耗一定時
間，那麼，十二月庚子（二十九）這個時間點就完全契合了。至於地點問題，
《露布》所說的「魚海軍」，即《資治通鑒》所說的「漁海軍」。

綜合以上所論，可知此《露布》的發布者正是王倕，王倕其時的職務也
就可以明確：河西節度經略使、營田、九姓、長行轉運等副使、赤水軍使。

15、李光弼

李光弼（707～763），契丹人。據《新唐書・李光弼傳》：「李光弼，營州
柳城人……起家左衛親府左郎將，累遷左清道率，兼安北都護，補河西王忠
嗣府兵馬使，充赤水軍使。」〔註48〕又據顏真卿所撰李光弼神道碑略云：

天寶二年，拜寧朔郡太守，四載，加左清道率兼安北都護，仍
充朔方行軍都虞侯。五載，充王忠嗣河西節度兵馬使，加游騎將軍，
守右領軍，賜紫金魚袋，仍充赤水軍使；八月，襲封薊郡開國公。

〔註47〕 《全唐文》卷三五二（樊衡）《河西破蕃賊露布》，第3571頁下欄～3573頁下
欄。
〔註48〕 《新唐書》卷一三六《李光弼傳》，第4583頁。

八載，遷右金吾衛將軍，充節度副使，以破吐蕃及招討吐谷渾，加
雲麾將軍、左武衛大將軍。〔註49〕

可知，李光弼擔任河西節度兵馬使、赤水軍使，始於天寶五年（746），至天
寶八年（749），又陞遷為右金吾衛將軍，充河西節度副使。

又據前揭《唐會要》卷六十七所載，景雲元年始置河西節度使，河西節
度副使治甘州，同時兼領「都知河西兵馬使」，乃是河西節度使府的慣例。因
此，李光弼天寶八年由河西節度兵馬使、赤水軍使，充河西節度副使，正符
合這個任職慣例。

16、哥舒翰

哥舒翰（？～757），突騎施人。哥舒翰擔任赤水軍使事，《舊唐書·哥舒
翰傳》不載，其事見於以唐玄宗名義發布的《加哥舒翰爵賞制》，略云：

> 開府儀同三司、兼鴻臚卿員外置同正員、西平郡王、判武部事、
> 攝御史大夫、持節充隴右河西節度使、支度、營田、長行轉運、九
> 姓等副大使、知節度事、赤水軍使、上柱國、涼國公哥舒翰，挺生
> 朔陸，干城隴外……則議功行賞，厚禮酬勞，俾吳芮之忠，不獨光
> 於漢策；魏絳之樂，無擅美於□。仍兼望苑之榮，繫以公田之錫。
> 可開府儀同三司太子少保，加賜實封二百戶，通前滿五百戶。賜音
> 聲小兒十人，莊園各一所，與一子五品官，更與兩子官。用旌元帥
> 之勞，以益三軍之氣也，餘並如故。〔註50〕

這是一道嘉獎哥舒翰戰功的制書。此制書發布於何時？可以結合相關史料進
行推斷，據《舊唐書·哥舒翰傳》略云：

> （天寶）八載，以朔方、河東群牧十萬眾委翰總統攻石堡城。
> 翰使麾下將高秀巖、張守瑜進攻，不旬日而拔之。上錄其功，拜特
> 進、鴻臚員外卿，與一子五品官，賜物千匹、莊宅各一所，加攝御
> 史大夫。十一載，加開府儀同三司。〔註51〕

〔註49〕《全唐文》卷三四二（顏真卿七）《唐故開府儀同三司太尉兼侍中河南副元帥都
督河南淮南淮西荊南山南東道五節度行營事東都留守上柱國贈太保臨淮武穆
王李公（光弼）神道碑銘》，第3469頁下欄。

〔註50〕《全唐文》卷二五（元宗皇帝六）《加哥舒翰爵賞制》，第291頁上欄至下欄。
又，此制書亦載於《唐大詔令集》卷六〇，作《隴右河西節度使哥舒翰西平郡
王制》，《全唐文》所闕字，作「晉」

〔註51〕《舊唐書》卷一〇四《哥舒翰傳》，第3213頁。

兩相比照，《加哥舒翰爵賞制》與《舊傳》所載獎勵措施基本相同，只不過制書所載獎勵事項更爲詳細而已。由此可知，二者所載之嘉獎當爲同一事，即對天寶八年（749）哥舒翰率軍攻克石堡城的戰功進行獎勵。如此則《加哥舒翰爵賞制》的發布時間爲天寶八年，這自然也是哥舒翰兼任赤水軍使的時間。

又據前揭李光弼神道碑，天寶八年李光弼也曾以征討吐蕃、吐谷渾的戰功，加官進爵（加雲麾將軍、左武衛大將軍）。據此我進而推斷，這場由哥舒翰指揮、以攻克石堡城爲主要作戰目標的軍事行動，李光弼很有可能也參與其事，並立功受賞。另外，從《加哥舒翰爵賞制》還可瞭解，至遲到這次軍事行動結束以後，赤水軍使已經成爲哥舒翰所兼任的眾多職務之一，赤水軍使既然由哥舒翰兼任，李光弼就不可能繼續擔任此職，所以很有可能，正是此役之後，李光弼升任河西節度副使，便不再兼任赤水軍使一職了。

三、赤水軍副使及基層軍官考

除以上有史可查的 16 位赤水軍（大）使外，我們還檢索到幾位赤水軍副使，和幾位赤水軍基層軍官，茲將其事蹟分別考述如下。

（一）赤水軍副使

1、能昌仁

能昌仁，譙郡人，赤水軍副使、右驍騎衛、鹿陵府折衝。據能政墓誌銘云：「府君諱政，譙郡人也，姓能氏。曾祖諱昌仁……」〔註52〕又據前揭《命呂休璟等北伐制》：「赤水軍大使、涼州都督司馬逸客……與右武衛將軍陳邱、右金吾衛翊府中郎將李元通、副使‧右驍騎衛‧鹿陵府折衝能昌仁、左衛‧神山府折衝陳義忠等，領當軍及當界蕃漢兵募健兒七萬騎……」

能昌仁擔任赤水軍副使，既與司馬逸客擔任赤水軍使同時，故其任職時間，亦在唐中宗景龍三年（709）八月前後。

2、陳宗北

陳宗北，赤水軍副使。據前揭《涼州衛大雲寺古刹功德碑》云：「赤水軍副使、右衛將軍陳宗北……」〔註53〕陳宗北爲司馬名逸屬下，故司馬名逸任

〔註52〕 《唐代墓誌彙編》長慶 024《唐故朝散大夫試光祿寺丞譙郡能府君墓誌銘并序》，第 2075 頁。

〔註53〕 《全唐文》卷二七八（劉秀）《涼州衛大雲寺古刹功德碑》，第 2821 頁下欄。

期就是他擔任赤水軍副使的時間，即武則天久視元年（700）閏七月，至唐中宗景龍三年（709）之間。

3、契苾嵩

契苾嵩（？～730），迴紇（契苾部）人，赤水軍副使。據契苾嵩墓誌銘：嵩祖父爲唐太宗、高宗時名將契苾何力，「將部落入朝，姑臧安置……累功遷至右領軍衛大將軍、赤水軍副、持節……開元十八年歲次庚午六月辛未，薨於任所。」〔註54〕

契苾嵩開元十八年（730）卒於在職期間，故其擔任赤水軍副使的時間，在開元十八年（730）之前。

4、安忠敬

安忠敬（661～726），武威人，赤水軍副使兼赤水、新泉兩軍監牧使。據前揭《涼州衛大雲寺古刹功德碑》云：「赤水軍副使‧右衛將軍陳宗北、左金吾衛翊府中郎將安忠敬」，又據安忠敬神道碑：「公諱忠敬，字某，武威人也……祖興貴……（忠敬）始以良家子僕射韋公待價引於帳下，安息軍建奇績，解褐授游擊將軍臨洮府右果毅。復以善部統，御史大夫唐公休璟處之前鋒，洪源谷立異效。遷右威衛翊府右郎將兼新泉軍使，進本衛中郎將赤水軍副使兼赤水、新泉兩軍監牧使，改會州刺史、營田使，換松州都督防禦使，遷左司禦率兼河西節度副大使、臨洮軍使，轉鄯州都督，使如故……享年六十有六，開元十四年十一月二十八日，寢疾終於位。」〔註55〕

又據吳廷燮《唐方鎮年表》卷八「隴右」條，安忠敬被置於開元十二年至十四年（724～726）年。〔註56〕一般情況下，隴右節度使由鄯州都督擔任，安忠敬既曾擔任鄯州都督，因此也就有可能兼任過隴右節度使，唯其如此，吳廷燮才會在「隴右」條下具列其名。綜合而言，安忠敬擔任赤水軍副使，當在開元十二年（724）以前，因爲從這時起他已經就任鄯州都督，屬於隴右節度區了。

〔註54〕 《唐代墓誌彙編》開元 314《大唐故特進涼國公行道州別駕契苾公墓誌銘并序》，第 1374～1375 頁。

〔註55〕 《全唐文》卷二三〇（張說十）《河西節度副大使鄯州都督安公神道碑銘并序》，第 2331 頁下欄～2332 頁下欄。又據吳廷燮《唐方鎮年表》卷八「隴右」條引《張燕公集‧鄯州都督安公碑》云，安忠敬死亡時間爲開元十四年十一月八日，抑或由於諸史的轉抄過程，衍「二」字或闕「二」字？（第 1200 頁）

〔註56〕 《唐方鎮年表》卷八「隴右」條，第 1200 頁。

5、馬元慶

馬元慶，赤水軍副使，據《授馬元慶河西節度副使制》云：「勅：雲麾將軍、右驍衛將軍員外置同正員、幽州節度副使、上柱國馬元慶，名重武臣，才優將略，有剛勇以制敵，能廉幹而成務。河湟作鎮，戎狄是虞，既資攻守之術，宜佐軍州之任。可充河西節度副使、判涼州長史、兼赤水軍副使，仍都知兵馬使，餘如故。」〔註57〕

6、薛坦

薛坦（729～776），河東汾陰人，赤水軍副使。據薛坦墓誌云：「至德初，河西節度使周賁辟公以戎掾，咨謀軍事，累至涼州司馬。群胡作難，伐叛有功，詔授左衝（按，「衝」誤，當作「衛」）中郎將、赤水軍副使……以大曆十一年歲次丙辰十二月廿三日丙午，終於晉陽私第，享年卅八。」〔註58〕

按，墓誌所言河西節度使周賁，即周佖，吳廷燮《唐方鎮年表》卷八「河西」條至德元載、二載（756、757），擔任河西節度使者，先後有鄧景山、王思禮、周佖、杜鴻漸。據所引《舊唐書・肅宗紀》，至德元載七月甲子，「河西兵馬使周佖為河西節度使」，同紀至德二載正月丙寅，「武威郡九姓商胡安們物等叛，殺節度使周佖，判官崔稱率眾討平之。」〔註59〕墓誌文所說「群胡作難，伐叛有功」，即指河西節度判官崔稱在節度使周佖被殺之後，率眾平叛一事，薛坦其時也參與其事。九姓商胡叛亂平定之後，薛坦以軍功被任命為左衛中郎將、赤水軍副使。因此，薛坦擔任赤水軍副使的時間，始於至德二年（757）正月。

（二）赤水軍基層軍官

除以上赤水軍（大）使、副使外，我們還檢索到其他一些就任於赤水軍的職務，屬於赤水軍基層軍官，分別為：

1、孟玄一

孟玄一（637～692），河源、赤水軍支度營田大使。據孟玄一墓誌銘云：孟玄一，琅邪平昌人，「尋遷潞州司馬兼朔方支度大使。位漸高而効廣，才既

〔註57〕 《全唐文》卷三〇九（孫逖三）《授馬元慶河西節度副使制》，第3145頁上欄。又，此制書亦見於《文苑英華》卷四二〇。

〔註58〕 《唐代墓誌彙編續集》大曆035《唐故金紫光祿大夫持節蔚州諸軍事守蔚州刺史橫野軍錢監等使上柱國河東薛公墓銘并序》，第715～716頁。

〔註59〕 《舊唐書》卷一〇《肅宗紀》，第243、245頁。

用而聲芳，乃拜涼州司馬，復充河源赤水軍支度營田大使……以長壽元年十二月十二日遘疾，終於州鎮，春秋五十有六。」〔註60〕

　　孟玄一任職時間，在武則天長壽元年（692）十二月之前，並卒於任職期間。

2、冉仁才

　　冉仁才（625～695），赤水軍兵馬、河西諸軍支度使。據冉仁才神道碑：冉仁才，河南人，「公諱仁才……於時四鎮未復，二蕃猶梗，屯田繞塞，戎馬生郊。代郡藏符，臨冀北而誠重，漢家張掖，比西河而還輕。乃徙拜涼州都督府長史，仍知赤水軍兵馬、河西諸軍支度使……享年七十有一，證聖元年二月十日，寢疾終於官舍。」〔註61〕

　　武則天天冊萬歲元年（695）正月，改元為證聖元年，冉仁才既於是年二月卒於任上，故知其擔任該職的時間，在695年二月之前。

3、王齊丘

　　王齊丘（651～709），赤水軍司馬。據王齊丘墓誌銘：王齊丘本太原人，後著籍河東，「神龍初……屬西戎未康，師出于外，迺以君為殿中侍御史，充赤水軍司馬，又勅監涼府倉庫……春秋五十有九。以景龍三年二月十三日，終於涼府……」〔註62〕

　　可知，王齊丘擔任該職的時間，從神龍初年至景龍三年二月（705～709.2）。

4、萬徹

　　萬徹（？），赤水軍長史。據前揭《涼州衛大雲寺古剎功德碑》云：「赤水軍副使・右衛將軍陳宗北、左金吾衛翊府中郎將安忠敬、軍長史萬徹、軍司馬王休祥、神烏縣令胡宗輔，並門承詩禮，世襲箕裘，席工文墨，兼悟兵機，深達般若，樂修檀行。」

　　萬徹既係司馬名逸屬下，故其任職時間，當在司馬名逸擔任赤水軍大使期間，亦即武則天久視元年（700）閏七月，至唐中宗景龍三年（709）之間。

〔註60〕　《唐代墓誌彙編》開元 019《大唐故渭州刺史將作少匠孟府君墓誌銘并序》，第 1163～1164 頁。
〔註61〕　《全唐文》卷二二八（張說八）《河州刺史冉府君神道碑》，第 2309 頁上欄至下欄。又，此文亦見《張燕公集》卷十九，《文苑英華》卷九二〇。
〔註62〕　《唐代墓誌彙編》景龍 029《故右臺殿中侍御史王君墓誌銘并序》，第 1101 頁。

5、王休祥

王休祥（？），赤水軍司馬。史料見前揭《涼州衛大雲寺古剎功德碑》，王休祥任職時間與萬徹同，即武則天久視元年（700）閏七月，至唐中宗景龍三年（709）之間。

6、薛莫

薛莫（？～727），赤水軍防禦使。據薛莫墓誌銘：河東人，「景雲元年授雲麾將軍、上柱國、赤水軍防禦使，俄授左羽林大將軍雁門縣開國伯……（開元）十五年十二月十一日，薨於醴泉里之私第也」〔註63〕

薛莫任職時間，始於景雲元年（710）。

7、楊岌

楊岌（680～746），赤水軍節度判官。據楊岌墓誌銘：弘農華陰人，「解褐補仙州葉縣尉，稍遷蒲州安邑縣尉、赤水軍節度判官、宋州司法參軍，用簡削煩，執謀能遠……以天寶五載八月十九日卒於武德縣之官舍，春秋六十有七。」〔註64〕

四、赤水軍指揮系統構成之特點

通過對上述 16 位赤水軍使、6 位赤水軍副使、7 位赤水軍基層軍官的情況展開分析，可以進一步認識和瞭解赤水軍的指揮系統。

（一）赤水軍軍事主官的名稱

史實表明，對赤水軍軍事主官的稱謂並不一致，大致有「赤水軍使」、「赤水軍大使」、「赤水大使」、「赤水軍兵馬大使」、「節度赤水軍事」等 5 種。具體情況如下：

1. 稱「赤水軍使」者——伏帝匐、哥舒道元、張敬忠、蕭嵩、崔希逸、王倕、李光弼、哥舒翰，共 8 人。

2. 稱「赤水軍大使」者——劉審禮、司馬名逸、司馬逸客、楊執一，共 4 人。

3. 稱「赤水大使」者——楊敬述、王君㚟，共 2 人。

4. 稱「赤水軍兵馬大使」者——賀拔延嗣，共 1 人。

〔註63〕《唐代墓誌彙編》開元 274《大唐故右驍衛大將軍雁門縣開國公上柱國左萬騎使河東薛君故武昌郡夫人史氏合葬墓誌銘并序》，第 1345～1346 頁。

〔註64〕《唐代墓誌彙編》天寶 100《故河內郡武德縣令楊公墓誌銘并序》，第 1601 頁。

5. 稱「節度赤水軍事」者——李林甫，共 1 人。

在以上五種稱呼中，「赤水軍使」最爲常用，共 8 例，其次是「赤水軍大使」（「赤水大使」當是其簡稱），稱「赤水軍兵馬大使」和「節度赤水軍事」者最少，分別只有 1 例。我認爲，「赤水軍兵馬大使」應當就是「赤水軍大使」、「赤水大使」和「赤水軍使」的全稱。如果這個判斷成立，則前四項很可能是同一個稱呼，它們之間的區別不過是全稱和簡稱而已。據此我們或可認爲，一般情況下，赤水軍的最高指揮官稱爲赤水軍使、或赤水（軍）大使，只有在極少數時候稱爲「節度赤水軍事」，從史籍僅有李林甫一例來看，李林甫所任之「節度赤水軍事」，還是在他以宰相遙領河西節度區的情況下出現的。〔註65〕因此，我們有理由相信，赤水軍軍事主官以赤水軍（大）使爲名，乃是通例，稱「節度赤水軍事」則屬比較罕見的特殊情況。

（二）赤水軍軍事主官的民族構成

赤水軍（大）使並非全由迴紇部酋擔任，而是來自包括漢族在內的多個民族。在 16 位赤水軍（大）使中，只有 5 人來自少數民族，具體情況如下：迴紇 1 人（伏帝匐）、突騎施 2 人（哥舒道元、哥舒翰）、契丹 1 人（李光弼）、鮮卑 1 人（賀拔延嗣）〔註66〕；其餘 11 人均來自漢族。在 6 位赤水軍副使中，出自少

〔註65〕《全唐文》卷三○九（孫逖三）《授李林甫兼河西節度等使制》，第 3145 頁上欄至下欄。按，蕭嵩也曾入朝拜相，那麼爲何他稱爲「赤水軍使」，而不似李林甫一樣稱爲「節度赤水軍事」呢？我認爲，其中原因在於蕭嵩與李林甫的情況並不完全相同，蕭嵩畢竟曾經實際任職於河西，李林甫則從來沒有到過河西。

〔註66〕據《周書》卷一四《賀拔勝傳》：「賀拔勝，字破胡，神武尖山人也。其先與魏氏同出陰山。有如回者，魏初爲大莫弗。祖爾頭，驍勇絕倫，以良家子鎮武川，因家焉。獻文時，茹茹數爲寇，北邊患之。爾頭將遊騎深入覘候，前後以八十數，悉知虜之倚仗。後雖有寇至，不能爲害。以功賜爵龍城侯。父度拔，性果毅，爲武川軍主。」（第 215 頁）可見，賀拔氏本與拓拔鮮卑淵源，據姚薇元氏考訂，賀拔氏本爲高車之一部落（詳參姚薇元撰：《北朝胡姓考》卷三「內入諸姓」何氏條，第 116～118 頁，北京，科學出版社，1958。）。及北魏孝文帝推行漢化改革，賀拔氏改爲何氏（據《魏書·官氏志》：「賀拔氏後改爲何氏。」又前揭姚薇元氏同著，例舉賀拔氏人物爲證，賀拔延嗣即其一也。）時至唐代，賀拔氏的漢化水平理當更進一步。然而，此賀拔延嗣並不用北魏時新改的漢姓何氏，卻仍然保持舊有胡姓賀拔氏，由此或可推測，與拓拔鮮卑同出陰山的高車種類賀拔氏，很有可能像北魏末年的尒朱氏一樣，雖其大部分已經南遷，但依然有一些部落一直居留邊地，並未完全漢化，賀拔延嗣有可能就出自這些尚未完全漢化的賀拔部落。

數民族者 2 人，其中迴紇（契苾部）1 人（契苾嵩）、中亞昭武九姓胡 1 人（安忠敬），其餘 4 人則爲漢族；7 位赤水軍普通軍官，則全部爲漢人。

以上情況表明，儘管赤水軍以胡人胡騎爲主要作戰兵員，但其軍事指揮系統的構建並未「胡化」，因爲其軍事主官——赤水軍（大）使、赤水軍副使仍以漢人將領居多，而不是多由「蕃將」擔任，赤水軍軍事主官雜用蕃漢的情況表明，唐朝中央政府（皇帝）在赤水軍指揮員的選用標準上，民族屬性並非主要因素，而是另有其他考慮。

（三）赤水軍軍事主官的兼職情況

綜合以上分析可知，赤水軍的軍事主官——赤水軍（大）使，在絕大多數情況下往往由河西地區的最高軍事主官——河西節度使兼任（節度使成立之前則爲「涼州都督」或「河西諸軍節度大使」），在已知的 16 位赤水軍（大）使中，至少包括楊執一、張敬忠、楊敬述、司馬名逸、司馬逸客、王君㚟、蕭嵩、崔希逸、王倕、李林甫、王忠嗣、哥舒翰等 12 位即是如此，其中王君㚟、哥舒翰二人，更是以河西、隴右兩道節度使的身份兼任赤水軍（大）使之職。

赤水軍（大）使多數由河西節度使兼任的情況，進一步表明赤水軍在唐朝野戰軍團中所佔的重要地位，以及赤水軍實爲中央政府（皇帝）直屬軍隊的性質，從這個角度來說，正是由於赤水軍軍事地位的重要，故中央政府（皇帝）必須加強對這支軍隊的控制。進而，對赤水軍（大）使與中央政府（皇帝）的關係深入分析，還會發現：赤水軍軍事主官——赤水軍（大）使，幾乎一無例外地都是皇帝最爲信任的將領或者朝廷重臣，其中蕭嵩、李林甫二人以執政宰相的身份「遙領」河西諸職，更爲直接地反映出中央政府（皇帝）希望牢固控制這支野戰軍團的眞實意圖。

另一方面，即便赤水軍（大）使、赤水軍副使在某些時候不由河西節度使兼任而獨立成職，也往往同時兼任其他職務，所兼職務一般情況下又與營田、支度、轉運、監倉庫、督察九姓、牧養軍馬等軍事協防、後勤保障一類的軍事事務有關。如，李光弼充任赤水軍使的同時，兼任河西節度使府的兵馬使，也就是說李光弼有權調動屬於河西節度使府的其他野戰軍團；又如，安忠敬任赤水軍副使兼赤水、新泉兩軍監牧使，則意味著他還同時兼管赤水、新泉兩軍的軍馬牧放、馴練等事務；再如，馬元慶以河西節度副使、判涼州長史的身份，兼任赤水軍副使、都知兵馬使，不僅有權過問涼州府的一般行政性事務，還有權過問河西節度使府所轄其他野戰軍團的軍務。赤水軍（大）

使、副使在職務上的多重性，並未削弱其在軍事上的作用，反而強化了它的地位，因爲其兼任的職務涉及軍事協防、後勤保障等方面，在性質上仍然屬於軍事領域的內容。

（四）赤水軍指揮系統構成之特點

由於材料的局限，我們已經很難完全復原赤水軍的指揮系統，但根據已有史料所提供的信息來看，赤水軍不僅設有軍使、副使，還同時設有軍司馬、軍長史、節度判官、防禦使、兵馬使、監牧使等其他軍職。也就是說，赤水軍的指揮系統至少包括軍使、副使、司馬、長史、節度判官、防禦使、兵馬使、支度使、屯田使、監牧使等 10 種軍事職務，這表明赤水軍指揮系統的構造較爲複雜。

從目前所搜集到的史料來看，以上 10 種軍事職務中，節度判官、防禦使、兵馬使三職在河西、隴右的其他軍鎮中均無設置，這大概是因爲此三職一般情況下只有在高一級別的節度使府中才會設置。赤水軍作爲河西節度使府下屬的野戰軍鎮，其在軍職的設置上，卻與高一級別的節度區相同，而明顯較河隴地區其他軍鎮爲高，正說明赤水軍在河隴地區具有其他軍鎮無可比擬的地位。〔註67〕

還需要注意的是，包括司馬、節度判官、防禦、支度、屯田、倉庫等職在內的赤水軍基層軍官，就本文所搜集到的史料看，均爲漢人將領。赤水軍軍事主官——赤水軍（大）使的人選，表現爲蕃漢雜用，然而，包括軍事整訓、後勤保障、軍事屯田等其他軍供類職務，卻基本上由漢人將領充當，這應當視爲赤水軍指揮系統構造上的又一個特點。這一點頗有值得玩味之處。

我認爲這可能正體現出唐朝最高統治者的某種政治意圖，作爲河隴地區最有實力的野戰軍團，又是君主直轄的武裝力量，唐朝中央政府自有必要加強對赤水軍的領導和控制，基於此慮，唐朝中央政府在選拔赤水軍軍事主官時，必須綜合考量其人之軍事才能、個人威望、對君主的忠誠度以及君主對他的信任程度等因素，故而赤水軍軍事主官呈現出蕃漢雜用的局面。另一方

〔註67〕 據前揭安忠敬神道碑：「遷右威衛翊府右郎將兼新泉軍使，進本衛中郎將赤水軍副使兼赤水、新泉兩軍監牧使，改會州刺史營田使……」安忠敬由「右威衛翊府右郎將兼新泉軍使」改任「本衛（即右威衛）中郎將赤水軍副使兼赤水、新泉兩軍監牧使」，在這兩次任職中，安忠敬的主要軍事職務分別爲新泉軍使、赤水軍副使，神道碑使用「進」字，表明此次改任官職實爲陞遷，也側證了赤水軍的地位確實要高於新泉軍。

面，由於相對特殊的建軍模式，以及赤水軍軍事實力的超強，如何保證其堅決聽從中央政府（皇帝）的調遣指揮，又如何確實有效地保證赤水軍的軍事供給？就因此成為中央政府（君主）不能不認真思考的課題。我們看到，包括司馬、支度使、營田使在內的軍職，均為赤水軍使屬下最重要的幾個職務，他們分別承擔軍隊整訓、軍費開支、軍事屯田等後勤保障事務，對於這些後勤保障事務，一般情況下漢將可能比「蕃將」更為熟悉，故而效率也更高，這應當就是赤水軍中除軍事主官以外的重要職務均由漢將擔任的一個重要原因。

唐代河西節度使所轄軍鎮考論

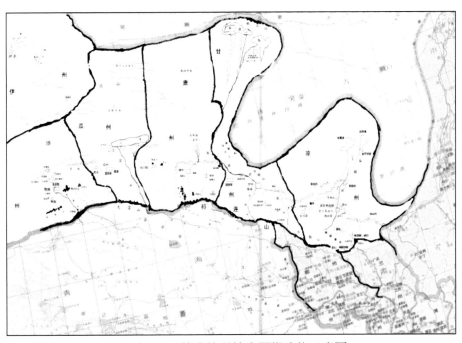

附圖：河西節度使所轄十軍鎮分佈示意圖

說明：本圖據《中國歷史地圖集》第五冊第 61～62 頁唐開元二十九年「隴右道東部」
　　　地圖截圖製作，圖中虛線爲今日之河流，實線則爲唐時河流。

　　《資治通鑒》有關於天寶元年（742）設置十節度（經略）使情況的相關
記載，涉及各節度（經略）使的戰略任務、所轄軍鎮簡況等內容，其中與河

西節度使〔註1〕有關者如下：

> 是時，天下聲教所被之州三百三十一，羈縻之州八百，置十節度、
> 經略使以備邊……河西節度斷隔吐蕃、突厥，統赤水、大斗、建康、
> 寧寇、玉門、墨離、豆盧、新泉八軍，張掖、交城、白亭三守捉，屯
> 涼、肅、瓜、沙、會五州之境，治涼州，兵七萬三千人。〔註2〕

《資治通鑑》此處所說十節度（經略）使，其最初公佈的時間爲開元二十一
年（733）。〔註3〕在十節度（經略）使中，河西節度使出現時間最早，大概在
唐睿宗景雲元年、二年前後。〔註4〕

河西節度所轄之野戰軍鎮，並非同時成立，而是經歷了一個較長的歷史
過程。河西節度使所轄各軍鎮之設置時間，《唐會要》卷七十八節度使門「河
西節度使」條有載，茲臚列如下，以供考述：

> 赤水軍，置在涼州西城，本赤烏鎮，有泉水赤，因以爲名。武
> 德二年（619）七月，安修仁以其地來降，遂置軍焉。軍之大者，莫
> 過於此。

> 新泉軍，大足元年（701）郭元振奏置。開元五年（717），改爲
> 守捉。

〔註1〕 學界對河西節度使的研究，寡見所及，以王永興氏最具代表性，氏著《試論唐
代前期的河西節度使》（《國學研究》第2卷，第363～392頁，北京，北京大學
出版社，1994。）等論文，以及在此基礎上所著前揭《唐代前期軍事史略論稿》，
對河西節度使的設置、歷任節度使、所轄軍隊、河西節度與西北軍事格局等相
關問題，均有詳細討論。王氏論著爲我們繼續研討相關問題奠定了堅實基礎。
然王氏論著中，也有一些問題需要訂正，或有待深化。學術公器，本文擬在借
鑒王氏論著及學界其他相關論述的基礎上，對河西節度使所轄軍鎮略加考索。

〔註2〕 《資治通鑑》卷二一五唐玄宗天寶元年（742）正月，第6847～6848頁。

〔註3〕 《舊唐書》卷三八《地理志一》：「開元二十一年，分天下爲十五道，每道置
採訪使，檢察非法，如漢刺史之職……又於邊境置節度、經略使，式遏四夷。
（自注：凡節度使十，經略守捉使三。）」（第1385頁）所說十節度使，其中嶺南
五府不稱節度使，而稱嶺南五府經略使，因其地位相當於節度使，故亦列入
十節度使。《資治通鑑》之所以將十節度使放在天寶元年（742）敍述，當是
因爲開元二十一年（733）正式公佈十節度（經略）使以後，諸節度使下轄之
軍鎮仍處於不斷變化之中。

〔註4〕 河西節度使出現的時間，諸史所載略有不同，《資治通鑑》卷二一〇唐睿宗景雲
元年、《新唐書》卷六七《方鎮表四》作景雲元年（710）；《通典》卷三二《職
官典十四》、《新唐書》卷五〇《兵志》則作景雲二年（711）。二者孰是孰非，
迄無定論，前揭王永興氏所著也是存疑。然而，無論景雲元年（710），抑或二
年（711），河西節度使乃是十節度（經略）使中設置最早者，則無可置疑。

　　大斗軍，本是守捉使，開元十六年（728），改爲大斗軍焉。

　　建康軍，置在甘、肅二州界，證聖元年（695），王孝傑開四鎮回，以兩州界迥遠，置此軍焉。

　　寧寇軍，舊同城守捉，天寶二年（743）五月五日，遂置焉。

　　玉門軍，本廢玉門縣，開元六年（718）置軍焉。

　　墨離軍，本是月支舊國，武德初（618？）置軍焉。

　　豆盧軍，置在沙州。神龍元年（705）九月置軍。

　　白亭軍，天寶十四載（755）正月三日置。〔註5〕

據此可知，河西節度使下轄之軍鎮，最早設置者爲墨離、赤水二軍，時在唐高祖武德元年、二年（618、619），最晚者爲白亭軍，時在唐玄宗天寶十四載（755）正月，前後相距136（137）年，時間相差幾近一個半世紀。因此，從某種意義可以說，河西節度使成立的過程就是唐朝前期在西北地區軍事活動歷史的縮影或寫照。

　　以下依《唐會要》所載設置時間爲序，逐次考證各軍鎮之設置及歷史沿革等情況。

一、墨離軍

　　據《舊唐書》卷三八《地理志一》（以下簡稱《舊志》），墨離軍在瓜州西北千里，有兵5000人、戰馬400匹。（李吉甫《元和郡縣圖志》同，以下簡稱《元和志》）

　　對於墨離軍，前揭王永興氏的考述較爲深入，王氏認爲「墨離」一詞，或作「莫離」，乃是吐谷渾語的音譯，並據此推測認爲，墨離軍乃是由吐谷渾所組成的軍隊。然對於「墨離」或「莫離」一詞的含義，王氏則以爲「不能解釋」。此外，氏著還引用嚴耕望氏《唐代交通圖考》一書的相關論述，進一步論證了墨離軍當設於瓜州附近，而非如司馬溫公所說的瓜州西北千里之外。對於《唐會要》所說「墨離軍，本是月支舊國，武德初置軍焉」，王氏則明確指出，「墨離軍似不可能置於武德初。」〔註6〕

　　總體來看，王永興氏對墨離軍的上述分析頗爲精審，但有些地方不免究之過深。首先，墨離軍成立於唐高祖武德初年，並非沒有可能，因爲從後面

〔註5〕　《唐會要》卷七十八《節度使》「河西節度使」條，第1689～1690頁。又案，括號中的公元紀年時間，爲筆者所加。
〔註6〕　前揭《試論唐代前期的河西節度使》，《國學研究》第2卷，第363～392頁。

—203—

所論述之赤水軍來看，其成立時間為武德二年（619）。墨離軍與赤水軍同屬河西地區，既然赤水軍能夠在這個時期成立，墨離軍又為何不能？因此，如果沒有切實的證據，恐不宜輕易懷疑《唐會要》的記載。

其次，「墨離」或「莫離」一詞的含義，同樣不必究之過深，它原本不過是根據吐谷渾語音譯過來的一個地名，這個地方又在原月氏國的區域範圍之內。只有肯定這是一個地名，有關史料才能解釋通暢。如王忠嗣於天寶年間出任河西、隴右節度使，又權知朔方、河東節度，「後頻戰青海、積石，皆大克捷。尋又伐吐谷渾於墨離，虜其全國而歸。」〔註7〕據此，墨離為一地名無疑。又據諸《新唐書・地理志》所載，隴右道下屬之「鄯州西平郡・鄯城」條下注云：

> 中。儀鳳三年置。有土樓山。有河源軍，西六十里有臨蕃城，又西六十里有白水軍、綏戎城，又西南六十里有定戎城。又南隔澗七里有天威軍，軍故石堡城，開元十七年置，初曰振武軍，二十九年沒吐蕃，天寶八載克之，更名。又西二十里至赤嶺，其西吐蕃，有開元中分界碑。自振武經尉遲川、苦拔海、王孝傑米柵九十里至莫離驛。又經公主佛堂、大非川二百八十里至那祿驛，吐渾界也。
>
> 〔註8〕

按，其中所說「吐渾」，即吐谷渾，凡此所列之地名，均屬原吐谷渾統治區域，驗諸《中國歷史地圖集》「隴右道東部」，莫離驛在今青海共和附近，位於今青海湖東南方向。〔註9〕又，王忠嗣征討吐谷渾的三個作戰地點青海、積石、墨離，也都在吐谷渾的統治區域內，由此可以斷定，「墨離」當即「莫離」。

然而，據前引地圖集所揭示，「莫離驛」和位於瓜州之「墨離軍」，兩地相隔殊遠，如果僅從地理位置來判斷的話，「墨離軍」與「莫離驛」似乎不應該有什麼關係。怎樣來解釋二者在空間上的距離呢？我的理解是，「墨離軍」在武德初年組建時，應當設置於「莫離驛」附近，因為就其時唐朝軍事力量所能觸及的地域範圍來看，最多只能達到今甘肅東部及青海湖一帶，而不大可能遠至玉門關以西的瓜州。後來，隨唐朝在西北地區軍事形勢的發展與軍

〔註7〕《舊唐書》卷一○三《王忠嗣傳》，第3199頁。

〔註8〕《新唐書》卷四○《地理志四》，第1041頁。

〔註9〕《中國歷史地圖集》第五冊《唐・隴右道東部（開元二十九/741年）》，第61～62頁。

事活動的需要，當初組建於「莫離驛」附近的墨離軍終於被調至瓜州附近駐防，從而拉開了「莫離驛」與「墨離軍」空間上的距離。〔註10〕

徵諸史籍所載墨離軍的軍事行動情況，並結合《中國歷史地圖集》所載墨離軍的地理位置綜合判斷，基本可以斷定：墨離軍的首要軍事戰略任務，就是保證瓜州的安全，並與東面的玉門軍犄角配合，切斷瓜州大磧與肅州大磧之間（今玉門鎮與嘉峪關之間）的綠色通道，從而阻隔吐蕃與突厥之間可能出現的軍事聯合。

史籍可查之墨離軍指揮官有：1. 朱邪拔野，唐太宗貞觀時期曾以墨離軍使的身份，參與征討高麗、薛延陀。〔註11〕2. 沙陀金山，本處月酋長，唐高宗、武則天時期曾任墨離軍討擊使，隨薛仁貴征討鐵勒。〔註12〕3. 李思明，唐中宗景龍三年（709）前後，任墨離軍使、瓜州都督。〔註13〕4. 張守珪，唐玄宗開元十五年，由建康軍使調任瓜州刺史、墨離軍使。〔註14〕5. 李宏定，歸義軍政權時期，曾任瓜州刺史、墨離軍押蕃落等使、兼御史大夫。〔註15〕

〔註10〕 唐高祖武德初年，墨離軍組建於莫離驛附近，後移駐瓜州，當與唐朝前期在西北地區的一系列軍事活動有關係。就史料所示，墨離軍自組建起，即征戰於西北戰場，如《舊五代史》卷二五《唐書·武皇紀》載：「始祖拔野，唐貞觀中為墨離軍使，從太宗討高麗、薛延陀有功，為金方道副都護，因家於瓜州。」（第331頁，北京，中華書局，1976。）又，《新唐書》卷二一八《沙陀傳》載：「龍朔初，以處月酋沙陀金山從武衛將軍薛仁貴討鐵勒，授墨離軍討擊使。」（第6154頁）又《冊府元龜》卷九五六《外臣部》「種族門」載：「沙陀突厥，本西突厥之別種也。唐則天通天中有黑（墨）離軍討擊使沙陀金山為金滿州都督。」（第11253頁）由此可見，墨離軍自成立起，即長期承擔對北方少數民族的作戰任務，作戰範圍從東北到西北，除貞觀時期對高麗作戰為東北外，其餘均在西北地區。結合前揭《中國歷史地圖集》「隴右道東部」所示之地緣構成可知，墨離軍從莫離驛移駐瓜州，顯然更能適應在西北地區作戰的需要。

〔註11〕 《舊五代史》卷二五《唐書·武皇紀》，第331頁。

〔註12〕 前揭《新唐書》卷二一八《沙陀傳》、《冊府元龜》卷九五六《外臣部》「種族門」。

〔註13〕 《全唐文》卷二五三（蘇頲四）《命呂休璟等北伐制》：「墨離軍使、瓜州都督李思明，伊吾軍使、伊州刺史李昚交等，各領當軍兵馬，與突騎施守忠、呂休璟等計會，共為表裏。」（第2563頁）李思明任職於唐中宗時期，詳參後文對建康軍使、甘州刺史李守徵任職時間的分析。

〔註14〕 《舊唐書》卷一〇三《張守珪傳》：「（開元）十五年，吐蕃寇陷瓜州，王君㚟死，河西恟懼。以守珪為瓜州刺史、墨離軍使，領餘眾修築州城。」（第3194頁，《新唐書》一三三《張守珪傳》略同，第4548～4549頁。）

〔註15〕 《全唐文》卷九九九《沙州千佛洞唐李氏再修功德碑》有云：「至德年中，十郡土崩，殄絕玉關之路，□□□□□□□□□凡二甲子，運偶大中之初，中興啓運……府君春秋纔方弱冠，文藝卓犖，進止規常，迥然獨秀。時則妻

史籍明確記載的墨離軍指揮官僅此 5 位，據此很難判斷出墨離軍指揮官在人選上有什麼特別的要求，但我們可以對此進行一些推測性分析。

首先來看上述五人所屬民族。朱邪拔野、沙陀金山二人，均為西突厥別部處月種，即一般史籍所說的沙陀或沙陀突厥。〔註16〕李思明儘管是漢姓，但考慮到唐代賜姓李氏的情況十分普遍，因此很難判斷他究竟出自漢族，還是少數民族，不過，我傾向於認為來自少數民族。張守珪可以明確為漢人。李宏定，據《功德碑》所云，為隴西李氏。據此或可推測認為：在唐太宗、高宗乃至武則天時期，墨離軍的指揮官多由西突厥別部的沙陀人所擔任。如果這個推測成立，那麼，墨離軍係由吐谷渾人組成的說法可能就有問題了，因為很難想像：一支由吐谷渾人組成的軍隊，卻由一個來

父河西隴右一十一州節度管內觀察處置營田支度等使、金紫光祿大夫、特進、食邑二千戶、實封三百戶賜紫金魚袋南陽張公諱義潮，慕公之高望，籍公之文武，於是乃為秦晉，遂申伉儷之儀；將奉承祧，世祚潘楊之美。公其時也，始蒙表薦。因依獻捷，親拜彤庭。宣宗臨軒，□□所以，公具家諜，面奏玉階。上亦沖融破顏，群公愕視。乃從別勒授涼州司馬、檢校國子祭酒兼御史中丞，賜紫金魚袋，錫金銀寶貝，詔命陪臣，乃歸戎幕……次男使持節瓜州刺史、墨離軍押蕃落等使、兼御史大夫宏定，文武全材，英雄貫勇。晉昌要險，能布頗牧之威；巨野大荒，屏蕩匈奴之迹。」（第 10244～10245 頁）其中所說「府君」，即功德碑主人李明振，係張議潮女婿。又，《全唐文》所錄此文，歷代多有著錄或考述，如清人徐松《西域水道記》卷三；法國人沙畹《中亞的十種漢文碑銘》（Ed. Chavannes, Dix inscription chi noises de l' Asie Central）巴黎，1902 年；王仁俊《敦煌石室眞迹錄》，1909；蔣斧《沙州文錄》，1909 年；羅振玉《西陲石刻錄》，1914 年；張維《隴右金石錄》，1938 年；石璋如《敦煌千佛洞遺碑及其相關的石窟考》，《中央研究院歷史語言研究所集刊》第 34 本上冊，1962 年；李永寧《敦煌莫高窟碑文錄及其相關問題（一）》，《敦煌研究》試刊第 1 期等等。敦煌莫高窟第 148 窟中題名為《唐宗子隴西李氏再修功德碑》，當即此《功德碑》之原文。關於該碑刻立背景，據榮新江氏分析指出：張議潮之子張淮鼎歿族兄張淮深自立，但不久去世，死前將幼子張承奉託付給張議潮的女婿索勳。索勳乘機自立為節度使，但引起了嫁給李明振的張議潮第十四女張氏的不滿，時李明振已死，張氏遂聯合諸子合力殺掉索勳，立任男張承奉為節度使。為紀念這一勝利，乾寧元年（894）張氏以李明振的名義，在自家功德窟──莫高窟第 148 窟修立此碑。（以上詳參榮新江撰：《歸義軍史研究──唐宋時代敦煌歷史考索》，第五章《李氏家族執政始末》，第 197～198 頁，上海，上海古籍出版社，1996。）

〔註16〕《新唐書》卷二一八《沙陀傳》：「沙陀，西突厥別部處月種也……西突厥浸強，內相攻，其大酋乙毗咄陸可汗建廷鏃曷山之西，號『北庭』，而處月等又隸屬之。處月居金娑山之陽，蒲類之東，有大磧，名沙陀，故號沙陀突厥云。」（第 6153 頁）可見，沙陀或沙陀突厥，本為西突厥別部處月種。

自西突厥別部的沙陀人擔任其指揮官？！因此，我以爲墨離軍之得名，雖然與吐谷渾詞語的音譯有關係，但並非一支完全由吐谷渾人所組成的軍隊。當然，這支軍隊以胡人胡騎爲主要兵員，且這些胡人胡騎中又有很多吐谷渾人則很有可能。

在以上五位墨離軍指揮官中，儘管李宏定的情況比較特殊，其時唐朝中央政府已在實際上喪失對河隴地區的控制權，但仍然有値得我們關注的信息。李宏定係李明振次子，母親爲張議潮第十四女，據學者考訂，李宏定擔任此職，大約在894年，張氏率諸子殺掉索勳，立張氏侄男張承奉爲節度使，但歸義軍政權的實權卻掌握其子李弘願、李宏定等人手中，李氏家族實力在895年底達到極盛，並成功排斥張承奉，獨攬歸義軍大權。李氏統治於896年初被瓜沙大族推翻，張承奉才眞正獲得歸義軍節度使的實際執政權。張承奉實際主政後，李氏諸子留在沙州者可能在貶官以後相繼被殺，只有任職於瓜州的李宏定，大概因爲遠離沙州，其後裔得以延續下來，併入仕於後來的曹氏歸義軍政權。〔註17〕據此我進一步認爲，李宏定的後裔之所以得以延續，除了因爲瓜州距離沙州較遠這一地緣因素外，還與其控制的軍事實力強大有關，而這又與他兼任墨離軍使之職不無關係。此事表明，甚至到了唐朝中央政權對河隴地區失去實際控制權以後，墨離軍使一職仍有其實際內涵，此外，由瓜州刺史兼任墨離軍使的傳統或慣例也沒有改變。

這裏還要討論的是，張守珪出任墨離軍使，是否隱含有某種特別意義？因爲僅就已知的墨離軍使人選情況來看，張守珪是第一個可以明確爲出任該職的漢人將軍。如果能夠假定張守珪之前的墨離軍使之職，均由蕃將擔任。那麼，張守珪出任此職就値得深究。張守珪出任此職的背景及到任後瓜州地區的形勢，《舊唐書·張守珪傳》有記載，略云：

> （開元）十五年，吐蕃寇陷瓜州，王君㚟死，河西恟懼。以守珪爲瓜州刺史、墨離軍使，領餘眾修築州城……守珪以戰功加銀青光祿大夫，仍以瓜州爲都督府，以守珪爲都督。瓜州地多沙磧，不宜稼穡，每年少雨，以雪水漑田。至是渠堰盡爲賊所毀，既地少林木，難爲修茸。守珪設祭祈禱，經宿而山水暴至，大漂材木，塞澗而流，直至城下。守珪使取充堰，於是水道復舊，州人刻石以紀其

〔註17〕 前揭《歸義軍史研究——唐宋時代敦煌歷史考索》，第五章《李氏家族執政始末》，第210頁。

事。明年，遷鄯州都督，仍充隴右節度。〔註18〕

眾所週知，到唐玄宗開元時期，唐朝在隴右、河西地區的最大外患已經演變成吐蕃，開元十五年（727）九月吐蕃攻陷瓜州，河西、隴右節度使·右羽林軍將軍·判涼州都督事王君㚟戰死，河隴地區震動。張守珪就是在河隴深陷危機的情況下，被任命爲瓜州刺史、墨離軍使，很顯然，唐玄宗是希望通過他改變唐朝在河隴地區的被動不利局面。張守珪果然沒有辜負唐玄宗的期望，在率兵擊退吐蕃的軍事進攻以後，著意加強瓜州城防的建設，同時採取措施恢復被吐蕃毀壞的渠堰，積極興復瓜州地區的屯田。

不過，我們這裏所要重點關注的是，張守珪以瓜州刺史的身份同時擔任墨離軍使，這是史籍所明確記載的第一個漢人墨離軍使。之所以說此事值得深究，主要是因爲這意味著，一支由胡人胡騎爲主要作戰兵員的軍隊，可能開始改由漢人將領直接指揮〔註19〕；抑或這支軍隊到唐玄宗開元時期，兵員已經不再以胡人胡騎爲主，而改由漢人充當？無論是哪一種情況，都表明墨離軍到唐朝中期以後，在其兵員構成、軍事領導層等方面，可能都已經發生較大變化。

二、赤水軍

據《舊志》，赤水軍在涼州城內，有兵 33000 人、馬 13000 匹。（《元和志》同。）

赤水軍成立於唐高祖武德二年（619）七月，係因安修仁以其地來降而置軍。赤水軍所以後來發展成爲實力最強的一個野戰軍團，乃由其所承擔的戰略任務決定。對於赤水軍的戰略任務，《元和郡縣圖志》中的表述十分明確：「前拒吐蕃，北臨突厥者也。」〔註20〕這和《資治通鑑》所云河西節度使戰略任務「隔斷吐蕃、突厥」，以及《舊唐書·地理志》所云「河西節度使，斷隔羌胡」，意思相同，因爲羌指吐蕃、胡指突厥。從這個層面上講，河西節度使的戰略任務即赤水軍的戰略任務，易言之，河西節度「斷隔羌胡」的任務，主要由赤水軍承擔。

〔註18〕 《舊唐書》卷一〇三《張守珪傳》，第 3194 頁。

〔註19〕 按，此前郭知運擔任鄯州都督·隴右諸軍節度大使，王君㚟擔任河西、隴右節度使·判涼州都督事期間，從理論上講，均有指揮墨離軍的權力，但二人都是間接指揮，並不能直接統帥這支軍隊，而張守珪以瓜州刺史的身份同時兼任墨離軍使，則可以直接指揮墨離軍。

〔註20〕 《元和郡縣圖志》卷四〇《隴右道下》「武威郡」條，第 1018 頁。

前揭王永興氏對赤水軍曾有頗爲詳細的考述，其核心論點主要有二：1.赤水軍成立於武德二年「恐不可信」，赤水軍成立時間當在武則天在位期間，迴紇、契苾等四蕃族內屬甘、涼之後。2.「赤水軍乃敕勒族（亦稱鐵勒）迴紇、契苾、思結、渾四部所組成之軍隊也。敕勒族四部以迴紇部最爲強大，故迴紇部酋相繼爲赤水軍使，可推知其他三部酋長爲赤水軍使下諸將，四部之一般部落成員則爲赤水軍之兵士也。」〔註21〕

對於王氏所論，我不盡認同，並曾撰文加以辨正。〔註22〕關於赤水軍的指揮官，除第一任赤水軍使可以確定爲安修仁或安氏家族人物外，諸史明確可查的其他赤水軍（大）使，至少還有如下十六人，分別爲：

1. 劉審禮　　2. 伏帝匐　　3. 楊敬述　　4. 哥舒道元

5. 司馬名逸　6. 司馬逸客　7. 楊執一　　8. 張敬忠

9. 王君㚟　　10. 蕭嵩　　11. 崔希逸　12. 李林甫

13. 王倕　　14. 王忠嗣　15. 李光弼　16. 哥舒翰。

除以上赤水軍（大）使外，我們還檢索出六位赤水軍副使，分別爲：

1. 能昌仁　2. 契苾嵩　3. 陳宗北　4. 安忠敬　5. 馬元慶　6. 薛坦

此外，我們還檢索七位赤水軍基層軍官，分別爲：

1. 孟玄一　2. 舟仁才　3. 王齊丘　4. 萬徹　5. 王休祥　6. 薛莫　7. 楊岌

通過對上述 16 位赤水軍使、6 位赤水軍副使、7 位赤水軍基層軍官的情況展開分析〔註23〕，茲將赤水軍指揮系統的構成特點，概括爲如下幾點：

（一）赤水軍（大）使的人選雜用蕃漢，來自包括漢族在內的多個民族。16 位赤水軍（大）使中，有 4 位來自少數民族，其中迴紇 1 人（伏帝匐）、突騎施 2 人（哥舒道元、哥舒翰）、契丹 1 人（李光弼）；其餘 12 人均爲漢族。在 6 位赤水軍副使中，出自少數民族者 2 人，其中迴紇（契苾部）1 人（契苾嵩）、中亞昭武九姓胡 1 人（安忠敬），其餘 4 人則爲漢族；7 位赤水軍普通軍官，全部爲漢人。由此可見，儘管赤水軍以胡人胡騎爲主要作戰兵員，但其指揮系統並未「胡化」，這說明唐朝中央政府在赤水軍軍事主官的選用標準

〔註21〕　前揭《唐代前期軍事史略論稿》，第 110 頁。

〔註22〕　詳見前揭拙撰：《試論赤水軍的軍事地位及其成因》，《唐史論叢》第 14 輯，第 359～374 頁。

〔註23〕　按，以上 16 位赤水軍（大）使、6 位赤水軍副使、7 位赤水軍基層軍官的籍貫、任職時間、主要軍功事跡等詳細情況，可詳參本書前揭《赤水軍指揮系統之構成及其特點》一文，此處爲節省篇幅，不再重複考述。

上，民族屬性並非考慮的主要因素。

（二）在十節度使所轄野戰軍團中，赤水軍實力最爲強大，其軍事主官──赤水軍（大）使，在絕大多數情況下往往由河西地區的最高軍事主官──河西節度使兼任（節度使成立之前則爲「涼州都督」或「河西諸軍州節度大使」），這種情況進一步表明，赤水軍在野戰軍團中具有無可比擬的重要地位，以及赤水軍實爲中央（皇帝）直屬軍隊的性質，是以唐朝中央（皇帝）必須加強對這支軍隊的控制。

（三）赤水軍（大）使、赤水軍副使即便不由河西節度使兼任而獨立任職，也往往同時兼任其他職務，這些職掌又多與營田、支度、轉運、監倉庫、督察九姓、牧養軍馬等軍事協防、後勤保障等事務有關。赤水軍（大）使、副使職掌的多樣化，進一步強化了它的軍事地位，因爲其兼任職掌仍屬軍事範疇。

（四）赤水軍的指揮系統至少包括軍使、副使、司馬、長史、節度判官、防禦使、兵馬使、支度使、屯田使、監牧使等 10 種軍事職務，這表明赤水軍指揮系統的構造較爲複雜。從現有史料所提供的信息來看，上述 10 種軍職中，節度判官、防禦使、兵馬使三職在河西、隴右其他軍鎮均無設置，這因爲此三職只有高一級別的節度使府中才有權設置。作爲河西節度使府下屬野戰軍鎮，赤水軍的軍職設置卻同於高一級別的節度區，正說明其在河隴地區具有其他軍鎮無可比擬的地位。

（五）包括司馬、節度判官、防禦、支度、屯田、倉庫等職在內的赤水軍基層軍官，均爲漢人將領。赤水軍軍事主官雜用蕃漢，然而包括軍事整訓、後勤保障、軍事屯田等其他軍職卻全部由漢人充當，這是赤水軍指揮系統構造上的又一突出特點。這個特點之所以形成，與赤水軍相對特殊的建軍模式有直接關係，包括司馬、支度使、營田使在內諸職，分別承擔軍隊整訓、軍費開支、軍事屯田等後勤保障事務，這類事務漢將較諸「蕃將」，更爲熟悉、效率更高，當是赤水軍中除軍事主官以外的重要職務均由漢將擔任的主要原因。〔註24〕

三、建康軍

據《舊志》，建康軍在甘州西二百里，有兵 5300 人、馬 500 匹。（《元和志》：兵 5200 人，馬 500 匹。）

〔註24〕 按，此處所總結之赤水軍指揮系統構成特點，本書前揭《赤水軍指揮系統之構成及其特點》一文有更爲詳細的考論，可以參看。

建康軍位於甘、肅二州交界處，武則天證聖元年（695），王孝傑收復安西四鎮返回時，以爲甘、肅二州之間相距遙遠，而設置此軍。王孝傑提議在甘、肅二州交界設置建康軍，其直接目的是爲了加強二州在軍事上的溝通與配合。王孝傑之所以提議設置建康軍，應該是他對自己長期征戰西北戰場的軍事經驗進行總結之後提出的。王孝傑在西北戰場上所取得的輝煌戰績，始於收復安西四鎮的戰役，四鎮雖然收復，然而唐與吐蕃、突厥在西域的戰爭卻並沒有停止，王孝傑也只好繼續留在西北征戰。王孝傑征戰西域的主要經歷，兩《唐書》、《資治通鑑》均有記述，茲略陳如下：

> 長壽元年（692），西州（治高昌，今新疆吐魯番東南）都督唐休璟奏請復取龜茲、于闐、疏勒、碎葉四鎮。王孝傑因此被任命爲武威軍總管，與左武衛大將軍阿史那忠節領兵進攻吐蕃。同年十月，王孝傑等大破吐蕃，收復四鎮，設安西都護府於龜茲，並留兵鎮守。〔註25〕

> 延載元年（694）二月，「武威道總管王孝傑破吐蕃勃論贊刃、突厥可汗俀子等於冷泉及大嶺，各三萬餘人，碎葉鎮守使韓思忠破泥熟俟斤等萬餘人。」〔註26〕同年八月，王孝傑又出任瀚海道行軍總管，受朔方道行軍大總管薛懷義節度。

> 證聖元年（695）正月，以王孝傑爲朔方道行軍總管，出擊突厥；同年七月，吐蕃入寇臨洮，王孝傑出任肅邊道行軍大總管，領兵征討。

從以上記述可知，王孝傑在西北戰場上的對手，既有吐蕃，也有突厥，在有些時候甚至要直接面對吐蕃與突厥的聯合作戰。西北戰場區域廣闊，戰略縱深遠大，各州鎮之間距離懸遠，加之唐軍的作戰對象吐蕃或突厥，均以騎兵爲主力，要在廣闊的區域內全面設置軍鎮戍守，在理論和實踐上，都很不現實。這就要求唐朝在進行軍事佈防時，必須恰當地選擇戰略支撐點，以便在發現敵情後，能夠及時快速應對。

建康軍以及蓼泉守捉等鎮戍，就是因此而設置。據《新唐書·地理志》「甘州張掖郡」條下注云：「西北百九十里祁連山北有建康軍，證聖元年，王孝傑

〔註25〕 《舊唐書》卷九三《王孝傑傳》：「長壽元年，爲武威軍總管，與左武衛大將軍阿史那忠節率眾以討吐蕃，乃克復龜茲、于闐、疏勒、碎葉四鎮而還。」（第2977頁）

〔註26〕 《資治通鑑》卷二〇五則天后延載元年（694）春二月，第6493頁。

以甘、肅二州相距迴遠，置軍；西百二十里有蓼泉守捉城。」〔註27〕結合《中國歷史地圖集》「隴右道東部」所展示之地緣構成，不難發現：建康軍恰好位於甘州通往肅州之交通乾道的中間部位，距離甘、肅二州的路程基本相同。

甘、肅二州同屬河西節度區，二者在軍事戰略上互為協同，但因距離較遠，故而在遇到戰爭特別是突發性的戰爭時，往往很難有效發揮戰略協作的效果。建康軍設在二州的中間部位，就可以較好地解決它們之間的戰略合作問題。又，建康軍位於祁連山北麓，在其東南方向有祁連戍，東北方向有位於黑河畔（按，黑河即今張掖河）的蓼泉守捉，此一軍、一戍、一守捉又可以互為犄角、彼此呼應，連成一條弧形防線，既可有效防禦突厥勢力的南下或吐蕃勢力的北上，更可直接阻斷兩蕃之間的聯絡。

另外，建康軍有兵 5300（或 5200）人、戰馬 500 匹，軍事實力在河西節度區僅次於赤水、大斗二軍，而和玉門軍基本相當，這表明建康軍的戰略地位不低。這就意味著，建康軍除了承擔協同、策應甘、肅二州的軍事任務外，應當同時還要承擔其他軍事職能。據前揭歷史地圖集所展示，從甘州到肅州的通道，正是著名的絲綢之路的一段，絲綢之路又是唐朝經略西域的重要孔道，建康軍即處在這條交通要道上，越過建康軍向西，即進入戈壁沙漠與崆峒山，因此從地緣戰略上講，建康軍又是即將進入沙漠無人區的最後一處補充驛站。

最後說一下建康軍的軍事主官。史籍所見之建康軍指揮官有：1. 李守徵，據前揭《命呂休璟等北伐制》：「建康軍使、甘州刺史李守徵……等，各領當軍兵馬，與突騎施守忠、呂休璟等計會，共為表裏。」〔註28〕2. 張守珪，據前揭《舊唐書・張守珪傳》：「守珪後累轉左金吾員外將軍，為建康軍使。（開元）十五年，吐蕃寇陷瓜州，王君㚟死，河西恟懼。以守珪為瓜州刺史、墨離軍使，領餘眾修築州城。」

歷任建康軍使，目前所能考知者僅此二位。李守徵的任職時間，大概在唐中宗景龍三年（709）前後。〔註29〕張守珪任職時間，則在開元十五年以前

〔註27〕 《新唐書》卷四○《地理志四》，第 1045 頁。

〔註28〕 《全唐文》卷二五三（蘇頲四）《命呂休璟等北伐制》，第 2562 頁上欄～2563 頁上欄。

〔註29〕 李守徵其人，兩《唐書》、《資治通鑑》均無載，因此欲判斷其任職時間，必須通過對《命呂休璟等北伐制》所載其他人物事跡的考索獲得，制書所提到的人物另有：呂休璟、郭虔瓘、安處哲、突騎施守忠、張仁亶、司馬逸客、

是年吐蕃攻陷瓜州，河隴震動，河西節度使蕭嵩奏請以張守珪出任瓜州刺史、墨離軍使，張守珪這才從建康軍使任上離職。

四、新泉軍

據《舊志》，新泉軍在會州（治會寧，今甘肅靖遠）西北二百餘里，有兵 1000人。（《元和志》：兵 7000 人。）

據前揭《唐會要》，大足元年（701），郭元振奏置新泉軍。唐玄宗開元五年（717），新泉軍降格爲守捉。

新泉軍在軍事戰略上的地位，可從地緣構成上略加分析。據《中國歷史地圖集》第五冊唐代「京畿道・關內道」所展示，新泉軍爲河西節度下轄野戰軍團中位於最東端的一個，在黃河北岸今甘肅境內古長城的東端，自新泉軍向北，便是茫茫的戈壁大磧（即今騰格里沙漠）。從軍事協作的角度來看，新泉軍又與朔方節度使所轄之豐安軍（按，豐安軍爲朔方節度區最西端的一個軍，位於今寧夏中衛以西古長城的西端）呈東西呼應之勢，新泉、豐安兩軍之間是一段蜿蜒曲折的黃河。如果說河西節度與朔方節度兩個軍事戰略區以長城、黃河爲天塹共同組成一道完整的軍事防線，那麼新泉、豐安兩軍正是串聯河西與朔方兩個戰略區的結點，因此，新泉、豐安在各自戰略區內的軍事地位可能都不甚顯要，但在地緣構成上，則新泉、豐安兩軍因爲承擔兩個戰略區的協作而頗具軍事價值。

開元五年（717），新泉軍廢爲守捉，表明其在軍事戰略上的地位有所下降。爲何發生這樣的變化？諸史沒有明載。我的推測是，應該和唐朝西北地

李元通、能昌仁、陳義忠、趙壁、常元寂、甄亶、湯嘉惠、李思明、李春交共 15 位。其中郭虔瓘、張仁亶、突騎施守忠三人，兩《唐書》均有其載，據《制書》云「金山道前軍大使特進賀獵毗伽欽化可汗突騎施守忠領諸番部落兵健兒二十五萬騎，相知計會，逐便赴金山道。朔方道行軍大總管・右武衛大將軍攝右臺大夫・同中書門下三品・上柱國韓國公張仁亶，文武將相，莫之與京，心腹大臣，是所繫賴……」表明其時張仁亶已經擔任「同中書門下三品」之職，據《舊唐書》卷七《中宗紀》：景龍三年（709）七月癸巳「左屯衛大將軍、攝右御史臺大夫、朔方道行營大總管、韓國公張仁亶同中書門下三品」；同年十一月，突厥首領娑葛叛，自立爲可汗，遣弟遮弩率眾犯塞；景龍四年（710）七月，「丙辰，娑葛遣使來降…… 壬午，遣使冊號衛大將軍、兼衛尉卿、金河王突騎施守忠爲歸化可汗。」據此判斷：制書所說呂休璟北伐一事，當即景龍三年（709）十一月反擊突厥的戰爭，景龍四年（710）七月娑葛遣使請降，突騎施守忠即因在此次戰爭中的功勳，而被冊封爲歸化可汗。因此，李守徵擔任建康軍使、甘州刺史的時間，當在 709 年前後。

區的軍事戰略形勢發生變化有某種關係。唐睿宗時期，吐蕃從唐朝那裏獲得了夢寐以求的河西九曲之地，在對唐朝的軍事戰略中取得了主動權，唐朝與吐蕃之間的主要戰爭場所相應向西移動。〔註30〕此後，一直到唐玄宗即位，唐蕃之間的爭戰，多數在河西、隴右偏西方向進行，新泉、豐安所在地區因地理位置偏於東部，故而其在軍事戰略上的重要性相對降低。這大概就是新泉軍在開元五年降格為守捉的主要原因。關於這一點，唐德宗建中四年（783）正月十五日，唐與吐蕃在清水舉行劃界會盟，其中有關信息似可側證上述推測。唐蕃劃界盟文中有云：

> 國家務息邊人，外其故地，棄利蹈義，堅盟從約。今國家所守界：涇州西至彈箏峽西口，隴州西至清水縣，鳳州西至同谷縣，暨劍南西山大渡河東，為漢界。蕃國守鎮在蘭、渭、原、會，西至臨洮，東至成州，抵劍南西界磨些諸蠻，大渡水西南，為蕃界。其兵馬鎮守之處，州縣見有居人，彼此兩邊見屬漢諸蠻，以今所分見住處，依前為定。其黃河以北，從故新泉軍，直北至大磧，直南至賀蘭山駱駝嶺為界，中間悉為閒田。盟文有所不載者，蕃有兵馬處蕃守，漢有兵馬處漢守，並依見守，不得侵越。其先未有兵馬處，不得新置，并築城堡耕種。〔註31〕

唐蕃清水會盟劃定雙方邊界，將原新泉軍以北至大磧之間，及新泉軍以南至賀蘭山駱駝嶺之間的地帶，劃為「閒田」，亦即唐蕃之間的緩衝地帶。劃分的坐標為原新泉軍所在地區，適足表明新泉軍所在地域軍事戰略地位的下降，如果這裏仍是雙方必爭的戰略要地，自然不可能以此為基準來劃定雙方的緩衝區。

　　史籍所見之新泉軍軍事主官有：安忠敬，新泉軍使。據前揭安忠敬神道碑：「遷右威衛翊府右郎將兼新泉軍使，進本衛中郎將赤水軍副使兼赤水、新泉兩軍監牧使。」安忠敬擔任新泉軍使的時間，在武則天久視元年（700）七月。〔註32〕

〔註30〕 《舊唐書》卷一九六上《吐蕃傳上》：「睿宗即位……時楊矩為鄯州都督，吐蕃遺使厚遺之，因請河西九曲之地以為金城公主湯沐之所，矩遂奏與之。吐蕃既得九曲，其地肥良，堪頓兵畜牧，又與唐境接近，自是復叛，始率兵入寇。」（第5228頁）

〔註31〕 《舊唐書》卷一九六下《吐蕃傳下》，第5247～5248頁。

〔註32〕 詳細考證見前揭本書《唐代赤水軍指揮系統之構成及其特點》一文。

五、豆盧軍

據《舊志》，豆盧軍在沙州城內，管兵 4300 人、馬 400 匹。（《元和志》：兵 4500 人，馬同。）

豆盧軍之始設時間，前揭《唐會要》定於神龍元年（705）九月。然王永興氏根據吐魯番出土文書所載武周聖曆二年（699）豆盧軍殘牒（72TAM225：31），並結合《資治通鑑》有關記載，考證認為至遲從聖曆二年（699）始，豆盧軍就已經設立，《唐會要》、《元和志》、《新唐書·地理志》等所載豆盧軍設置於神龍元年的說法，均誤。王氏進而指出，豆盧軍是一支由吐谷渾人組成的軍隊。〔註33〕

此軍何以「豆盧」為名？寡見所及，學者似未有申論，茲不揣愚陋，試為發明。

「豆盧」一詞，為《魏書》、《周書》、《北齊書》、《北史》、《隋書》、兩《唐書》諸史所習見之胡姓，著稱於北朝隋唐歷史者，有：豆盧寧、豆盧勣、豆盧通、豆盧欽望等四人。〔註34〕「豆盧」之含義，據《隋書·豆盧勣傳》云：

> 豆盧勣，字定東，昌黎徒河人也。本姓慕容，燕北地王精之後也。中山敗，歸魏，北人謂歸義為「豆盧」，因氏焉。祖萇，魏柔玄鎮大將。父寧，柱國、太保。〔註35〕

據此可知，「豆盧」之涵義包括「歸義」一項。以此來解釋唐代豆盧軍之設置，係因「歸義」之西北某少數民族而來，當不至扞格。下一個問題是，如何解釋王永興氏所說，豆盧軍係由吐谷渾人所組成之軍隊？

這可能還得從「豆盧氏」與吐谷渾的關係方面尋繹。據《周書·豆盧寧傳》（並參《北史·豆盧寧傳》），豆盧寧及其弟永恩等人，在西魏、北周時期，均曾有過征戰並任職於隴西的經歷，如豆盧寧於西魏大統七年（541），領兵

〔註33〕 詳參前揭《試論唐代前期的河西節度使》。

〔註34〕 以上豆盧氏諸人，均為同一家族，綜合諸史所載，其世系大致如下：

```
                    ┌ 豆盧寧 ─ 豆盧勣 ─ 豆盧贊
          豆盧萇 ─ ┤
                    └ 豆盧永恩 ─ 豆盧通 ─ 豆盧寬 ─ 豆盧仁業 ─ 豆盧欽望
```

〔註35〕 《隋書》卷三九《豆盧勣傳》，第1155頁。又《北史》卷六八《豆盧寧傳》：「豆盧寧，字永安，昌黎徒河人。其先本姓慕容氏，燕北地王精之後也。高祖勝，以燕。皇始初歸魏，授長樂郡守，賜姓豆盧氏。或云北人謂歸義為『豆盧』，因氏焉，又云避難改焉，未詳孰是。」（第2365頁，又，《周書》卷一九《豆盧勣傳》同。）

討平梁企定，隨即擔任「監隴右諸軍事」一職。〔註36〕魏恭帝三年（557），「大將軍、安政公史寧隨突厥可汗入吐谷渾，令（豆盧）永恩率騎五千鎮河、鄯二州，以爲邊防。孝閔帝踐祚，授鄯州刺史……尋轉隴右總管府長史。」〔註37〕是豆盧永恩於魏恭帝三年，出鎮河、鄯二州。

在豆盧氏兄弟的軍事活動中，吐谷渾乃是其中一個重要作戰對象，前揭豆盧永恩鎮守河、鄯二州，即爲策應史寧進入吐谷渾的軍事部署；又魏恭帝二年（556），「羌東念姐率部落反，結連吐谷渾，每爲邊患。遣大將軍豆盧寧討之，踰時不剋。又令（于）寔往，遂破之。」〔註38〕由此可見，豆盧寧在魏恭帝二年的主要作戰對象，也是河隴地區的羌族與吐谷渾。

豆盧氏兄弟在隴西一帶的軍事活動中，主要對手之一爲吐谷渾，這是否偶然的巧合呢？我以爲未必盡然。原因很可能在於，豆盧氏與吐谷渾同出一族，二者之間本有血緣關係，以豆盧氏領兵出征，或許更有利於軍事行動的展開。豆盧氏與吐谷渾之間存在血緣關係，可據諸《北史·吐谷渾傳》所載加以推斷，略云：

> 吐谷渾，本遼東鮮卑徒河涉歸子也。涉歸一名弈洛韓，有二子，庶長曰吐谷渾，少曰若洛廆。涉歸死，若洛廆代統部落，是爲慕容氏。涉歸之在也，分戶七百以給吐谷渾，與若洛廆二部……吐谷渾……於是遂西附陰山，後假道上隴。若洛廆追思吐谷渾，作《阿于歌》，徒河以兄爲阿于也。子孫僭號，以此歌爲輦後鼓吹大曲。
> 〔註39〕

吐谷渾與慕容鮮卑本皆遼東鮮卑種。豆盧氏本爲北地王慕容精之後裔，係慕容鮮卑種，慕容寶戰敗於中山，慕容精歸順拓跋鮮卑，降魏後或以賜姓，或因避難，或以「歸義」的原因，而改姓豆盧。要之，無論出於賜姓、避難，抑或「歸義」何種原因改姓，均改變不了豆盧氏和吐谷渾二者之間在血緣上的淵源關係。〔註40〕。

〔註36〕《周書》卷一九《豆盧寧傳》，第309頁。（《北史》卷六八《豆盧寧傳》同）。
〔註37〕《周書》卷一九《豆盧寧附弟永恩傳》，第310頁。
〔註38〕《周書》卷一五《于謹附子寔傳》，第251頁。
〔註39〕《北史》卷九六《吐谷渾傳》，第3178～3179頁。
〔註40〕按，所引《北史》云「若洛廆追思吐谷渾，作《阿于歌》，徒河以兄爲阿于也」，其中「阿于」，當作「阿干」，「《阿于歌》」即《阿干歌》，或作《阿干之歌》，係慕容鮮卑早期民歌的代表作。關於《阿干之歌》的產生，《晉書·吐谷渾傳》有記載，大意云：若洛廆即慕容廆，吐谷渾爲其庶長兄，兄弟二人因爭奪牧

因此，分析武周設置軍鎮，以豆盧軍為名，必須考慮到豆盧氏與吐谷渾之間的歷史淵源，因為豆盧軍的主要兵員就是吐谷渾人。正如前揭王永興氏所說，豆盧軍成立的時間，至遲不應該晚於武周聖曆二年（699）。在此基礎上，我進一步推論：豆盧軍的創設很有可能更在 699 年之前，或者就在證聖元年（695）王孝傑收復安西四鎮前後，與建康軍一起設置，並且由於兵員主要來自歸降的吐谷渾部落，故取名豆盧軍。軍之所以名為豆盧，既是因為豆盧之內涵，本有「歸義」一項，也是由於豆盧氏與吐谷渾之間本有血緣關係，故以豆盧為名，可以起到安撫軍心的特殊作用。〔註41〕

豆盧軍有兵 4300 人（《元和志》作 4500 人）、戰馬 400 匹。單從兵馬數量上說，豆盧軍的實力不算雄厚，但如果豆盧軍的作戰兵員確如王永興氏所言，係由吐谷渾人充當，那麼這支軍隊的戰鬥力就不可小視。

史籍所見豆盧軍軍事主官：能昌仁，豆盧軍使。據能政墓誌銘：「府君諱政，譙郡人也，姓能氏。曾祖諱昌仁，皇正議大夫，使持節沙州諸軍事守沙州刺史，兼充豆盧軍使，上柱國，贈太保印。」〔註42〕是能昌仁以守沙州刺史之職，兼任豆盧軍使。又據前述，能昌仁在唐中宗時期曾任赤水軍副使、右驍騎衛、鹿陵府折衝，正是憑藉其在赤水軍副使上的軍功，後來升任使持節、沙州諸軍事、守沙州刺史，兼豆盧軍使。由能昌仁以使持節、沙州諸軍事、守沙州刺史的身份兼任豆盧軍使一事，並參諸前揭赤水軍使人選的任職情況加以類比，我們或可推測認為，豆盧軍使之職一般情況下應當由沙州刺史兼任，因為豆盧軍的駐地正是沙州，由沙州最高行政長官擔任其駐軍的指揮官，在當時幾乎是一種通例。

場而產生矛盾，導致吐谷渾率部西遷，後來慕容廆後悔，懷念其兄吐谷渾，鮮卑語謂兄為「阿干」，遂作《阿干之歌》，以抒發和寄託懷念之思。豆盧氏既為慕容精之後裔，那麼他們與吐谷渾之間的血緣關係，也就因此可以坐實。又，關於《阿干之歌》的詳細討論，代表性著作為業師黎虎先生所著《慕容鮮卑音樂論略》一文（黎虎：《魏晉南北朝史論》，第 582～616 頁，北京，學苑出版社，1999。），氏著以《阿干之歌》為切入點，對慕容鮮卑音樂演化的歷史進行了深入而細緻的考論，其中對「阿干」一詞的考證及《阿干之歌》的創作過程及衍變，考論尤為精審。敬請參閱。

〔註41〕當初西魏、北周甚至隋朝時對隴右地區吐谷渾部落的征戰，每每有豆盧氏人物廁身其間，大概也是考慮到豆盧氏與吐谷渾之間所存在的這種血緣上的聯繫。

〔註42〕《唐代墓誌彙編》長慶 024《唐故朝散大夫試光祿寺丞譙郡能府君墓誌銘并序》，第 2075 頁。

六、玉門軍

據《舊志》，玉門軍在肅州（治肅州，今甘肅酒泉）西二百里，有兵 5200 人，馬 600 匹。（《元和志》：兵 300 人，馬同。）

關於玉門軍之由來興廢，《元和郡縣圖志》有載：「玉門軍，開元中玉門縣爲吐蕃所陷，因於縣城置玉門軍。天寶十四年，哥舒翰奏廢軍，重置縣。」〔註43〕結合《唐會要》所載，玉門由縣改爲軍，時在唐玄宗開元六年（718），至天寶十四年（755）重新恢復縣的設置。

徵諸史實，《元和志》將唐蕃戰爭解釋爲玉門由縣改軍的背景，其說甚是。眾所週知，自吐蕃興起以後，唐蕃關係始終在戰、和兩條軌道上運行，唐蕃雙方在戰、和之間如果存在相對、絕對之分，那麼戰爭是絕對的，和平是相對的。因爲雙方即使在和親期間，小範圍、小規模的衝突也始終存在，其中一個重要原因就在於雙方邊境線太過漫長。據前揭《舊唐書・吐蕃傳》，吐蕃於唐睿宗時取得河西九曲之地，獲得對唐朝戰爭的戰略主動權以後，就連年興兵侵擾唐朝邊境，從開元初年起，唐蕃之間又進入一個戰爭相對頻繁的時期。開元二年（714）秋，吐蕃入侵臨洮，拉開唐蕃之戰大幕，雙方很快就進入激戰狀態，唐玄宗竟一度準備御駕親征。據《舊唐書・吐蕃傳》略云：

> 開元二年秋，吐蕃大將坌達焉、乞力徐等率眾十餘萬寇臨洮軍，又進寇蘭、渭等州，掠監牧羊馬而去。楊矩悔懼，飲藥而死。玄宗令攝左羽林將軍薛訥及太僕少卿王晙率兵邀擊之。仍下詔將大舉親征，召募將士，克期進發。俄而晙等與賊相遇於渭源之武階驛，前軍王海賓力戰死之，晙等率兵而進，大破吐蕃之眾，殺數萬人，盡收得所掠羊馬。賊餘黨奔北，相枕藉而死，洮水爲之不流。上遂罷親征，命紫微舍人倪若水往按軍實，仍弔祭王海賓而還。吐蕃遣其大臣宗俄因子至洮河祭其死亡之士，仍款塞請和，上不許之。自是連年犯邊，郭知運、王君奐相次爲河西節度使以捍之。〔註44〕

玉門縣應該就是在唐蕃之間的這次長時間戰爭中被吐蕃攻陷。爲應對已經發生變化的隴西地區形勢，開元六年（718）遂將原玉門縣改建爲玉門軍，希望藉此加強該地區的軍事防衛能力。

〔註43〕 《元和郡縣圖志》卷四○《隴右道下》「肅州・玉門軍」條，第 1025 頁。
〔註44〕 《舊唐書》卷一九六上《吐蕃傳上》，第 5228 頁。

　　玉門軍位於肅州（今甘肅酒泉）西二百里，有兵 5200 人、戰馬 600 匹。作為在唐蕃戰爭中應運而生的一支野戰軍團，玉門軍的軍事任務自當是與節度區內的其他諸軍軍協作，共同執行對吐蕃作戰任務。另外，參考前揭《中國歷史地圖集》「隴右道東部」所展示之地緣構成，玉門軍的位置又在控扼「絲綢之路」的獨登山麓，因此我們有理由相信，玉門軍同時也肩負著維護「絲綢之路」這個路段安全的任務。

　　玉門軍在成立起，即在抵禦吐蕃的入侵方面發揮了應有的積極作用。開元十五至十六年，唐蕃青海之戰發生，此次唐蕃之戰持續時間長、空間跨度大，戰爭範圍涉及鄯州、涼州、甘州、肅州、瓜州、沙州，甚至瓜、沙以西的廣闊西域邊地也有戰事發生。此次唐蕃戰爭，吐蕃主攻，唐朝主守。其中《新唐書》卷二一六上《吐蕃傳上》的記載，較為清晰地展示出吐蕃在瓜、沙一帶軍事行動的路線圖，茲簡示如下：

> 　　開元十五年九月，吐蕃大將悉諾邏恭祿、燭龍莽布支攻陷瓜州城。➜➜俘唐瓜州刺史田元獻、王君㚟父親王壽等，盡取城中軍資倉糧，毀瓜州城而去。➜➜吐蕃軍隊攻擊玉門軍駐防地。➜➜攻玉門軍不果，吐蕃揮師西進，轉而圍攻兵力相對較弱的常樂縣。➜➜吐蕃軍頓兵常樂縣長達八十餘天。➜➜吐蕃受挫於常樂，轉而西進攻安西，安西副都護趙頤貞擊退之。

我們知道，駐守瓜州的唐主力部隊本為墨離軍，當時吐蕃能夠攻破瓜州，要麼表明當時墨離軍的戰鬥力已經大大下降，要麼就是當時墨離軍大部分外出執行作戰任務，沒有留在城中。很顯然，後一種情況的可能性更大，因為墨離軍為河西節度戰略區實力頗為強悍之野戰軍團，而且此前河西節度王君㚟在對吐蕃及西域諸部的軍事行動中，優勢一直比較明顯。吐蕃毀瓜州城以後，轉而攻擊玉門軍，由於玉門軍戰鬥力較強，吐蕃攻擊行動受挫。於是，吐蕃又轉而向西，攻擊瓜州西面的常樂縣，常樂縣令賈師順固守縣城八十餘日，吐蕃終於退兵而去。〔註 45〕我們這裏所要關注的是，賈師順用以抗敵的兵力來自哪裏？

〔註 45〕　《舊唐書》卷一九六上《吐蕃傳上》：「其年九月，吐蕃大將悉諾邏恭祿及燭龍莽布支攻陷瓜州城，執刺史田元獻及王君㚟之父壽，盡取城中軍資及倉糧，仍毀其城而去。又進攻玉門軍及常樂縣，縣令賈師順嬰城固守，凡八十日，賊遂引退。」（第 5229 頁）

　　結合《中國歷史地圖集》「隴右道東部」所展示，距離常樂縣最近的軍團是墨離軍，然而從以上所論可知，當時墨離軍可能已被徵調到外地作戰，否則瓜州也不會輕易就被攻破。那麼，賈師順用以抵擋住吐蕃攻擊的武力，有沒有可能只是利用常樂的縣兵呢？如所週知，依唐代制度規定，縣城守軍不僅數量有限，且主要職能是維持地方治安，基本不具備野戰能力。很難想像，賈師順僅憑藉數量與作戰能力均極爲有限的縣兵，就能夠抵擋住數以萬計、驍勇善戰之吐蕃勁旅的攻擊，而且很顯然，僅從賈師順的聰明才智來解釋常樂防禦作戰的勝利，並不具有說服力。因此，我這裏作了一個大膽推測：吐蕃大軍圍攻常樂縣時，協助賈師順進行防禦作戰的，很有可能就是前來增援的玉門軍。

　　玉門軍到唐玄宗天寶後期又發生一次較大變化，史載天寶十四年（755），哥舒翰奏請廢軍爲縣。玉門由軍改回縣的建制，也與其時唐蕃之間軍事形勢的逆轉有關係。徵諸史載，開元末年至天寶初期，唐蕃之間戰爭頻繁，互有勝負，軍事對抗處於相對均衡的時期。然而，自天寶七年（748）哥舒翰出任隴右節度使以後，唐蕃戰爭朝著有利於唐朝的方向發展。據前揭《舊唐書·吐蕃傳》略云：

　　　　天寶初，令皇甫惟明、王忠嗣爲隴右節度，皆不能克。七載，
　　以哥舒翰爲隴右節度使，攻而拔之，改石堡城爲神武軍。〔註46〕
眾所週知，天寶七年（748）哥舒翰攻拔吐蕃石堡城，是這一時期唐蕃戰爭形勢的轉折點，唐軍從此開始取得戰爭主動權。因此，哥舒翰於天寶十四年奏請玉門撤軍設縣，應當基於當時唐蕃雙方軍事形勢所發生的變化而進行的軍事調整。

　　還要指出的是，唐朝能夠獲得調整河隴地區軍事佈防的有利時機，與吐蕃內部發生重大政治變動也很有關係。天寶十四年，「贊普乞黎蘇籠獵贊死，大臣立其子婆悉籠獵贊爲主，復爲贊普。玄宗遣京兆少尹崔光遠兼御史中丞，持節齎國信冊命弔祭之。」〔註47〕王位更迭是吐蕃內部的重大政治變動，新贊普即位後的首要任務是穩定國內而非對外擴張，因此吐蕃主動收縮在河隴一帶的軍事活動，唐軍在這個地區的軍事壓力一時大爲減輕。我認爲，討論玉門由軍回改爲縣的背景，這個原因也不可忽視。

〔註46〕《舊唐書》卷一九六上《吐蕃傳上》，第5235頁。
〔註47〕《舊唐書》卷一九六上《吐蕃傳上》，第5236頁。

　　史籍所見玉門軍軍事主官：1. 湯嘉惠，玉門軍使、肅州刺史。據前揭《命呂休璟等北伐制》：「建康軍使、甘州刺史李守徵，玉門軍使、肅州刺史湯嘉惠，墨離軍使、瓜州都督李思明，伊吾軍使、伊州刺史李眘交等，各領當軍兵馬，與突騎施守忠、呂休璟等計會，共爲表裏。」湯嘉惠任職時間，與建康軍使、甘州刺史李守徵相同，在唐中宗景龍三年（709）前後。2. 郭千里（？～752），左金吾衛大將軍、兼玉門軍使。據《雲麾將軍郭公神道碑》云：「金吾名千里，即鴻臚之孫……開元中，西討石國，負羽先登，特拜游擊將軍、折衝都尉……二十六載，詔公與中使劉元復開蔥嶺，以功勝，虜不能軍……後五載，有苑門之役，走射鵰之群，拜左衛將軍……累遷左金吾衛大將軍，驟兼玉門軍使，未行而遇疾……以天寶十一載二月，薨於武威之地，春秋若干。」〔註48〕據碑文所載時間推算，郭千里升任左金吾衛大將軍、兼玉門軍使的時間，應當是在天寶二年（743）「苑門之役」以後，然而就在任命下達後，郭千里卻因病未能就任。

七、大斗軍

　　據《舊志》，大斗軍在涼州西二百餘里，有兵7500人，馬2400匹。（《元和志》同。）

　　大斗軍，本是大斗守捉使，開元十六年（728），改爲大斗軍。據《新唐書‧地理志》「隴右道‧涼州武威郡」條下注云：「（赤水軍）西二百里有大斗軍，本赤水守捉，開元十六年爲軍，因大斗拔谷爲名。」〔註49〕可知：大斗軍本爲赤水軍下轄的一個守捉，唐玄宗開元十六年擴大爲軍，並因位於大斗拔谷附近而取名大斗軍。據此可知，大斗軍之前身赤水守捉，其創立時間應當早於開元十六年，我的看法是，赤水守捉很可能是和赤水軍同時創設，即創設於武德元年或二年，只不過那時它還只是赤水軍派出的下一級軍事單位。

　　開元十六年（728），大斗守捉升格爲軍以後，實力迅速增強，至開元二十一年公佈十節度使時，大斗軍已經有兵員7500人，戰馬2400匹，軍事實力在河西節度區僅次於赤水軍。如前所言，赤水軍自成立起即以胡人胡騎爲主，大斗軍在創始之初既作爲赤水軍下轄的赤水守捉，那麼我們就有理由相信，大斗軍（赤水守捉）的戰鬥人員構成中，胡人胡騎應該也佔有較大比重。

〔註48〕《全唐文》卷四二二（楊炎二）《雲麾將軍郭公神道碑》，第4306頁上欄～4307頁上欄。
〔註49〕《新唐書》卷四〇《地理志四》，第1044頁。

大斗軍後來由赤水守捉使升格爲軍，並發展成爲河西節度區軍事實力僅次於赤水軍的一支野戰軍團，主要原因還是在於它承擔著駐防大斗拔谷的重要任務。〔註50〕

大斗軍的防區不僅在軍事地理上具有重要戰略價值，同時還具有極爲重要的經濟戰略價值。據《元和郡縣圖志》卷四○下《隴右道下》「甘州」條，並結合前揭《中國歷史地圖集》「隴右道東部」所展示，大斗拔谷位於祁連山東麓，由此向北二百里爲焉支山（又名刪丹山），祁連山與焉支山之間自然形成一塊平地，又因爲有弱水、張掖河等河流穿過，因此這裏水草豐美，自古以來就是一處優良牧場，大斗軍所防守的區域主要就是這塊優良牧場。〔註51〕這是大斗軍經濟戰略價值之所在。

大斗軍的軍事戰略價值，主要通過大斗拔谷的地理位置來體現。大斗拔谷位於祁連山東麓，由此向東偏南方向可通往大雪山，是連接大雪山與祁連山的一個結點。隋唐時期征討吐谷渾、吐蕃等西北諸族，大斗拔谷多數時候都是行軍必經之路。如隋大業五年（609），隋煬帝御駕親征吐谷渾，回師時路過大斗拔谷，因天降大雨，士卒凍餓而死者十之六七。〔註52〕綜觀唐朝征戰西北的軍事史，河隴地區一旦發生戰事，大斗拔谷經常與戰事發生密切聯繫。如，唐太宗貞觀七年（633），契苾何力、李大亮、薛萬均等征討吐谷渾，大獲全勝，唐太宗下令在大斗拔谷犒賞三軍。〔註53〕唐玄宗開元十四年（726），吐蕃大將悉諾邏率軍入寇大斗拔谷，後移師攻擊甘州，焚燒市里而去。十五年正月，唐朝河西節度使王君㚟覓得戰機，在青海以西大敗吐蕃，又

〔註50〕 徵諸相關史載，並參諸《中國歷史地圖集》第五冊「隴右道東部（唐開元二十九年）」所展示之地緣構成，可以清楚地看到，大斗拔谷在甘、涼地區所具有的重要軍事戰略地位，唐朝之所以加強大斗軍的軍事力量，目的即在於保衛這一戰略要地的安全。

〔註51〕 《元和郡縣圖志》卷四○下《隴右道下》「甘州·刪丹縣」條云：「刪丹縣，本漢舊縣，屬張掖郡。按焉支山，一名刪丹山，故以名縣。山在縣南五十里，東西一百餘里，南北二十里，水草茂美，與祁連山同。匈奴失祁連、焉支二山，乃歌曰：『亡我祁連山，使我六畜不繁息。失我焉支山，使我婦女無顏色。』」（第1022頁）實際上，不僅祁連、焉支二山是優良牧場，二山之間的肥沃土地是更爲優質的天然牧場。

〔註52〕 《元和郡縣圖志》卷四○下《隴右道下》「甘州·刪丹縣」條：「大斗拔谷，在縣南二百里。隋大業五年，煬帝躬率將士出西平道討吐谷渾，還此谷，會大霖雨，士卒凍餒死者十六七。」（第1022頁）

〔註53〕 《舊唐書》卷一○九《契苾何力傳》，第3291頁。

適逢天降大雪，吐蕃凍死者甚眾，遂取道積石軍西路退兵。〔註54〕這裏我們注意到，吐蕃軍當是在攻擊大斗拔谷不果之後，轉而進攻甘州，由此可見大斗拔谷地勢險要，易守難攻。另外，我們還注意到，後來吐蕃退軍，並沒有選擇通過大斗拔谷，而是繞道數百里之外的積石軍西路，應該是由於王君㚟擊敗吐蕃之後，重新控制大斗拔谷，故吐蕃無法從此處退軍；另外，天降大雪也增加了大斗拔谷通道的危險性，即便唐軍沒有預設伏兵，深知此處地形與氣候變化情況的吐蕃軍隊，也不敢貿然通過這一山谷。

史籍所見大斗軍軍事主官：1. 劉貢，大斗軍使。據《舊唐書・劉怦傳》：「劉怦，幽州昌平人也。父貢，嘗爲廣邊大斗軍使。」〔註55〕2. 哥舒翰，大斗軍副使。據《舊唐書・哥舒翰傳》：「初事節度使王倕……後節度使王忠嗣補爲衙將……忠嗣以爲大斗軍副使，嘗使翰討吐蕃于新城。」〔註56〕3. 烏懷願，大斗軍副使。據前揭《河西破蕃賊露布》「臣別差大斗軍副使烏懷願、討擊副使哥舒翰等領精騎一千應之……」〔註57〕如前所論，《河西破蕃賊露布》乃是王倕呈遞朝廷的一份戰報，因此，烏懷願擔任大斗軍副使，正是在王倕擔任河西節度使期間，其時哥舒翰在王倕麾下擔任討擊副使之職，此次作戰對象正是吐蕃。又前揭《舊唐書・哥舒翰傳》載，王忠嗣接替王倕主軍河西以後，以哥舒翰爲大斗軍副使，領兵討伐吐蕃於新城，作戰對象也是吐蕃。據此，我們有理由相信：大斗軍的主要軍事任務，就是對吐蕃的防禦作戰。

八、寧寇軍

據《舊志》，寧寇軍在涼州東北千餘里，兵、馬數均無載。據《元和志》，寧寇軍有兵1700人，馬500匹。寧寇軍的位置，《舊志》校勘記云：「據《通典》卷一七二、《元和志》卷四〇，『涼州』應爲『甘州』之誤。」〔註58〕依校勘記此說，寧寇軍位於甘州東北方向千餘里。然則，寧寇軍之位置究竟何在？

結合《唐會要》所載，寧寇軍即舊同城守捉，唐玄宗天寶二年（743）五

〔註54〕《舊唐書》卷一九六上《吐蕃傳上》，第5229頁。按，此役《舊唐書》卷一〇三《王君㚟傳》亦有記載，唯將時間繫於開元十六年（728）冬，與《吐蕃傳》不同。《資治通鑑》卷二一三唐玄宗開元十五年（727）正月，將此事繫於吐蕃入寇時間繫於開元十四年（726）冬。本文取《舊・吐蕃傳》、《資治通鑑》的說法。

〔註55〕《舊唐書》卷一四三《劉怦傳》，第3899頁。

〔註56〕《舊唐書》卷一〇四《哥舒翰傳》，第3212頁。

〔註57〕《全唐文》卷三五二（樊衡）《河西破蕃賊露布》，第3571頁下欄～3573頁下欄。

〔註58〕《舊唐書》卷三八《地理志一》校勘記【六】，第1457頁。

月五日，改置爲寧寇軍。又據《元和郡縣圖志・隴右道下》「甘州・刪丹縣」條載，甘州境內有寧寇軍，「在居延水兩汊中，天寶二年置。」〔註59〕查《中國歷史地圖集》第五冊「隴右道東部」，同城守捉位於居延海西南方向，而居於甘州西北，在今內蒙古自治區額濟納旗境內。因此，前揭《舊志》校勘記所說寧寇軍在甘州東北千餘里，也不正確。就《地圖集》所顯示的位置看，同城守捉應在肅州東北、甘州西北，距離甘、肅二州差不多都是千餘里。

　　按，同城守捉原爲安北都護府所轄之武裝力量，後來爲何轉歸河西節度使管轄？欲知寧寇軍之始末，首先要弄清楚安北都護府之始末由來。唐高宗永徽元年（650）六月，唐將高侃大敗突厥，擒車鼻可汗，同年九月，「高侃執車鼻可汗至京師，釋之，拜左武衛將軍，處其餘眾於鬱督軍山，置狼山都督府以統之。以高侃爲衛將軍。（胡注：唐無衛將軍，『衛』字之上須有脫字。）於是突厥盡爲封內之臣，分置單于、瀚海二都護府。單于領狼山、雲中、桑乾三都督，蘇農等一十四州；瀚海領瀚海、金徽、新黎等七都督，仙萼等八州；各以其酋長爲刺史、都督。」〔註60〕成立單于、瀚海二都護府，主要就是爲了鎮撫歸降的突厥、鐵勒、迴紇、薛延陀、党項、吐谷渾諸部族，與此前先後成立的羈縻府州在性質上有較大不同。其中最大一點區別就是，單于、瀚海二都護府因爲要承擔「征討攜離」的軍事任務，故必須配備能夠直接指揮的武裝力量。〔註61〕

　　唐高宗總章二年（669）八月，瀚海都護府改稱安北都護府。〔註62〕此後，

〔註59〕《元和郡縣圖志》卷四〇《隴右道下》，第 1022 頁。
〔註60〕《資治通鑑》卷一九九唐高宗永徽元年（650）九月，第 6271～6272 頁。
〔註61〕關於都護府的職能，【唐】李林甫等撰，陳仲夫點校：《唐六典》卷三十「大都護府」條云：「都護、副都護之職，掌撫慰諸蕃，輯寧外寇，覘候姦謫，征討攜離；長史、司馬貳焉。諸曹如州、府之職。」（第 755 頁，北京，中華書局，1992。）李鴻賓氏據此認爲：「都護府的職責除了『撫慰諸蕃』這一職能與羈縻府州相近之外，還有『征討攜離』的任務。需要指出的是，都護府是唐廷爲控制邊疆而設立的軍政機構，其指揮權由唐朝直接派官掌握，所以其性質與羈縻府州不同。」（李鴻賓撰：《唐朝朔方軍研究——兼論唐廷與西北諸族的關係及其演變》，第 40 頁，長春，吉林人民出版社，2005。）
〔註62〕《資治通鑑》卷二〇一唐高宗總章二年（669）八月，第 6359 頁。學界關於唐代安北都護府的探討，歷來聚訟紛紜。近有李宗俊氏《唐代安北單于二都護府再考》（《中國史研究》2009 年第 2 期，第 61～76 頁）一文，在參考學界相關研究成果的基礎上，對安北、單于二都護府的興廢沿革進行重新考論，於諸多尚存爭議的問題頗有發明，其中關於二都護府前期沿革史的論述，我認爲就基本與史實符合，茲將李氏所述二都護府沿革情況簡示如下：1. 燕然都護府（647）→燕然都護府（650）→瀚海都護府（663）→安北都護府（669～？）2. 單于都護府（650）→雲中都護府（663）→單于都護府（664～？）

安北都護府的治所多次移置，其沿革變遷情況，《元和郡縣圖志》卷四「天德軍」條有較爲詳細的記載，略云：

> 天德軍，本安北都護，貞觀二十一年（647），於今西受降城東北四十里置燕然都護，以瀚海等六都督、皋蘭等七州並隸焉。龍朔三年（663），移於磧北回紇本部，仍改名瀚海都護。總章二年（669），又改名安北都護，尋移於甘州東北（按，應爲「西北」。）一千一十八里隋故大同城鎮。垂拱元年（685）置大同城鎮，其都護權移理刪丹縣西南九十九里西安城。景龍二年（708），又移理西受降城。開元十年（722），又移理中受降城。天寶八年（749），張齊丘又於可敦城置橫塞軍，又自中受降城移理橫塞軍。十二年（753），安思順奏廢橫塞軍，請於大同川西築城置軍，玄宗賜名曰大安軍。十四年（755），築城功畢，移大安軍理焉。乾元（758～759）後改爲天德軍……〔註63〕

需要特別指出的是，景龍二年（708）安北都護府移治所於西受降城，乃是一次較大變化，此前安北都護府的治所位於甘州境內，地理位置屬於隴右道，軍事防區則屬於河西節度區。景龍二年移置西受降城後，治所遷移到關內道，軍事防區屬於朔方節度區。

又據《資治通鑒》武則天垂拱元年（685）六月條略云：

> 同羅、僕固等諸部叛，遣左豹韜衛將軍劉敬同發河西騎士出居延海以討之，（胡注：甘州刪丹縣北渡張掖河，西北行，出合黎山峽口，傍河東壖，屈曲東北行千里，有寧寇軍，軍東北有居延海。）同羅、僕固等皆敗散。敕僑置安北都護府於同城以納降者。（胡注：即刪丹之同城守捉，天寶二載改爲寧寇軍。）〔註64〕

由此可以斷定，從總章二年改名安北都護府後，安北都護府的治所一直都在甘州北部的居延海附近，亦即前揭《中國歷史地圖集》「隴右道東部」所展示的「同城守捉」所在地。

武則天垂拱元年（685），劉敬同率河西騎兵討平叛亂的同羅、僕固等部落之後，即僑置安北都護府於同城以安置降附的同羅、僕固等部。如所週知，

〔註63〕《元和郡縣圖志》卷四《關內道四》「豐州・天德軍」條，第113頁。按，引文括號中公元紀年，係筆者所加。

〔註64〕《資治通鑒》卷二〇三則天后垂拱元年（685）六月，第6435頁。

同羅、僕固均屬好鬥善戰之西北部族，安置這些戰敗歸附的部落，不能僅靠和平安撫手段，還必須同時部署一定的武裝力量以相威攝。據陳子昂《爲喬補闕論突厥表》所云：

> 伏見去月日勅，令同城權置安北都護府，以招納亡叛，振（按，當作「扼」。）匈奴之喉，臣伏慶陛下見幾於萬里之外，得制匈奴之上策……陛下若調選天下精兵，采拔名將，任以同城都護，臣愚料之，不用三萬，陛下大業，不出數年，可坐而取成……臣今監領後軍某等，取某月即渡磧去，計至某日及劉敬同謹當請按行磧，計至比已來地形及突厥滅亡之勢，當審虛實，續以奏聞。伏願陛下省臣此章，爲國大計，儻萬有可一中者，請與三事大夫熟圖議之，此亦萬代一時也。〔註65〕

可見，作爲寧寇軍前身的「同城守捉」，就是在安置同羅、僕固等歸降部落時所設置，其主要戰略任務之一，就是鎮撫突厥及歸降之同羅、僕固諸部落。〔註66〕又前揭《唐會要》所載，天寶二年（743）五月五日，同城守捉改爲寧寇軍。故同城守捉的存在時間爲：685～743 年。

同城守捉在唐朝西北軍事格局中的軍事戰略地位十分突出，不僅在於其地理位置易守難攻，有利於軍事防禦，還在於居延海周邊地區適合放牧屯田，更有漁鹽之利，軍事物資供應豐沛方便。這在陳子昂的奏表中也有明確表述，略云：

> 臣比住同城，周觀其地利，又博問諳知山川者，莫不悉備。其地東西及北，皆是大磧，磧並石鹵，水草不生，突厥嘗所大入，道莫過同城。今居延海澤接張掖河，中間堪營田處數百千頃，水草畜牧，供巨萬人。又甘州諸屯，犬牙相接，見所聚粟麥，積數十萬，田因水利，種無不收，運到同城，甚省功費。又居延河海多有魚鹽，此所謂強兵用武之國也。〔註67〕

正是憑藉所處「強兵用武之國」的戰略地位，所以當唐玄宗天寶時期在西北

〔註65〕《全唐文》卷二〇九（陳子昂一）《爲喬補闕論突厥表》，第 2120 頁上欄至 2121 頁上欄。

〔註66〕據《中國歷史地圖集》第五冊「隴右道東部」，同城守捉下有安北都護府，時間則爲（686～？），表明《地圖集》將同城守捉設置的起始時間定爲垂拱二年（686）。

〔註67〕《全唐文》卷二〇九（陳子昂一）《爲喬補闕論突厥表》，第 2120 頁下欄。

地區同吐蕃展開軍事爭奪時，同城守捉就由於軍事活動的需要，而升格爲寧寇軍。升格後的寧寇軍，除繼續承擔鎮撫歸降諸部，以及執行甘州北部居延海一帶軍事防衛等任務外，還要在河西節度使的統一指揮下，參與對吐蕃作戰的軍事任務。

九、白亭軍

據《舊志》，白亭守捉在涼州西北五百里，有兵 1700 人。《元和志》云有兵 6500 人，戰馬 1000 匹。《元和志》所載與《舊志》差別甚大。又據《唐會要》云，天寶十四載（755）正月三日置。

如何解釋以上記載之相互牴牾？首先來看史籍的相關記述，據《舊唐書·郭元振傳》略云：

> 大足元年，遷涼州都督、隴右諸軍州大使。先是，涼州封界南北不過四百餘里，既逼突厥、吐蕃，二寇頻歲奄至城下，百姓苦之。元振始於南境硤口置和戎城，北界磧中置白亭軍，控其要路，乃拓州境一千五百里，自是寇虜不復更至城下。元振又令甘州刺史李漢通開置屯田，盡其水陸之利。舊涼州粟麥斛至數千，及漢通收率之後，數年豐稔，乃至一匹絹粟糴數十斛，積軍糧支數十年。元振風神偉壯，而善於撫御，在涼州五年，夷夏畏慕，令行禁止，牛羊被野，路不拾遺。〔註68〕

據此，則白亭軍係武則天大足元年（按，長安元年正月丁丑改元大足，即公元 701 年）由郭元振創置。又前述之新泉軍，也是在郭元振的倡議之下，於同年設置。易言之，白亭、新泉二軍都是郭元振在擔任涼州都督、隴右諸軍州大使期間，奏請設置。

如果上引《舊傳》所載正確，則《唐會要》天寶十四年正月三日創設此軍的記載，就應當錯誤。有沒有可能是這個情況，即郭元振大足元年始設時，爲白亭守捉，至唐玄宗天寶十四年升格爲白亭軍？這似乎也不可能，因爲《舊傳》明確說「北界磧中置白亭軍」，表明郭元振始創此軍鎮時，就是軍的建置，而非守捉。

既然《舊傳》、《唐會要》的記述均不能輕易否定，那就必須對此相互牴牾作出合理解釋。竊意可以聯繫新泉軍的變遷作綜合考察。上引《舊傳》說

〔註68〕 《舊唐書》卷九七《郭元振傳》，第 3044 頁。

郭元振爲防制吐蕃、突厥兩蕃，於南境硤口置和戎城（即今甘肅古浪），北界磧中置白亭軍，時間均在大足元年（701），新泉軍也是在大足元年創設，且創建者也是郭元振。由此可以分析郭元振創設白亭、新泉、和戎城三個軍鎮的初衷，及其軍事戰略構想。

作爲河西節度使的治所，涼州東面爲幅員廣闊之大磧（按，即今騰格里沙漠），吐蕃、突厥利用其騎兵的優勢，經常快速通過大磧對涼州進行襲擾。二蕃襲擾涼州每每得逞，其中一個重要原因就在於，涼州南北封界不過四百餘里，二蕃騎兵輕易就可通過。郭元振就任涼州都督以後，首先就要考慮擴大涼州的封疆範圍，拓展涼州的戰略緩衝地帶，爲此就必須在大磧南境、北界的交通要衝創設軍鎮以相控扼，白亭、新泉、和戎城即因此戰略目標而創設。何以言之？

就《中國歷史地圖集》「隴右道東部」所展示的地緣構成來看，白亭、新泉、和戎城三者大致構成一個直角三角形，正好從東北到東南方向，爲涼州形成一個較大的戰略縱深，如果將白亭與新泉相連，則可阻斷突厥從涼州東面大磧的進擾；如果將和戎城與新泉連接，則可阻斷吐蕃從涼州東南方向的襲擾；和戎城與白亭軍相連，則直接把涼州的封疆拓展到一千五百里，從而大大增加涼州的戰略緩衝區域。更爲重要的是，三者還互成犄角，彼此呼應，不僅能夠有效打擊吐蕃、突厥對涼州的侵擾，同時也將切斷二蕃聯合的戰略意圖變爲現實。

然而，時移事易，新泉軍於唐玄宗開元五年（717），由於河隴地區軍事形勢發生變化，而降格爲守捉。由此，我大膽推測，白亭軍可能也是由於相同原因，在開元五年之前或之後，降格爲白亭守捉。至唐玄宗天寶十四年正月三日，基於河隴軍事形勢又發生變化，唐朝決策再次將白亭升格爲軍，只不過出乎意料的是，就在白亭重新升格不久，「安史之亂」爆發，所以對於白亭重新升格之後，在河隴地區軍事佈防中所發揮的作用，也就因爲史闕其載不得而知了。

如果上述分析成立，那麼《舊志》所說白亭守捉有兵 1700 人，《元和志》所說有兵 6500 人、戰馬 1000 匹的，二者之矛盾牴牾，即可迎刃而解：《舊志》數據是白亭降格爲守捉時的兵力配置，《元和志》所載則是白亭軍始創或重新恢復軍的建置以後的兵力配置，當然更有可能的是前者。

十、張掖守捉與交城守捉

張掖、交城二守捉始設於何時，諸史無載。因此，只能將公佈十節度使的時間，即唐玄宗開元二十一年，作爲此二守捉的始置時間，至少可以認爲，張掖、交城二守捉設置的時間不晚於開元二十一年。

據前揭《舊唐書・地理志》云：「張掖守捉，在涼州南二里，管兵五百人。交城守捉，在涼州西二百里，管兵千人。」〔註69〕按，《舊志》「校勘記」已經指出，張掖守捉「在涼州南二里」的記載錯誤，《資治通鑑》卷二一五胡注云「二里」當作「二百里」；《通典》卷一七二、《元和郡縣圖志》卷四○均作「東去理所五百里」。《中國歷史地圖集》「隴右道東部」所顯示的地理位置，與《通典》、《元和志》的說法契合。

對於諸史所載張掖守捉的地理位置，我始終有不解之處：其一，依常理而言，張掖守捉既以張掖爲名，理應和甘州治所張掖或流經甘、肅二州之張掖河之間存在某種關係；其二，甘州作爲隴右重鎮之一，城內及近畿卻沒有駐軍，距其最近的建康軍、蓼泉守捉，與甘州的直線距離也有 200 華里之遠，這與肅州、瓜州、沙州、涼州等城內或近畿均有駐軍，甚至屯紮重兵的情況，明顯不同。要言之，若張掖守捉設置於甘州或張掖河流域，都不難理解。

然而，上述諸史以及前揭《地圖集》所顯示張掖守捉之位置，卻在烏逆水（即今莊浪河）之發源處——姑臧南山山口，卻與張掖或張掖河殊無關係，著實令人大惑不解。抑或《舊志》所說「張掖守捉，在涼州南二里，管兵五百人」，其中「涼州」當爲「甘州」之誤？如果《舊志》所云「涼州」爲「甘州」之誤，則一切順理成章。何以言之？首先，張掖守捉之得名，合乎情理；其次，張掖作爲甘州治所，周圍便不再是無兵屯守的狀況。

交城守捉的地理位置，就前揭《地圖集》所展示，位於大斗軍以東偏北方向的焉支山東麓。從交城守捉與大斗軍的地理構成形勢看，交城守捉更像是大斗軍的前沿哨所，因爲交城守捉的東北方向，正是綿延於茫茫大磧中的兩段長城之缺口地帶，由交城守捉向東北方向繼續前行二、三百華里，還有處於大磧腹地的武安戍。這一戍、一守捉、一軍由北到南沿大磧邊緣基本聯成一條直線，共同組成一道位於在甘、涼二州之間的軍事防線，既可向東護衛涼州西大門的安全，又可向西屏障甘州的東面門戶。當然，甘、涼二州中間過渡地帶的軍事安全守衛工作，亦由其承擔，自應無可置疑。

〔註69〕　《舊唐書》卷三八《地理志一》，第1386頁。

又，《舊唐書・吐蕃傳》有關於唐朝在河隴地區軍事佈防特點的描述性文字，略云：「大軍萬人，小軍千人，烽戍邏卒，萬里相繼，以卻於強敵。隴右鄯州爲節度，河西涼州爲節度，安西、北庭亦置節度……」〔註70〕云云。揆諸武安戍、交城守捉、大斗軍共同組成的這條軍事防線，可知《舊傳》所云「大軍萬人，小軍千人，烽戍邏卒，萬里相繼」的軍事佈防特點，確乎不虛。在唐代中前期（按，以「安史之亂」爲界），正是因爲有了這條綿延萬里、烽戍相接的軍事防線，河隴地區才基本控制於唐朝之手。及「安史之亂」起，河隴邊軍內調平叛，吐蕃乘機入侵，數年之後，鳳翔以西、邠州以北的河隴數十州之地，盡入吐蕃，首都所在之關中地區，從此也不斷受到吐蕃兵鋒的威脅。〔註71〕

〔註70〕 《舊唐書》卷一九六上《吐蕃傳上》，第5236頁。
〔註71〕 《舊唐書》卷一九六上《吐蕃傳上》有云：「及潼關失守，河洛阻兵，於是盡徵河隴、朔方之將鎮兵入靖國難，謂之行營。曩時軍營邊州無備預矣。乾元之後，吐蕃乘我間隙，日蹙邊城，或爲虜掠傷殺，或轉死溝壑。數年之後，鳳翔之西，邠州之北，盡蕃戎之境，湮沒者數十州。」（第5236頁）由此可見，「安史之亂」對河隴軍事部署的影響最爲顯著，正是因爲西北邊軍內調，萬里邊疆無兵駐防，吐蕃這才得以乘虛而入！陳寅恪氏「外族盛衰之連環性及外患與內政之關係」之理論闡述，於此可得驗矣！

朔方節度使與唐代中前期西北邊防——
以「安史之亂」前西北地區的戰略協作為中心

　　學界較早關注唐代朔方節度使，並對其進行探討者為臺灣學者吳繼芬氏，寡見所及，氏著《唐代朔方軍之研究》〔註1〕，為學界第一部系統探討唐朝朔方軍的著作。其它如：樊文禮氏《唐朔方節度使略論》〔註2〕，王吉林氏《唐代的朔方軍與神策軍》〔註3〕，王永興氏《論唐朝朔方軍》〔註4〕、《論唐代前期朔方節度》〔註5〕，安彩鳳氏《試論唐代朔方軍的歷史作用》〔註6〕等文，均以朔方軍為論述對象。其中以王永興氏二文，最具創獲之功，以此為基礎，王氏又先後完成《唐代前期西北軍事研究》〔註7〕、《唐代前期軍事史略論稿》〔註8〕，此二書實為學界有關唐代前期軍事史研究的專著，其中於朔方節度使頗多發明，王氏的這些論著為此後學者研討朔方軍的相關問題奠定了堅實基礎。

〔註1〕　吳繼芬撰：《唐代朔方軍之研究》，臺灣政治大學邊政研究所碩士學位論文，1987年。

〔註2〕　樊文禮撰：《唐朔方節度使略論》，《內蒙古大學學報》1988年第3期，第110～118頁。

〔註3〕　第一屆國際唐代學術會議論文集編委會編：《第一屆國際唐代學術會議論文集》，第914～922頁，臺北，臺灣唐代研究學者聯誼會1989年。

〔註4〕　王永興撰：《陳門問學叢稿》，第412～421頁，南昌，江西人民出版社，1993。

〔註5〕　王永興撰：《唐代前期西北軍事研究》，第245～320頁，北京，中國社會科學出版社，1994。

〔註6〕　安彩鳳撰：《試論唐代朔方軍的歷史作用》，《唐都學刊》1998年第2期，第32～36頁。

〔註7〕　前揭王永興：《唐代前期西北軍事研究》，北京，中國社會科學出版社，1994。

〔註8〕　王永興撰：《唐代前期軍事史略論稿》，北京，崑崙出版社，2003。

對朔方軍進行全面系統研究者，則爲中央民族大學教授李鴻賓氏，他先後撰寫：《僕固懷恩充任朔方節度使及其反唐諸問題——兼論肅代之際朔方軍變化及唐廷對策》〔註9〕、《李懷光之叛與中唐政局——兼論朔方軍的變化》〔註10〕、《羈縻府州與唐朝朔方軍的設立》〔註11〕、《朔方軍的建置發展與胡兵蕃將》〔註12〕、《論唐德宗時期朔方軍的改制與政治走向》〔註13〕、《唐朝後期的朔方軍與西北邊防格局的轉變——以德、順、憲三朝爲例》〔註14〕、《唐朝後期的朔方軍及其走向——兼論穆宗至宣宗時期的政治形勢及其矛盾的轉化》〔註15〕、《東突厥的復興與唐朝朔方軍的設置——兼論唐朝控制北部邊地的方式及其轉化》〔註16〕等系列論文，基本把握了朔方軍發展的歷史脈絡，重點梳理了朔方軍在唐朝後期（「安史之亂」以後）的活動軌迹。後來，李氏又在系列論文的基礎上，完成專著《唐朝朔方軍研究——兼論唐廷與西北諸族的關係及其演變》〔註17〕，作爲學界第一部公開出版的全面系統研究唐代朔方軍的專著，「本書論述了唐朝朔方軍崛起、發展、分解及衰弱的過程，分析了這支軍隊興衰的基本原因……力圖通過對朔方軍演變的研究，進而分析唐朝政治的消長和民族融合的狀況。」〔註18〕李鴻賓氏的著作爲我們全面認識和理解朔方軍在唐代北方邊防中的地位和作用，提供了重要參考價值。

除上述以朔方軍爲直接研討對象的論著外，還有其它眾多相關論著，也都或多或少地涉及到朔方軍的問題，因爲篇幅的關係，本文不再一一述及。

〔註9〕 陳梧桐主編：《民大史學》第1輯，第248～266頁，北京，中央民族大學出版社，1996。

〔註10〕 陳梧桐主編：《民大史學》第2輯，第14～36頁，北京，民族出版社，1998。

〔註11〕 《中央民族大學學報》1998年第3期，第40～47頁。

〔註12〕 祝總斌，鄭家馨主編：《北大史學》第5輯，第205～222頁，北京，北京大學出版社，1998。

〔註13〕 俞琛主編：《中央民族大學'97學術研討會獲獎論文學術論文集》，第88～107頁，北京，中央民族大學出版社，1998。

〔註14〕 榮新江主編：《唐研究》第五卷，第269～297頁，北京，北京大學出版社，1999。

〔註15〕 韓金科主編：《法門寺文化研究通訊》第13期，第179～191頁，陝西扶風1998年。

〔註16〕 陳連開主編：《民族史研究》第1輯，第147～168頁，北京，民族出版社，1999。

〔註17〕 李鴻賓撰：《唐朝朔方軍研究——兼論唐廷與西北諸族的關係及其演變》，長春，吉林人民出版社，2005。

〔註18〕 前揭《唐朝朔方軍研究——兼論唐廷與西北諸族的關係及其演變》「內容提要」，第1頁。

這裏還要指出的是，包括李鴻賓氏的專著在內，學界相關研究論著所關注的重點，多爲唐代後期（「安史之亂」以後）的朔方軍，對於朔方軍在唐代中前期發展、變化等情況，學界探討分析的力度相對欠缺。基於此，本文將以「安史之亂」前西北各節度使之間的戰略協作爲討論的核心，對朔方節度使與唐代西北邊防的關係略加分析，具體涉及的問題則包括：朔方節度使及其所轄軍鎮的成立時間，朔方節度使所轄軍鎮之武力配置、地緣構成，朔方節度使與其它節度區之間的軍事協作等。

一、朔方節度使及其所轄軍鎮之成立時間

唐玄宗開元二十一年涉及全國範圍的行政區劃調整，指導方針之一就是強化邊境地區的軍事防衛能力，爲此，正式公佈在邊境地區所設置的 9 個節度使和 3 個經略使府。其中以靈州（今寧夏靈武西南）爲治所、以「捍禦北狄」爲主要戰略任務的朔方節度使，其下轄之野戰軍團及其兵力配置等情況，《舊唐書‧地理志》（以下簡稱《舊志》）有記述，略云：

> 朔方節度使，捍禦北狄，統經略、豐安、定遠、西受降城、東受降城、安北都護、振武等七軍府。（自注：朔方節度使，治靈州，管兵六萬四千七百人，馬四千三百疋，衣賜二百萬疋段。經略軍，理靈州城內，管兵二萬七百人，馬三千疋。豐安軍，在靈州西黃河外百八十里，管兵八千人，馬千三百疋。定遠城，在靈州東北二百里黃河外，管兵七千人，馬三千疋。西受降城，在豐州北黃河外八十里，管兵七千人，馬千七百疋。安北都護府治，在中受降城黃河北岸，管兵六千人，馬二千疋。東受降城，在勝州東北二百里，管兵七千人，馬千七百疋。振武軍，在單于東（按，據校勘記【九】，單于都護府不曾分東、西，故「東」字爲衍文。）都護府城內，管兵九千人，馬千六百疋。）〔註19〕

據此，則唐玄宗開元二十一年（733）正式公佈成立九節度使時，朔方節度使共轄 7 個軍府。按，《舊唐書》係後晉史臣所編，其敘述唐代相關節度使之因革，並非單指某一時間段的情況，而是包括該節度使在整個有唐一朝的變化。也就是說，唐玄宗開元二十一年只是史官選擇的一個敘事時間切入點，《舊志》此處所述朔方節度使成立時間、所轄軍府的內容，實際上包含朔方節度使在整個唐朝的演變情況。

首先來看朔方節度使成立的時間，亦即由朔方行軍大總管改爲朔方節度

〔註19〕 《舊唐書》卷三八《地理志一》，第 1386 頁。

使的時間。據《唐會要》所載唐玄宗開元元年十月六日勅：「朔方行軍大總管，宜准諸道例，改爲朔方節度使，其經略、定遠、豐安軍，西、中受降城，單于、豐、勝、靈、夏、鹽、銀、匡、長、安樂等州，並受節度。」〔註20〕據此，則朔方節度使成立於唐玄宗開元元年（713）十月。然而，《新唐書·方鎮表》則說朔方節度使始置於開元九年（721），略云：「置朔方節度使，領單于大都護府，夏、鹽、綏、銀、豐、勝六州，定遠、豐安二軍，東、中、西三受降城。」〔註21〕吳廷燮《唐方鎮年表》沿襲《唐會要》的說法，將朔方節度使成立時間定於開元元年十月。〔註22〕《資治通鑒》則將時間繫於開元九年末，未有明確到具體月份。〔註23〕

按，關於朔方節度使究竟成立於開元元年（713），抑或是九年（721）？學界的看法也有分歧，如章群氏、陳國燦氏、劉健明氏，均同意《唐會要》開元元年之說。〔註24〕岑仲勉氏通過對史料的詳細考辨，認爲《唐會要》所載「開元元年十月六日勅」，其中「元年」當爲「九年」之誤，因此朔方節度使的成立時間應當爲開元九年十月六日。〔註25〕岑仲勉氏的這個看法，後爲包括前揭王永興氏、李鴻賓氏在內的多數治唐史者所接受。〔註26〕因此，朔方節度使的成立時間，應以《新表》所載開元九年（721）爲是，更具體的時間則爲開元九年十月六日。

據諸上引《新表》，開元九年（721）十月朔方節度使成立時，除領單于大都護府外，同時下轄定遠、豐安、三受降城五個軍府，以及夏、鹽、綏、銀、豐、勝六州。由於朔方節度使承擔「捍禦北狄」的重任，因此，自其正

〔註20〕　《唐會要》卷七十八《諸使中》「節度使」條，第1686頁。

〔註21〕　《新唐書》卷六四《方鎮表一》，第1761頁。

〔註22〕　《唐方鎮年表》卷一「朔方」條，第126頁。

〔註23〕　《資治通鑒》卷二一二唐玄宗開元九年（721）十二月，第6749頁。按，《資治通鑒》敘事體例，凡具體月份不明者，一般都將該事件放置在年末，因此，《資治通鑒》此處將朔方節度使成立時間確認爲開元九年，但具體到哪個月則未敢斷言。

〔註24〕　章群撰：《唐代蕃將研究》，第32頁，臺北，聯經出版事業公司，1986。陳國燦，劉健明主編：《〈全唐文〉職官叢考》，第29～30頁，武漢，武漢大學出版社，1997。

〔註25〕　岑仲勉撰：《唐史餘瀋》卷二「朔方節度使之初置」條，第93～95頁，上海，上海古籍出版社，1979。

〔註26〕　前揭王永興氏《唐代前期西北軍事研究》，第247頁；李鴻賓氏《唐朝朔方軍研究——兼論唐廷與西北諸族的關係及其演變》，第111頁。

式成立以後，直到「安史之亂」爆發，它的權限一直處於擴張的態勢，不僅所統領的地域範圍持續擴大，所兼領的職務也不斷增多。茲據《新唐書·方鎮表》所載，將「安史之亂」以前朔方節度使兼領範圍的變化情況，縷述如下：

> 開元十年（722），「增領魯、麗、契三州」；➔ 開元十四年（726），「領關內支度營田使」；➔ 開元十五年（727），「兼關內鹽池使」；➔ 開元十六年（728），「廢達渾都督府。朔方節度兼檢校渾部落使」；➔ 開元二十年（732），「增領押諸蕃部落使及閑廄宮苑監牧使」；➔ 開元二十二年（734），「兼關內道採訪處置使，增涇、原、寧、慶、隴、鄜、坊、丹、延、會、宥、麟十二州，以匡、長二州隸慶州，安樂（按，後脫一字）二州隸原州」；➔ 開元二十九年（741），「兼六城水運使」；➔ 天寶元年（742），「增領邠州」；➔ 天寶八載（749），「兼隴右兵馬使」；➔ 天寶十三載（754），「以豐州置九原朔方節度、隴右兵馬使」。〔註27〕

由《新表》所載可見，自開元九年（721）十月正式成立節度以後，至「安史之亂」爆發，朔方節度使並非固定不變，而是隨著大唐帝國北方，尤其是西北邊防形勢的變化，不斷進行調整，朔方節度兼、領地域範圍的持續擴大，以及兼、領職務的不斷增多，正表明其在唐朝北疆乃至西北邊防中的特殊重要地位。

以下依據有關史料，將前揭《舊志》所載朔方節度使所轄七野戰軍團之成立時間，逐次考述如下：

（一）經略軍

治靈州城內，管兵 20700 人，馬 3000 匹。經略軍既駐紮於朔方節度使治所，其爲節度使直接指揮調度之軍隊，自無疑義。經略軍成立於何時？諸史均無明確時間記錄。不過，我們可以根據相關文獻記載進行推斷。

靈州爲朔方節度使治所，位於今寧夏靈武南。自北魏太武帝平定赫連昌，設置薄骨律鎮時起，靈州一直就是長安西北方向的軍事重鎮，歷北周、隋朝，此地一直屯駐重兵。以唐朝而言，唐高祖武德元年（618），改爲靈州，置總管，由於當時實行的是行軍總管制，故靈州總管所統之兵並不一定長期固定

〔註27〕《新唐書》卷六四《方鎮表一》，第 1761～1765 頁。

駐防於靈州。然而，靈州城防必有一定駐軍，也應在情理之中。武德七年（624）改靈州總管府爲都督府，軍事職能進一步強化。由於靈州爲拱衛長安的軍事重鎮，加之唐初經營關隴，因此自唐朝建立起，這裏就應當配置較強兵力。唐玄宗開元九年（721），改朔方道行軍大總管爲朔方節度使，朔方節度使直轄之軍隊，即駐紮於靈州。

根據以上分析，我認爲：作爲長安西北方向的軍事重鎮，自唐朝建立、經營關隴地區起，靈州就一直駐紮有重兵，此靈州駐軍應當就是朔方節度使成立時的經略軍，因此正式命名爲經略軍，可能就在開元九年（721）。

（二）豐安軍

兵 8000 人，馬 1300 匹。豐安軍成立時間，《舊志》、《唐會要》均不載。〔註28〕據《元和郡縣圖志》（以下簡稱《元和志》），豐安軍成立於武則天萬歲通天初年，即 696 年農曆四月至 697 年九月之間。〔註29〕

（三）定遠軍

兵 7000 人，馬 3000 匹。定遠軍成立時間，《舊志》不載；《唐會要》以爲在先天二年（713）正月，由郭元振創置〔註30〕；《元和志》以爲在唐中宗景龍（707～710）年間，係張仁愿所置。〔註31〕又，《唐會要》作「定遠軍」，

〔註28〕 《唐會要》卷七十八《諸使中》「節度使」條：「豐安軍，在靈州黃河西，去郡一百八十里。」（第1686頁）僅言地理位置，不言成立時間。

〔註29〕 據《元和郡縣圖志》卷四《關內道四》「靈州」條：「豐安軍，靈武郡西黃河外一百八十餘里，萬歲通天初置。管兵八千人，馬一千三百匹。」（第92頁）按，據《舊唐書》卷六《則天皇后紀》，萬歲通天年號共跨 696、697 兩個年頭，萬歲登封元年（696）四月，改元爲萬歲通天，萬歲通天二年（697）九月，因爲平定契丹李盡忠叛亂，改元爲神功。故此，萬歲通天的紀年時間爲：696 年四月～697 年九月。

〔註30〕 《唐會要》卷七十八《諸使中》「節度使」條：「定遠軍，在靈州東北二百里，先天二年正月，郭元振置。」（第1686頁）按，據《舊唐書》卷八《玄宗紀上》，先天二年（723）七月三日，太子李隆基發動政變，搞垮太平公主，四日唐睿宗禪位於太子，是爲玄宗。十二月初一，大赦天下，改元爲開元。

〔註31〕 《元和郡縣圖志》卷四《關內道四》「靈州」條：「定遠東城，靈武郡東北二百里黃河外，景龍中韓公張仁愿置。管兵七千人，馬三千匹。」（第92頁）按，據《舊唐書》卷七《中宗紀》，神龍三年（707）九月庚子，大赦天下，改元爲景龍；景龍四年（710）六月，中宗崩，辛丑，韋皇后立殤帝李重茂，改元唐隆；庚子，李隆基發動政變，誅殺韋后及其黨與，甲辰，唐睿宗李旦即位，七月己巳，冊李隆基爲太子，大赦天下，改元爲景雲。故景龍年號的時間爲：農曆 707 年九月～710 年七月。

《舊志》、《元和志》均作「定遠城」，二者名異實同。定遠軍或定遠城，究竟成立於唐中宗景龍（707～710）年間，抑或是唐玄宗先天二年（713）正月呢？

　　征諸《舊唐書·中宗紀》，神龍三年（707）正月，突厥默啜可汗大舉入侵，唐中宗下制招募猛士武藝超絕者，各令自舉，內外群官各進破突厥之策；五月，左屯衛大將軍兼檢校洛州長史張仁愿出任朔方道大總管，以備突厥。〔註32〕其事亦見《舊唐書·張仁愿傳》：張仁愿就任後，默啜已然退兵，仁愿輕兵掩襲，大破突厥。仁愿隨後於黃河北岸修築東、中、西三受降城，向北拓地三百餘里，於牛頭朝那山（按，即《中國歷史地圖集》第五冊「唐 京畿道·關內道」所標示之「牟那山」）北設置烽候一千八餘所，「自是突厥不得度山放牧，朔方無復寇掠，減鎮兵數萬人。」景龍二年，仁愿拜左衛大將軍、同中書門下，累封韓國公，「春還朝，秋復督軍備邊」，直到唐睿宗即位，以年老致仕。〔註33〕按，《舊傳》言張仁愿築三城，及備邊事跡甚詳，但隻字不言其創設定遠軍或定遠城一事。又參諸《中國歷史地圖集》第五冊「唐 京畿道·關內道」所示，定遠城位於今寧夏境內黃河以西，與三受降城地理位置相距較遠。其時張仁愿防備突厥的重點區域，爲三受降城所在黃河以北地區，在今內蒙古河套一帶。因此，我認爲《元和志》的說法不能成立，因爲張仁愿此時主要精力在於築三城以備突厥，定遠軍或定遠城距離遙遠，縱然有心亦無力及此。

　　定遠軍或定遠城之成立時間，不可能成立於唐中宗神龍年間，應該可以肯定。不過，《唐會要》所載成立於唐玄宗先天二年（713）正月，亦存在問題。因爲《舊唐書·郭元振傳》明確標示，定遠城成立於唐玄宗先天元年（712），云：「先天元年，爲朔方軍大總管，始築定遠城，以爲行軍計集之所，至今賴之。」〔註34〕又參諸《舊唐書·玄宗紀》，先天二年（713）七月三日，唐玄宗李隆基發動剷除太平公主的軍事政變，時任兵部尚書的郭元振也是主要參與者之一，並立有大功；九月，郭元振兼御史大夫，進封代國公；十一月，

〔註32〕　《舊唐書》卷七《中宗紀》，第143～144頁。

〔註33〕　《舊唐書》卷九三《張仁愿傳》，第2982～2983頁。

〔註34〕　《舊唐書》卷九七《郭元振傳》，第3048頁。又張說所撰《兵部尚書代國公贈少保郭公行狀》亦有云：「後默啜大寇邊，拜刑部尚書，充朔方道行軍大總管，築豐安、定遠等城，以拒賊路。尋加金紫光祿大夫，再遷兵部尚書知政事，仍舊元帥。」（《全唐文》卷二三三，第2356頁上欄）

玄宗講武於驪山，郭元振坐虧失軍容，配流新州。〔註35〕據前揭《舊傳》，先天二年七月政變成功以後，唐玄宗曾擬任郭元振出任朔方軍大總管，但並未成行。〔註36〕這也就是說，郭元振出任朔方軍大總管（按，其時尚未改制爲朔方軍節度使），是在先天元年（712）。據此，則定遠城（軍）成立時間，也應當是在先天元年（712），而非先天二年（713）正月。

（四）西受降城

兵 7000 人，馬 1700 匹。西城成立時間，據《元和志》，唐中宗景龍（707～710）年間，張仁愿修築東、中、西三城，城修好後即於此駐軍。

（五）中受降城

兵 6000 人，馬 2000 匹。即安北都護府治所，成立時間與西城同，即唐中宗景龍（707～710）年間。

（六）東受降城

兵 7000 人，馬 1700 匹。在勝州（按，《元和志》作「榆林郡」，二者同。）東北二百里。成立時間與西、中二城同，即唐中宗景龍（707～710）年間。

（七）振武軍

兵 9000 人，馬 1600 匹。位於單于都護府城內。成立時間，《舊志》無載；《元和志》作天寶（742～756）年間，由王忠嗣創置。〔註37〕據《舊唐書·王忠嗣傳》：開元二十九年（741），王忠嗣取代韋光乘，出任朔方節度使，加權知河東節度事；天寶元年（742），兼任靈州都督，是年北伐奚、怒皆部，於桑乾河三敗之，後又出兵伐突厥諸部，以功加左武衛大將軍；二年，又再破奚、突厥之眾，「自是塞外晏然，虜不敢入」；三年，九姓拔悉密攻殺突厥烏蘇米施可汗；四年，兼河東節度採訪使，史言「自朔方至雲中，緣邊數千

〔註35〕 《舊唐書》卷八《玄宗紀上》，第 169～171 頁。

〔註36〕 郭元振參與先天二年政變事，《舊唐書》卷九七《郭元振傳》亦有詳載，略云：「及蕭至忠、竇懷貞等附太平公主潛謀不順，玄宗發羽林兵誅之，睿宗登承天門，元振躬率兵侍衛之。事定論功，進封代國公，食實封四百戶，賜物一千段。又令兼御史大夫，持節爲朔方道大總管，以備突厥，未行。玄宗於驪山講武，坐軍容不整，坐于纛下，將斬以徇，劉幽求、張說於馬前諫曰：『元振有翊贊大功，雖有罪，當從原宥。』乃赦之，流於新州。尋又思其舊功，起爲饒州司馬。元振自恃功勳，怏怏不得志，道病卒。開元十年，追贈太子少保。有文集二十卷。」（第 3048～3049 頁）

〔註37〕 《元和郡縣圖志》卷四《關內道四》「靈州」條，第 92 頁。

里，當要害地開拓舊城，或自創制，斥地各數百里。自張仁亶之後四十餘年，忠嗣繼之，北塞之人，復罷戰矣。五年正月，河隴以皇甫惟明敗衂之後，因忠嗣以持節充西平郡太守，判武威郡事，充河西、隴右節度使。其月，又權知朔方、河東節度使事……初，忠嗣在河東、朔方日久，備諳邊事，得士卒心。及至河、隴，頗不習其物情，又以功名富貴自處，望減於往日矣。其載四月，固讓朔方、河東節度，許之。」〔註38〕

　　從中可知，王忠嗣擔任朔方節度使的時間，始於開元二十九年（741），其後雖然他先後「權知」河東節度使，但以朔方節度使爲主，天寶五年（746）正月，因河西、隴右局勢緊張，王忠嗣調任河西、隴右節度使，但同時兼知河東、朔方等節度使，但以河西、隴右節度使爲主，天寶五年四月，王忠嗣「固讓朔方、河東節度」。綜合《舊傳》、《元和志》所載，王忠嗣創置振武軍的時間，應該在天寶元年至天寶五年四月之間，即 742 年至 746 年四月之間，因爲 746 年四月以後，他已經不再兼知朔方節度事了。

　　綜合以上所述，《舊志》所載開元二十一年（733）朔方節度使下轄之七個野戰軍團，其成立時間先後不一，最早成立者爲豐安軍，大約成立於武則天萬歲通天初年，即 696 年農曆四月至 697 年九月之間；最晚成立者爲振武軍，大約成立於唐玄宗天寶元年至天寶五年四月之間，即 742 年農曆正月至746 年四月之間。這一早一晚兩個軍鎮，其成立時間前後相差近 50 年。這也就是說，以朔方節度使所轄軍鎮爲骨幹、依託黃河河曲進行佈防的這條軍事防線，其形成前後歷時近半個世紀之久，唐朝之所以要構築這道軍事防線，一個重要目的就是爲了應對突厥等游牧諸族的南侵，改善和提高關內、京畿兩道的軍事防衛能力。

二、朔方節度使所轄軍鎮之地緣構成及武力配置

　　爲直觀起見並方便進一步分析，茲依據《中國歷史地圖集》第五冊「唐京畿道・關內道」〔註39〕地圖暨《舊唐書》卷三八《地理志一》所載，將朔方節度使所轄七軍鎮分佈形勢、所轄七軍鎮的武力配備情況，分別圖示、表示如下（圖1：朔方節度使所轄軍鎮佈防圖；表一：朔方節度使所轄軍鎮武力配置簡況表）：

〔註38〕　《舊唐書》卷一〇三《王忠嗣傳》，第 3197～3199 頁。
〔註39〕　《中國歷史地圖集》第五冊「唐 京畿道・關內道」，第 40～41 頁。

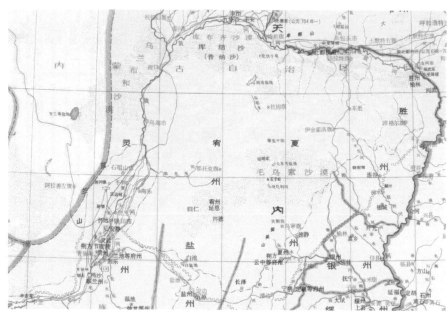

圖 1：朔方節度使所轄軍鎮佈防圖

說明：據《中國歷史地圖集》第五冊「唐 京畿道‧關內道」截圖製作，南北方向比例有所壓縮

表一：朔方節度使所轄軍鎮武力配置簡況表

軍鎮名稱	兵數（人）	馬數（匹）	始置時間	軍鎮治所
經略軍	20700	3000	開元元年（713）？	靈州城內
豐安軍	8000	1300	萬歲通天初（696）	靈州西黃河外80里
定遠軍	7000	3000	先天元年（712）	靈州東北黃河外
西受降城	7000	1700	景龍（707～710）年間	豐州北黃河外80里
東受降城	7000	1700	景龍（707～710）年間	勝州東北200里
安北都護府〔註40〕	6000	2000	景龍（707～710）年間	中受降城，黃河北岸
振武軍	9000	1600	天寶元年至五年四月（742～746年四月）	單于都護府城內
總　計	64700	14300		

說明：本表資料來源爲《舊唐書》卷三八《地理志一》、《元和郡縣圖志》卷四《關內道四》

〔註40〕按，安北都護府，即中受降城。

「圖1」清楚地顯示了朔方節度使下轄七軍鎮的地緣構成，它們沿黃河河曲呈「几」字形佈防，自西向東依次是：豐安軍、經略軍（按，因位於朔方節度使治所靈州，故地圖沒有顯示）、定遠城（軍）、西受降城、安北都護府（中受降城）、東受降城、振武軍。從空間分佈形態來看，七軍鎮依黃河自然地勢爲依託，共同組成護衛關內道、京畿道的一條弧形軍事防線。其中，經略軍位於朔方節度使治所靈州，所轄兵力最多最強，乃是整條防線的中心，振武、豐安兩軍則分別處於這條防線的東、西兩端，豐安軍是連接朔方與河西、隴右節度區的節點，振武軍則是連接朔方與河東節度區的節點。

朔方軍在軍事戰略上的主要任務是「捍禦北狄」，即防禦以突厥爲主的北方少數民族侵擾，乃是朔方節度使的主要軍事任務，換言之，朔方節度使的軍事戰略主攻方向在北方，凡向北防禦或征討等戰鬥任務，均應該以朔方軍爲主。從地緣構成來看，朔方節度區處於西北、東北兩大戰略區的連接點，其軍事防區向東，可與河東節度區相連，與之協同作戰，共同應對來自北方（以突厥爲主）的入侵；向西，則可以和河西、隴右兩大節度區相連，共同防範來自西北的入侵（唐初主要是突厥、吐谷渾等西北諸族，唐高宗以後主要是吐蕃）。〔註41〕

朔方與河東節度區的戰略協作，則以振武軍爲連接點，這由「圖1」所顯示的地緣構成可以看出。不過，由於唐代中前期軍事防禦與征戰方向的重點，主要在西北方向，即朔方與河西、隴右，乃至北庭、安西之間的軍事合作，故而以振武軍爲連接點的東北方向軍事任務相對較少，因此，史籍所載有關朔方與河東節度區之間的軍事協作，也就較爲罕見。

朔方節度區與河西、隴右之間的軍事協作，以豐安軍爲主要連接點。豐安軍所以成爲朔方與河隴兩大戰略區的連接點，乃由其所處的特殊地理位置所決定。然而，據諸 「圖 1」所示，其中稱爲「豐安」的地名共有二處：一在豐州（九原）東面、黃河以北（在今內蒙古河套地區）的豐安；一在靈州西南方向（在今寧夏中衛）的豐安軍。本文所討論之豐安軍係後者。豐安軍的地理位

〔註41〕 《舊唐書》卷三八《地理志一》：「朔方節度使，捍禦北狄……河東節度使，掎角朔方，以禦北狄……」（第 1386 頁）從中可見，在執行「捍禦北狄」即北邊防禦的戰略任務上，以朔方節度使所轄野戰軍團爲主要武裝力量，河東節度區則爲之「掎角」，爲朔方節度區提供支持或配合作戰。朔方與河西、隴右之間的戰略協作，史書並無類似明確表述，但綜合考察唐前期在西北地區的一系列軍事行動，可知朔方節度區與河西、隴右之間也存在著協同作戰的關係，關於這一點可詳參正文之相關論述。

置,《舊志》云豐安軍「在靈州西黃河外百八十里」,《元和志》云「豐安軍,靈武郡西黃河外一百八十餘里,萬歲通天初置。」二者所載相同。

豐安軍的具體位置,在今寧夏中衛以西的黃河西岸,它能夠充當朔方與河隴節度區的連接點,主要因為它在地理位置構成上,與位於其西邊的新泉軍（按,新泉軍在今甘肅景泰附近,屬河西節度區,位於河西節度區的最東面,但在自然地理位置上更靠近隴右節度區。）東西呼應,將兩段不相連接的古長城串聯。（按,新泉軍大致位於今甘肅境內古長城的東端,豐安軍則位於寧夏境內古長城的西端。）徵諸「圖 1」所示,豐安、新泉兩軍之間為一段蜿蜒曲折的黃河河道,兩軍背後各有長城為依託,從而以長城、黃河為天塹共同組成一道完整的軍事防線,豐安、新泉兩軍正是串聯這條軍事防線的兩個結點,因此從地緣構成看,豐安、新泉兩軍因為串連起兩大戰略區,故而具有十分重要的軍事戰略價值。〔註42〕

朔方與隴右、河西節度之間的軍事協作,以朔方節度使下轄之豐安軍為連接點。豐安軍位於朔方節度使防區的最西端,儘管其所配置的武裝力量並不十分強大（在朔方節度區所轄 7 個軍鎮中,豐安軍有兵 8000 人,居第三位,但戰馬只有 1300 匹,則是最少的一個）,但由於其所處位置緊要,因此,在西北地區發生戰事,朔方軍又需要配合河西、隴右節度區進行聯合作戰的情況下,豐安軍往往就要充當軍事行動的先鋒部隊。例如,唐玄宗開元二年（714）七月,吐蕃進寇臨洮軍、蘭州、渭州,搶掠河隴群牧,唐玄宗重新起用薛訥為攝左羽林將軍、隴右防禦使,率杜賓客、郭知運、王晙、安思順諸軍進行反擊作戰,十月,唐軍在渭州西界的武階驛擊破吐蕃,贏得反擊作戰的勝利。〔註43〕深入剖析相關史實,不難發現:在此次反擊吐蕃的戰役中,豐安軍不僅充當先鋒部隊,且豐安軍使王海賓所部的英勇作戰對整個戰役的勝利,甚至起到了決定性的作用。正是鑒於王海賓在此役居功至偉,故其戰歿以後,唐玄宗

〔註42〕《舊唐書》卷三八《地理志一》:「河西節度使,斷隔羌胡。統赤水、大斗、建康、寧寇、玉門、墨離、豆盧、新泉等八軍,張掖、交城、白亭三守捉。（自注:新泉軍,在會州西北二百餘里,管兵千人。）」（第 1386 頁）從中可知,河西節度使的軍事戰略任務,主要是「斷隔羌胡」,這也是新泉軍的份內事務。從地緣構成看,新泉軍與朔方節度使所轄之豐安軍東西呼應,將這段沿黃河河曲所構築的長城防線連接起來,長城以北的廣大區域正是廣漠的騰格里沙漠。從構成形勢看,這條沿黃河的防線在形勢上如同一座城門,新泉軍、豐安軍則是把守在這個門戶東西的兩個門神,新泉、豐安兩軍之間則是黃河天塹。
〔註43〕《舊唐書》卷八《玄宗紀上》,第 173～174 頁。

專門下發制書予以贈官褒獎，賜其子官爵、名字，還將其接到禁中培養數年。〔註44〕

這裏還要特別強調一下豐安軍在地緣構成上的特殊價值。作為朔方節度區溝通河西、隴右的連接點，豐安軍地位之重要性，首先直接表現為唐朝前期西北地區的多次軍事行動中，朔方節度使的最高軍事主官有時兼帶「豐安軍使」這一使職，如臧懷亮就曾「拜靈州都督，兼豐安軍經略大使，兼朔方軍大總管」之職。〔註45〕朔方節度使兼帶豐安軍使，與河西節度使往往兼任「赤水軍使」的情況頗為類似，而赤水軍使之重要性，不僅表現為它是河西節度使下轄十個軍鎮中實力最強的一個，還因為它在所有野戰軍鎮中武力最強。〔註46〕因此，從某種意義上可以說，朔方節度使兼任「豐安軍使」正表明豐安軍在朔方節度區所具有的重要地位。

此外，朔方節度使（朔方道大總管）管內同時設有安撫或管理少數民族部落的專門使職，如「安撫朔方諸蕃部落使」或「押諸蕃部落使」之類，有史實表明，這類管理蕃部的專使往往同時兼任「豐安軍使」，如開元二年（714）前後，王海賓就曾擔任「九原太守，安撫朔方諸蕃部落（使），兼豐安軍使。」

〔註44〕 開元二年七至十月的這次唐蕃戰役，《舊唐書》卷八《玄宗紀上》、卷九三《薛訥傳》、卷九三《王晙傳》、卷一○三《王忠嗣傳》等均有較為詳細的記述，其《王忠嗣傳》略云：「王忠嗣，太原祁人也，家于華州之鄭縣。父海賓，太子右衛率、豐安軍使、太谷男，以驍勇聞隴上。開元二年七月，吐蕃入寇，朝廷起薛訥攝左羽林將軍，為隴右防禦使，率杜賓客、郭知運、王晙、安思順以禦之，以海賓為先鋒。及賊于渭州西界武階驛，苦戰勝之，殺獲甚眾。諸將嫉其功，按兵不救，海賓以眾寡不敵，歿于陣。大軍乘其勢擊之，斬首一萬七千級，獲馬七萬五千匹，羊牛十四萬頭。玄宗聞而憐之，詔贈左金吾大將軍。忠嗣初名訓，年九歲，以父死王事，起復拜朝散大夫、尚輦奉御，賜名忠嗣，養於禁中累年。」（第 3197 頁）褒贈王海賓制書，見《全唐文》卷二一《贈王海賓左金吾衛大將軍制》，略云：「盤矛赴敵，義光忠壯，免胄捐軀，情殷悼惜。故防禦群牧使·豐安軍使·右衛率府率王海賓，七萃楨榦，萬里長城。抱鐵石於胸襟，運韜鈐於掌握。屬犬羊為寇，牧圉罹災。出車徇其征討，躍馬先其掩襲，挫彼鋒銳，殲厥渠魁。充國持邊，佇終文略，建威臨陣，忽喪驍雄，興言震懷，思有褒美。宜加大將之禮，兼茂後昆之秩。」（第245 頁下欄至 246 頁上欄）

〔註45〕 《全唐文》卷二六五（李邕）《左羽林大將軍臧公神道碑》，第 2692 頁下欄。按，由於當時依然是行軍總管制，故朔方軍大總管實際相當於後來的朔方節度使。

〔註46〕 關於赤水軍的軍事地位及其重要性，詳參前揭拙撰：《試論赤水軍的軍事地位及其成因》，《唐史論叢》第 14 輯，第 359～374 頁。

〔註 47〕田琬在開元時期也曾經「以將軍兼靈州刺史、朔方軍節度副使、押渾部落（使），仍檢校豐安、定遠及十將兵馬使。」〔註 48〕這表明，豐安軍使不僅是溝通朔方與河西、隴右的樞紐，也是管理朔方節度區內蕃部事務的重要職掌。

三、朔方與西北軍事格局諸節度之間的軍事協作

朔方節度使在西北軍事格局中的首要戰略任務，乃是「捍禦北狄」，亦即抵禦來自北方突厥諸族的軍事進攻。協同朔方節度履行「捍禦北狄」軍事任務者，乃是位於其東面的河東節度使，此即前揭《舊志》所云「河東節度使，掎角朔方，以禦北狄」。但正如前文所說，「安史之亂」以前，唐朝的軍事壓力主要來自西北，因此由河東、朔方兩節度使聯合執行的作戰任務，反而並不多見。寡見所及，僅開元九年（721）征討六胡州康待賓之役，可以確認為隴右、河東、朔方三者之間的聯合作戰。此事《舊唐書·玄宗紀》有載，略云：

> （開元九年）夏四月庚寅，蘭池州叛胡顯首偽稱葉護康待賓、安慕容，爲多覽殺（按，據校勘記一四引岑仲勉氏《突厥集史》卷九，當作「偽多覽殺」。）大將軍何黑奴，偽將軍石神奴、康鐵頭等，據長泉縣，攻陷六胡州。兵部尚書王晙發隴右諸軍及河東九姓掩討之。〔註 49〕

按，《舊紀》此段文字頗有費解之處，但此次征討康待賓叛亂之役，乃是隴右、河東二節度區的聯合作戰，事實則清楚無誤，其中河東節度區參戰的主力可能為其轄區內的昭武九姓胡部落兵。不過，我們從中並不能直接看出朔方節度區也參與此役。然而，從地緣構成來看，隴右、河東兩大節度區為朔方節度區所間隔，康待賓攻陷之六胡州又屬朔方節度之轄區，因此，這次戰役如果沒有朔方節度區參與，顯然難以解釋通融。

徵諸史載，朔方節度區實際上也直接參與了這次戰役。按，康待賓叛亂發生以後，唐玄宗即發布了征討敕書，略云：「朕今發隴右諸軍馬騎掩其南，徵河東九姓馬騎襲其北，三城士卒截其後，六郡驍雄擊其前，四面齊驅，萬全直進，飛走無路，糜爛待斃。其蕃漢軍將以下，戰士以上，若生擒及斬獲

〔註 47〕《全唐文》卷三六九（元載）《朔方河東河西隴右節度使御史大夫贈兵部尚書太子太師清源公王（忠嗣）府君神道碑銘并序》，第 3750 頁上欄。

〔註 48〕《全唐文》卷三〇五（徐安貞）《正議大夫使持節易州諸軍事守易州刺史兼高陽軍使賞紫金魚袋上柱國田公德政之碑并序》，第 3098 頁下欄至 3099 頁上欄。

〔註 49〕《舊唐書》卷八《玄宗紀上》，第 182 頁。

康待賓等一人，白身授五品。」〔註50〕其中所說「三城士卒」、「六郡驍雄」，
「三城」爲確指，當即三受降城，「六郡」則係用古稱，地域範圍主要涵蓋唐
朝的關內道（按，大概相當於隋朝時關隴六郡：靈武郡、五原郡、朔方郡、鹽川郡、平涼郡、
榆林郡），「三城」、「六郡」在唐玄宗開元時期均屬朔方節度使管轄區域。又，《資
治通鑒》記述此役云：

> 蘭池州胡康待賓誘諸降戶同反，夏，四月，攻陷六胡州，有眾
> 七萬，進逼夏州；命朔方大總管王晙、隴右節度使郭知運共討之……
>
> 以太僕卿王毛仲爲朔方道防禦討擊大使，與王晙及天兵軍節度
> 大使張說相知討康待賓。〔註51〕

按，王晙、王毛仲的職銜分別爲「朔方大總管」、「朔方道防禦討擊大使」，又
天兵軍屬於河東節度使，治所在太原府城內，管兵三萬人，馬五千五百四。
是以，綜合《舊紀》、《資治通鑒》所載，我們完全可以斷定，開元九年征討
康待賓叛亂之役，實由隴右、朔方、河東三節度聯合承擔。

不過，正如前文所說，唐代前期朔方與河東之間的協同作戰，確實並不
常見，其中原因主要在於唐朝前期邊境的軍事壓力多來自西北方向。由此造
成朔方節度使在唐代中前期西北軍事格局中的作用，主要表現爲它和隴右、
河西，乃至安西、北庭等節度之間的軍事協作。大量史實表明，在唐代中前
期，朔方節度節度使的軍事活動，主要就是在西北方向上配合河西、隴右、
安西、北庭等，執行對突厥、吐蕃、吐谷渾等族的防禦、征討等軍事任務。

正如我在另外一篇文章中所說，唐朝的西北軍事格局由朔方、隴右、河
西、北庭、安西五個節度使構成。〔註52〕因此，這五個節度使之間存在軍事
協作關係，自是題中應有之義。易言之，只要西北地區發生戰事，無論戰爭
發生在哪一個節度使轄區，同處西北軍事格局中的其它節度使都有提供支持
的義務。這裏有一個突出事例，可以證明我們前面的推測性分析。唐玄宗開
元二十三年（735）十月，唐朝調整安西、北庭的軍事佈防，「移隸伊西、北
庭都護屬四鎮節度」，同月，突騎施向北庭以及安西節度使所轄之撥換城（屬
安西都護府，唐朝姑墨州治所，即今新疆阿克蘇）發動進攻。〔註53〕北庭、安西節度

〔註50〕《全唐文》卷三四（元宗皇帝五）《討康待賓等勑》，第379頁上欄。
〔註51〕《資治通鑒》卷二一二唐玄宗開元九年（721）四月，第6745頁。
〔註52〕李文才撰：《論唐代河西、隴右、朔方三節度使的軍事地位及其成因》，《陜西
　　　　師範大學學報》2012年第3期，第83～90頁。
〔註53〕《舊唐書》卷八《玄宗紀上》，第203頁。

使在積極組織迎戰的同時，立即將情況上報中央，在接到北庭、安西的告急文書後，唐玄宗接連發布如下詔敕：1. 下敕給北庭將士百姓，嘉獎並鼓勵其同心盡力，忠義為國〔註 54〕；2. 下敕給北庭都護蓋嘉運，鼓勵並嘉獎其堅守城池之功，並要求蓋嘉運和安西都護王斛斯商議聯合行動〔註 55〕；3. 下敕給西州都督張待賓，勉勵並嘉獎其守城之功〔註 56〕；4. 下敕給安西都護王斛斯，對其奮勇作戰表示嘉勉〔註 57〕；5. 下敕給河西節度使牛仙客，命其向北庭、安西提供支持，征諸下發牛仙客敕書之內容，可知參與此次軍事行動者，至少包括河西、朔方、安西、北庭四個節度使的兵馬。〔註 58〕這也就是說，在開元二十三年唐朝西征突騎施之役中，參與這次軍事行動的野戰軍團，分別來自河西、朔方、安西、北庭四個節度區。

需要指出的是，由於受到地緣關係的制約，西北軍事格局之五節度使彼此之間軍事協作的力度，不可能等齊劃一，而是存在著相對有所偏重的分工。一般情況下，但凡在靠近京畿、關內兩道的西北邊境所展開的軍事行動，往往由朔方、隴右、河西三節度使協同承擔；如果戰爭發生在更為遙遠的西域地區，則主要由安西、北庭二節度使承擔作戰任務，為之提供戰略支持者，則主要為河西、隴右二節度使，朔方節度使則為其次，或參與相對較少。其中原因在於，朔方節度使的軍事戰略方向，主要是防禦黃河河曲一帶區域，具體則表現為向西配合河西、隴右作戰，向東配合河東節度區。就史籍所提供的信息來看，朔方與河西、隴右之間的戰略協作，更為常見。

正是基於朔方、河西、隴右三節度使經常要進行協同作戰的現實，故而它們進行協同作戰的時候，軍事指揮官不論其來自河西、隴右或是朔方，多

〔註 54〕 《全唐文》卷二八四（張九齡二）《敕北庭將士已下書》，第 2884 頁上欄、下欄。
〔註 55〕 《全唐文》卷二八四（張九齡二）《敕瀚海軍使蓋嘉運書》、《敕北庭將士百姓等書》，第 2886 頁上欄。
〔註 56〕 《全唐文》卷二八四（張九齡二）《敕西州都督張待賓書》第 2884 頁上欄至下欄。
〔註 57〕 《全唐文》卷二八四（張九齡二）《敕安西節度王斛斯書》，第 2886 頁下欄。
〔註 58〕 《全唐文》卷二八四（張九齡二）《敕河西節度牛仙客書》：「敕河西節度使牛仙客：……宜密令安西徵蕃漢兵一萬人，仍使人星夜倍道，與大食計會，取葉護教達等路入碎葉；令王斛斯自領精騎，取其家口；河西節度內發蕃漢二萬人，取瓜州比高同伯帳路（按，此句費解，疑「比」當作「北」，即瓜州北面的某一條道路。）西入，仍委卿簡擇騎將統率，仍先與西庭等計會，趁日齊入。比已敕朔方軍西受降城、定遠城及靈州，兼取大家子弟，並豐安、新泉等軍，共徵二萬……凡此諸道徵發，並限十二月上旬齊集西庭等州，一時討襲。」（第 2885 頁下欄至第 2886 頁上欄）

數情況下都可以根據戰略部署的需要，直接跨區調動或指揮三節度使所轄的軍鎮府兵。例如，前揭開元二年對吐蕃的反擊作戰，由於戰爭主要在隴右節度使轄區展開，故指揮此次戰役的最高軍事主官薛訥，其所任職務爲「攝左羽林將軍、隴右防禦使」，但是薛訥所指揮的作戰部隊並不限於隴右節度使所轄之軍鎮，此役先鋒部隊卻是來自朔方節度區的豐安軍，即豐安軍使王海賓所部。

朔方、隴右、河西協同作戰，還表現在可以直接跨區展開軍事行動。如前揭唐玄宗開元九年康待賓之叛過程中，康待賓攻陷六胡州以後，進逼夏州。夏州屬朔方節度使的軍事防區，依照常理，此次平叛行動應該主要由朔方節度使負責。但是，唐玄宗在所下達的詔書中，卻同時命令隴右節度使郭知運，要求他配合朔方軍大總管王晙共同進討。由於王晙與郭知運素來不和，故王晙不願意隴右方面參與此次軍事行動，遂上書唐玄宗，云：「朔方軍兵自有餘力，其郭知運請還本軍。」〔註59〕王晙雖然因爲個人因素拒絕隴右方面的協同作戰，但此事適足說明：一旦西北地區發生戰事，隴右與朔方之間是應該相互合作、共同對敵。正是基於朔方、隴右、河西三節度可以跨區進行協同作戰，故唐朝統治者有時還以使職差遣的方式任命軍事指揮官，以提高指揮的效率。如開元十一年（723）五月，唐玄宗任命王晙爲「朔方節度使，兼知河北郡、隴右、河西兵馬使」〔註60〕，這個任命顯然是爲了更加方便地指揮協調朔方、隴右與河西三地的府兵（按，其中「河北郡」，並不是指河北道，而是指隴右、朔方交界處黃河河曲一帶，即今甘肅、寧夏交界黃河以北地區）。王晙之所以獲得這個任命，另一個原因應當是鑒於開元九年康待賓叛亂時，隴右節度使郭知運與朔方大總管王晙之間因軍事協調不當而造成的軍機貽誤。茲對此略加剖析。

據前揭《舊唐書·王晙傳》：開元八年（720）秋，王晙於中受降城誘殺突厥跌跌部落八百餘人，復任朔方軍大總管；九年，蘭池州胡康待賓發動叛亂，唐玄宗下詔隴右節度使郭知運配合王晙，共同進剿。王晙上奏說：「朔方軍兵自有餘力，其郭知運請還本軍。」然而，奏摺還未上報，郭知運即率兵趕到，「（郭知運）與晙頗不相協。晙所招撫降者，知運縱兵擊之，賊以爲晙所賣，皆相率叛走……俄而賊眾復相結聚，晙坐左遷梓州刺史。」〔註61〕從中可知，

〔註59〕 《舊唐書》卷九三《王晙傳》，第2988頁。
〔註60〕 《舊唐書》卷八《玄宗紀上》，第185頁。
〔註61〕 《舊唐書》卷九三《王晙傳》，第2988～2989頁。

開元九年康待賓叛亂之所以不能很快平定，其中一個重要原因，就是唐朝的軍事指揮未能協調統一。因此，開元十一年任命王晙爲「朔方節度使，兼知河北郡、隴右、河西兵馬使」，目的就是讓他全面負責朔方軍政事務的同時，還有權根據軍事行動的需要，就近調動指揮上述幾個節度區的府兵，避免曾經出現過的因爲軍事協調不暢，而貽誤戰機的情況。〔註62〕

朔方與隴右、河西之間的軍事協作關係密切，還體現爲三節度可能經常進行聯合整訓軍隊。如前揭《命王晙檢閱朔方諸軍勅》中，明確要求王晙「以來月巡朔方，兼往河西、隴右、河東、河北等諸軍，簡較兵馬，點閱器械，各與所管節度處置，務令得所」，其中所說「簡較兵馬，點閱器械」，就是整訓軍隊的一項重要內容，王晙時任朔方節度使點閱朔方的兵馬器械外，河西、隴右、河東、河北諸處也都歸其校閱，此事正表明上述節度區之間在練兵時可以進行聯合整訓。又如，唐玄宗時曾發佈過一道命令李延昌在秦州練兵的制書，其中說：「衛尉卿・兼檢校左金吾衛大將軍・涼國公李延昌……可充隴右道防禦大使……宜取朔方後軍兵，及前年朝堂應募健兒等，總十萬人，群牧馬四萬匹，於秦州、成、蘭、渭等州界，逐便屯集教練。」〔註63〕這是一道命令練兵的制書，李延昌以隴右道防禦大使的身份，負責在秦、蘭、成、渭等州界練兵，根據制書內容可知，李延昌所負責整訓之軍隊，並不限於隴右節度區，還包括來自朔方節度區的軍隊，以及前年在朝堂應募的健兒。

又如，唐玄宗朝榮王李琬曾奉敕前往隴右巡視邊防，也與整訓軍備有關，其敕文略云：

〔註62〕 按，《全唐文》卷三四所載以唐玄宗名義下發的《命王晙檢閱朔方諸軍勅》，其中略云：「兵部尚書・同中書門下三品・朔方軍節度大使・上柱國・中山郡開國公王晙……宜以來月巡朔方，兼往河西、隴右、河東、河北等諸軍，簡較兵馬，點閱器械，各與所管節度處置，務令得所。備預之道，其在茲乎。」（第381頁下欄～382頁上欄）同樣以唐玄宗名義下發的《授王晙朔方節度使制》（《全唐文》卷二二，第260頁上欄至下欄），其中也說：「可持節兼朔方軍節度大使。其河西、隴右、河東、河北諸軍征馬，並委晙檢察置之。」這一敕一制的發布時間，均應在開元十一年，制、敕文所言「河北」並非唐代河北道，而是指今內蒙古河套至今陝西榆林一帶，地域範圍包括三受降城、振武軍等，這些都是朔方節度的轄區。從中可知，朔方軍節度大使的檢閱範圍十分廣泛，至少包括河西、隴右、河東、朔方四個節度區，易言之，這四個節度區內的野戰軍團，朔方軍節度大使均有權調動指揮。

〔註63〕 《全唐文》卷二一（元宗皇帝二）《命李延昌等屯兵秦州制》，第243頁下欄～244頁上欄。

敕：遏寇防邊，在於有備，興師訓卒，用戒不虞。隴右諸軍，
地當戎虜，尤資振旅，以壯邊威。宜令隴右節度經略支度營田大使·
開府儀同三司·兼京兆牧·上柱國·榮王琬，自往隴右，巡按處置，
庶宏廟略，因達誠懷。宜於關內及河東納資飛騎並諸人中間，召取
健兒三五萬人，赴隴右防捍。立秋末無事放還，仍於當道軍將內銓
擇一人，與所由簡召。應給糧賜，所司速作條例處分。〔註64〕

按，此敕當發布於開元晚期至天寶初期，榮王李琬以唐玄宗愛子身份擔當此
事，正表明玄宗對隴右邊防兵備整訓事務之重視程度。〔註65〕從敕文內容可
知，此次召赴隴右整訓備邊的軍隊，主要由來自關內亦即朔方（按，關內道主要
為朔方節度防區。）、河東的飛騎、健兒。

朔方、河西、隴右三者軍事協作的最主要戰略目標，就是應對突厥、吐
蕃對西北邊疆的侵擾，特別是切斷突厥與吐蕃之間的聯合。對此，唐德宗時
著名政治家陸贄曾有明確指陳，他說：「開元天寶之間，控禦西北兩蕃，唯朔
方、河西、隴右三節度而已，猶慮權分勢散，或使兼而領之。中興已來，未
遑外討，僑隸四鎮於安定，權附隴右於扶風，所當西北兩蕃，亦朔方、涇原、
隴右、河東四節度而已，關東戍卒，至則屬焉。雖委任未盡得人，而措置尚
存典制。」〔註66〕這就是說，唐玄宗開元、天寶時期，有效控制吐蕃、突厥
兩蕃及其聯合行動，主要由朔方、河西、隴右三節度彼此配合完成，為避免
「權分勢散」情況的出現，有時候還往往由其中某一節度使兼領，就史籍所
提供的信息來看，朔方、隴右、河西均曾兼領過其它兩節度。及「安史之亂」
起，唐肅宗於靈武「中興」以後，西北軍事形勢發生較大變化，控馭突厥、
吐蕃這西北兩蕃的任務，改由朔方、涇原、隴右、河東四節度承擔，在陸贄
看來，這個變動儘管有「委任未盡得人」方面的不足，但「措置尚存典制」，
亦即仍然繼承了開元、天寶時期制馭西北兩蕃的做法。

〔註64〕《全唐文》卷三一○（孫逖三）《遣榮王琬往隴右巡按處置敕》，第3153頁上欄—
下欄。
〔註65〕據《舊唐書》卷一○七《玄宗諸子·靖恭太子琬傳》載：琬，唐玄宗第六子，
初名嗣玄，開元二年三月封甄王；開元十二年三月，改名漺，封榮王；十五
年，授京兆牧，遙領隴右節度大使；二十五年，改名琬。天寶元年六月，授
單于大都護；天寶十四年十一月去世，贈靖恭太子。本道敕書既稱「榮王琬」，
可知應當發布於開元二十五年（737）以後；又，天寶元年（742）六月，琬
授單于大都護，而敕文不言其新授職務，故知敕書當發布於此前。因此，本
敕書應當發布於737～742年之間，亦即開元晚期。
〔註66〕《全唐文》卷四七四（陸贄十五）《論緣邊守備事宜狀》，第4840頁上欄。

開元、天寶時期，朔方、河西、隴右三節度區聯合備邊，其例頗夥。茲舉一例以爲說明。唐玄宗開元時期，曾以吐蕃屢爲邊患，下制徵兵「防秋」。略陳制書內容如下，以供分析：

> 隴右通共團結馬步三萬九千人，臨洮軍團八千人，河源軍團六千人，安人、白水軍各團一千五百人，積石、莫門軍各團二千人，河西道蕃漢兵團結二萬六千人，赤水軍團一萬人，玉門、豆盧軍各二千人，並依舊統領，以候不虞。更於關內徵驍兵一萬人，以六月下旬集臨洮，十月無事放散。朔方取健兒挈手一萬人，六月下旬集會州下，十月無事，便赴本道，候賊所向。賊於河西下，即令隴右兵取閣川，過朔方，合兵取新泉，與赤水軍合勢邀襲，令河源、積石、莫門兵取背掩撲。賊於河源下，朔方兵從乳漫渡河，并臨洮軍兵馬、河源軍合勢邀襲，赤水軍取背掩撲。賊於鳳林關下，朔方兵赴臨洮，與鄯州兵合勢邀襲，河源、積石兵取背掩撲。所要甲兵，遂便支候……〔註67〕

徵諸《資治通鑒》，可知本道制書發布於唐玄宗開元十五年（727）十二月。〔註68〕吐蕃侵擾河西、隴右地區的時間，多集中於每年的六月至十月，因爲這個階段乃是農耕民族的秋收季節，卻正好是游牧民族搶掠的有利時機，故而中原政權在此期間「防秋」的壓力相對較大。

就本道制書而言，河隴地區「防秋」的軍事任務，主要由河西、隴右、朔方三節度承擔。它們彼此之間要相互配合、彼此呼應，在進行協同作戰時，要根據吐蕃行軍路線的變化，調整應對之策，具體軍事部署如下：

1. 如果吐蕃由河西進犯，則隴右兵（團結馬步三萬九千人，駐鄯州）取道閣川（按，據《中國歷史地圖集》第五冊第61～62頁「隴右道東部」，閣川當即閣門水，亦稱浩亹水，今大通河河谷地帶），進入朔方防區，控制新泉軍駐地一帶區域以後，與赤水軍（一萬人，屬河西節度使，駐涼州）合兵，正面邀襲吐蕃軍隊；河源（六千人，屬隴右節度使，駐鄯城，今青海西寧，湟水南岸）、積石（二千人，屬隴右節度使，駐廓州）、

〔註67〕《全唐文》卷二三（元宗皇帝四）《命備吐蕃制》，第265頁下欄～266頁上欄。
〔註68〕《資治通鑒》卷二一三唐玄宗開元十五年（727）十二月：「戊寅，制以吐蕃爲邊患，令隴右道及諸軍團兵五萬六千人，河西道及諸軍團兵四萬人，又徵關中兵萬人集臨洮，朔方萬人集會州防秋，至冬初，無寇而罷；伺虜入寇，互出兵腹背擊之。」（第6781頁）

莫門（即漢門軍，二千人，屬隴右節度使，駐洮州）三軍，則負責抄截吐蕃軍隊背後。

2. 如果吐蕃從河源進軍，則駐防於會州（治會寧，即今甘肅靖遠，瀕臨黃河東岸）的朔方兵（健兒弩手一萬人，屬朔方節度使）從乳漫渡過黃河以後，與臨洮（八千人，屬隴右節度使，駐鄯州）、河源（六千人）兩軍匯合，進行正面邀襲；赤水軍（一萬人）則從其背後發起攻擊。

3. 如果吐蕃從鳳林關（按，據《中國歷史地圖集》第五冊第61～62頁「隴右道東部」，鳳林關位於河州，黃河南岸、積石山東麓）進軍，則朔方兵（健兒弩手一萬人）趕赴臨洮，與鄯州兵馬（按，當即安人、白水二軍，共三千人）匯合以後，進行正面邀襲；河源（六千人）、積石（二千人）二軍則負責從背後進攻。

這道制書所反映的河西、隴右與朔方三節度之間的軍事協作關係甚爲典型，尤其在唐玄宗開元天寶時期，由於當時唐蕃雙方都處在強盛時期，故雙方的軍事對抗也最爲頻繁激烈，可以說，作爲繼突厥之後，唐朝在西北邊境的最大敵手，對吐蕃的防禦或征戰，乃是當時唐朝西北地區最主要的軍事任務。從這個意義上說，河西、隴右與朔方之間密切的軍事協作關係，其形成之外因就是吐蕃對唐朝西北邊防所造成的巨大壓力，這又從一個側面印證了陳寅恪氏關於唐蕃關係的判斷：「吐蕃強盛之久，爲與唐代接觸諸外族之所不及」〔註69〕，以吐蕃對唐朝西北軍事格局的影響而言，就是它給西北地區所造成的持續強大壓力，迫使唐朝不得不在這裏屯駐最爲強大之重兵集團，並刻意強化西北諸軍區之間的軍事戰略協作。

〔註69〕 前揭《唐代政治史述論稿》下篇《外族盛衰之連環性及外患與內政之關係》，第152頁。

唐玄宗的後宮政策及其承繼
——兼論唐玄宗和楊貴妃關係之眞相

《太平廣記》卷二二四「楊貴妃」條引《定命錄》云：

> 貴妃楊氏之在蜀也，有野人張見之云：「當大富貴，何以在此？」
> 或問：「至三品夫人否？」張云：「不是。」「一品否？」曰：「不是。」
> 「然則皇后耶？」曰：「亦不是，然貴盛與皇后同。」見楊國忠，云：
> 「公亦富貴位，當秉天下權勢數年。」後皆如其言。

唐代社會流行「天命觀」，社會各階層常常通過相面、算命等活動，對自己的前程、姻緣、災禍等情況進行預測，這是唐代社會風俗的一個突出特點。本故事出自《太平廣記》「相」門，即通過相面的方式，預測某人未來之吉凶禍福。同卷「武后」條引《譚賓錄》、「李淳風」條引《定命錄》與此條頗爲類似，前者是寫袁天剛在利州（今四川廣元）目測尙在哺乳中的武則天，日後將成爲天下之主；後者則寫武則天入唐太宗後宮，李淳風奏稱後宮有天子氣，並諫阻唐太宗盡殺後宮的主張，認爲若此則該女變爲男子，轉更「損滅皇族無遺」，唐太宗遂止。這兩條寫武則天必將成爲天下之主也是「命中注定」之事。

從科學的角度來說，以上三則故事均屬荒誕。但它們符合民俗學的「遊戲規則」，包括相面、算命、打卦、占卜在內的陰陽迷信行爲，在「天命觀」流行的唐代很有市場，也就是說，這些迷信活動行爲的存在與盛行有其社會土壤。需注意者，大凡預言被證明應驗，則該故事必定是在事情發生之後所編造。〔註1〕由此可知，《太平廣記》所載「楊貴妃」條引《命定錄》的故事，也必定是在李隆基與楊玉環的事情發生之後才被杜撰出來。

〔註1〕 黃永年撰：《「士先器識而後文藝」正義》，原刊《唐史論叢》第四輯（1988年6月），後收入氏著《文史探微》，第243～255頁，北京，中華書局，2000。

　　我們這裏不準備討論該故事如何出現，及其衍變的情況，而是擬就其中野人張斷言楊氏不是皇后，卻「貴盛與皇后同」的問題展開討論。事實上，故事編造者本人可能並不知道，他已在無意之間道出唐玄宗政治的一個側面——唐玄宗的後宮政策，也就是唐玄宗對後宮的制馭之術。在分析唐玄宗後宮政策的基礎上，附帶說一說唐玄宗與楊貴妃關係的眞相。

一、唐玄宗後宮政策之內涵確定

　　論唐玄宗開元天寶治亂者，多認爲其開元時期尚能勵精圖治，自從納楊貴妃之後，在政治上就開始走下坡路，並終於導致天寶末年的「安史之亂」。這種女禍亂國之說，早已被學界視爲陳腐之談，無需多事辯駁。事實上，唐玄宗從來都沒有因爲女人而頭腦不清醒，他對後宮的駕馭始終得心應手，以至於我們可以說，唐玄宗對後宮的制馭之術，正從一個側面體現出他政治手腕的高明。時代發展到唐朝，後宮制度的建設早已十分完備。兩《唐書》之《后妃傳》都有關於唐代後宮制度的記述，茲錄《舊唐書·后妃傳》所載如下：

> 　　唐因隋制，皇后之下，有貴妃、淑妃、德妃、賢妃各一人，爲夫人，正一品；昭儀、昭容、昭媛、修儀、修容、修媛、充儀、充容、充媛各一人，爲九嬪，正二品；婕妤九人，正三品；美人九人，正四品；才人九人，正五品；寶林二十七人，正六品；御女二十七人，正七品；采女二十七人，正八品；其餘六尚諸司，分典乘輿服御。龍朔二年，官名改易，內職皆更舊號。咸亨二年復舊。開元中，玄宗以皇后之下立四妃，法帝嚳也，而后妃四星，一爲正后；今既立正后，復有四妃，非典法也。乃於皇后之下立惠妃、麗妃、華妃等三位，以代三夫人，爲正一品；又置芳儀六人，爲正二品；美人四人，爲正三品；才人七人，爲正四品；尚宮、尚儀、尚服各二人，爲正五品；自六品至九品，即諸司諸典職員品第而序之，後亦參用前號。〔註2〕

《新唐書·后妃傳》所載較《舊傳》略簡，由此約略可見唐代後宮設置之大概。唐初后妃制度一承隋舊，皇后之下另設四妃。唐玄宗即位以後，認爲「既有正后，復有四妃，非典法也」，遂改爲三妃。經過唐玄宗改制以後的后妃制，

〔註2〕　《舊唐書》卷五一《后妃傳上》，第2161～2162頁。

就符合了《周禮》所要求的一后、三妃、九嬪、二十七世婦、八十一御妻的後宮制度，這種以「三」的自乘數遞增的后妃制，與《周禮‧王制》同樣以「三」的自乘數遞增的職官制度構成呈對應關係，乃是儒家理想中的后妃制。〔註3〕其中皇后一人，乃是眾妃嬪的首領，其職責在於幫助君主整齊「內治」，從制度層面上說，不可或缺，否則就不符合「禮」的要求，就違反了後宮制度。

然徵諸史實，終唐玄宗一生，只有王皇后一人，是在生前得到皇后頭銜，自從王氏開元十二年七月廢黜，迄唐玄宗駕崩，再也未曾冊立皇后。至於兩《唐書‧后妃傳》所載貞順皇后武氏（即武惠妃）、元獻皇后楊氏（即唐肅宗生母楊氏），二人皆係死後追贈，並不能計算在內。因此，唐玄宗君臨天下卻不立皇后，乃是一種有違制度的行爲，並不合宜。對此違制之舉，唐玄宗不會不明白，唐玄宗的臣子們更不可能不知道。因此，唐玄宗在王皇后被廢黜以後，再也不冊立皇后，必定有其原因。

竊意，唐玄宗在王皇后廢黜以後一直不再冊立皇后，和他所採取的防範后妃干政的後宮政策有直接關係，也就是說，這種情況的出現是某種政策性的結果。眾所週知，作爲皇帝制度的一個重要組成部分，後宮制度同樣有其政治上的特定意義，乃是皇權正常運行所必不可少的一項制度性保障。在數目眾多的後宮嬪妃中，其他嬪妃可不畢置，但皇后必不可少，蓋以皇后「亦

〔註3〕按，《禮記‧王制》認爲古代最好的政治制度就是三公制，從黃帝至西周初年實行的都是這種制度，並設想出三公、九卿、二十七大夫、八十一元士的以三的自乘數遞增的官制構成。然根據近年考古發現和學者的相關研究，先秦時期並未實行這種以「三」的自乘數遞增的職官制度，包括三公制在內的這些政治制度，乃是後世儒家強加給先秦社會。儘管這種以「三」的自乘數倍增的政制設想，乃是後世儒學者的假想，但由於揚雄、桓譚等漢魏哲學家的宣傳鼓吹，傳統社會對於「三」這個數字還是產生了強烈的神秘崇拜。在此觀念影響下，這種以「三」的自乘數遞增的政制設想，不僅歷代一直傳承，且進一步推廣到後宮制度，如鄭眾《周禮注》云：「王之妃，百二十人，后一人，夫人三人，嬪九人，世婦二十七人，女御八十一人。」又如《漢書》卷九九下《王莽傳下》記王莽後宮制度云：「備和、嬪、美、御：和人三，位視公；嬪人九，視卿；美人二十七，視大夫；御人八十一，視元士。凡百二十人，皆佩印韍，執弓韣。」（第 4180 頁）《晉書》卷三一《后妃傳上》亦引《周禮》云：「天子立一后、三夫人、九嬪、 二十七世婦、八十一御妻，以聽王者內政。」（第 947 頁）兩《唐書‧后妃傳》依然宣傳這種以「三」的自乘數爲基礎的后妃制度，表明時至唐代，這種制度設想依然爲人們所認可。

曰君也。天曰皇天，地曰后土，故天子之妃，以后爲稱，取象二儀。」〔註4〕作爲后妃之長，皇后負責領導後宮、統率妃嬪，執行後宮一切法紀。此外，作爲皇帝的正妻，皇后還要母儀天下，「助宣王化」〔註5〕，協助皇帝處理國政，特別是當皇帝幼小、懦弱或皇嗣中斷時，皇太后可以監護人的身份監督、選立新君，垂簾聽政，必要時甚至可以臨朝稱制。太后臨朝稱制，權力與皇帝相同。歷史上從秦昭王母親芈太后「始攝政事」起，西漢先後出現呂、竇、傅、王等極有權力的母后，東漢時期則「臨朝者六后」，魏晉南北朝時期則有西晉惠帝皇后賈南風、北魏文成帝皇后馮氏、宣武帝靈太后胡氏、北齊武明皇后婁昭君等，她們都曾臨朝稱制，時間少者幾年，多者幾十年。近者如隋文帝楊堅獨孤皇后，儘管曾主張禁止后妃與聞朝政，但實際上她自己卻「每與上言及政事，往往意合，宮中稱爲二聖。」〔註6〕歷史上眾多后妃干政，甚至臨朝稱制，除了其時特定的政治背景等因素外，根本原因還是在於，皇后本來就擁有參與朝政的權力，而且這種參政權力並非僅僅來自皇帝恩寵，而是有著制度方面的保證。

歷史上眾多后妃干政的事例，對於唐玄宗來說，當然是一種警示。不過，唐玄宗對後宮的嚴密防範，還因爲他在這方面有著比其他人更爲深刻直接的認識。作爲武則天最鍾愛的嫡孫，唐玄宗對於祖母武則天的政治作風、施政手段以及宮廷陰謀、權力鬥爭，從小可能已經耳熟能詳。武則天正是在奪取皇后地位之後，一步一步走向權力頂峰，並最終將李唐皇朝改易爲大周政權。唐玄宗不但確切地瞭解到伯父唐中宗、父親唐睿宗被祖母武則天玩弄於股掌之間的事情，後來更是親歷伯父唐中宗被伯母韋皇后毒殺，以及堂姐安樂公主的飛揚跋扈……這一幕幕活生生的后妃干政場面，對於唐玄宗來說，乃是直接而又深刻的刺激！

除此而外，唐玄宗本人在政治上的崛起與成功，也正是在同後宮的較量中奠定與完成。他先是聯合姑媽太平公主，誅殺干政弄權的伯母韋皇后及堂姐安樂公主，將父親唐睿宗扶上皇帝寶座，自己則得立爲太子，踏進了權力核心；而後又起兵誅滅試圖專政的太平公主，迫使父皇禪位於己，從而龍登九五。正是對歷史經驗教訓的總結，以及對本人政治生涯的反思，使得唐玄

〔註4〕 《漢書》卷九七上《外戚傳上》注引「師古曰」，第 3935 頁。

〔註5〕 《晉書》卷三一《后妃傳上》，第 947 頁。

〔註6〕 《隋書》卷三六《后妃傳》，第 1109 頁。

宗在即帝位後，對後宮採取了嚴密防範的政策。對於唐高宗永徽以後，唐室后妃干政，以及唐玄宗上臺後著意矯正的情況，宋人王溥曾據有關史料加以總結，略云：

> 及高宗永徽之後，政出宮中，公卿大夫罔不憚服，其取威也多。山陵未畢，而冢嗣再廢。遂闚覦王室，改立宗社，非一朝一夕之故，其所由來漸矣。及中宗追王韋氏，崇寵（武）三思，使以先朝故事尊誘之。於是慶雲之瑞，宣於朝廷；桑女之歌，布於天下。防閑之道大壞，亂逆之謀預召矣。卒以禍敗，爲後王誡。玄宗即位，大加懲革，內外有別，家道正矣。〔註7〕

在王溥看來，唐高宗永徽以後武后弄權、韋后亂政相繼出現，一個很重要的原因，就是後宮制度出現了嚴重問題；唐玄宗即位之後，開始對後宮制度「大加懲革」，以使「內外有別，家道正矣」的革新之舉，在某種意義上就是對此前自唐高宗永徽以來後宮政策所進行的矯正。唐玄宗整飭後宮制度的根本目的，就是爲了杜絕武則天時期「闚覦王室，改立宗社」，以及隨後韋氏干政等「亂逆」情況的再度發生。

王皇后作爲唐玄宗的結髮之妻，既是他生活中的伴侶，更是他政治上的親密夥伴，曾經與玄宗共同經歷過政治上的風風雨雨，史言「上爲臨淄王時，納后爲妃。上將起事，頗預密謀，贊成大業。」〔註8〕所言「頗預密謀，贊成大業」，即指唐玄宗起兵誅殺韋后、安樂公主及後來剷滅太平公主之軍事行動。據此，我們在這裏首先應當把王皇后視爲一個政治人物，可以說，正是王皇后和唐玄宗在政治上的親密關係，埋下了她後來被廢黜的伏筆。

不過，傳統觀點卻每每將王皇后被廢黜，歸因於後宮嬪妃爭寵，如同書《玄宗楊貴妃傳》就說：「開元初，武惠妃特承寵遇，故王皇后廢黜。」〔註9〕很顯然，在《舊唐書》的作者看來，王皇后之廢黜是由武惠妃得寵所導致。我認爲，從後宮爭寵角度對此進行探尋，並未抓住問題的關鍵，在方法上也沒有脫出研究宮廷政治傳統方法的窠臼。首先，武惠妃「特承寵遇」，與王皇后遭到廢黜之間，並無邏輯上的因果關係。其次，《舊傳》所言即便符合因果關係，那也只是孤證，其他相關史料，如兩《唐書》武惠妃、王皇后傳，均

〔註7〕 《唐會要》卷三「內職」條，第37頁。
〔註8〕 《舊唐書》卷五一《后妃傳上‧玄宗廢后王氏傳》，第2177頁。
〔註9〕 《舊唐書》卷五一《后妃傳上‧玄宗楊貴妃傳》，第2178頁。

無這方面的相關記載。只有《新唐書・玄宗皇后王氏傳》，稍微透露王氏與武氏似有矛盾，略云：「玄宗皇后王氏……先天元年，立爲皇后。久無子，而武妃稍有寵，后不平，顯詆之。然撫下素有恩，終無肯譖短者。」〔註10〕從中很難看出王、武二人有多大衝突，對於武氏受寵，王氏至多因爲心中不平，而曾「顯詆之」，並沒有認爲王皇后被廢黜，是由於武惠妃受寵所造成。因此，要探尋王氏被廢的眞正原因，還是要把著眼點放在政治方面，特別是注意帝后之間的權力爭奪，也就是說，要注意從唐玄宗與王皇后的關係方面去尋找答案。

眾所週知，唐玄宗李隆基是一個權力欲極強的政治家，政治手腕十分高明，政治嗅覺也非常靈敏，加之精力充沛，因此像他這樣的帝王，從內心深處來講，是絕不可能讓任何人與自己分享統治權力，包括後宮在內也是如此。如前所言，唐玄宗對於後宮干政的危害，有著深刻而直接的認識，而王皇后恰恰又是頗富政治才能的女人，而且在她被立爲皇后之後，其言行也確實有引起唐玄宗警覺的地方。關於王皇后被廢的前後經過，《舊唐書・玄宗廢后王氏傳》敘事頗有條理，茲錄之如下：

> 玄宗廢后王氏，同州下邽人，梁冀州刺史（王）神念之後。上爲臨淄王時，納后爲妃。上將起事，頗預密謀，贊成大業。先天元年，爲皇后，以父仁皎爲太僕卿，累加開府儀同三司、邠國公。后兄守一以后無子，常懼有廢立，導以符厭之事。有左道僧明悟爲祭南北斗，刻霹靂木書天地字及上諱，合而佩之，且祝曰：「佩此有子，當與則天皇后爲比。」事發，上親究之，皆驗。開元十二年秋七月己卯，下制曰：「皇后王氏，天命不祐，華而不實。造起獄訟，朋扇朝廷，見無將之心，有可諱之惡。焉得敬承宗廟，母儀天下，可廢爲庶人，別院安置。刑于家室，有媿昔王，爲國大計，蓋非獲已。」守一賜死。其年十月，庶人卒，以一品禮葬於無相寺。寶應元年，雪免，復尊爲皇后。〔註11〕

詔書所說廢黜王皇后的憑據共有兩條，還算是能夠拿得上臺面的理由，一爲「華而不實」，即沒有能夠誕下皇子；二是「造起獄訟，朋扇朝廷」。前者可以從「不孝有三，無後爲大」的儒家「孝」觀念加以解釋，唐代婚姻關係中

〔註10〕 《新唐書》卷七六《后妃傳上・玄宗皇后王氏傳》，第3490頁。
〔註11〕 《舊唐書》卷五一《后妃傳上・玄宗廢后王氏傳》，第2177頁。

有所謂「七出」規定，男人依據「七出」休妻，不僅合禮，亦且合法，「七出」之一就是「無子」，不過，「七出」之規定是否適用於君臨天下的帝王，不得而知。但是，這裏我們確實又看到，「華而不實」亦即未能生育，也被用作廢黜王皇后的一個理由。需要指出的是，「華而不實」只能作為次要理由使用，如果單憑這一條就把和唐玄宗有結髮之義的王皇后廢黜，實不足以壓服天下滔滔眾口。基於此我認為，後一條「造起獄訟，朋扇朝廷」，才應該是造成王皇后廢黜的關鍵性藉口。不過，以上兩條理由之間，卻存在因果聯動關係。

《舊傳》所載王皇后因為沒有生育子嗣，其兄王守一遂「導以符厭之事」，並請僧明悟為之祭南北斗、刻霹靂木書天地及皇帝名諱諸事，在王皇后及其家人看來，目的無非是為了解決王皇后「華而不實」的尷尬處境，並非別有用意。然而，站在唐玄宗的角度來看，這些行為就無法容忍了，因為包括「祭南北斗」、「刻霹靂木書天地字及上諱」等在內的「符厭之事」，和西漢武帝時期曾經發生過的「巫蠱」事件一樣，絕非一般意義上的迷信活動，而是被視同「謀逆」、「謀反」一類的滔天罪行，尤為人君之大忌。特別需要引起我們注意的是，其祝詞所云：「當與則天皇后為比」。這句祝詞對於唐玄宗來說，更是無以倫比的強烈刺激！武則天曾經做過些什麼？王皇后欲「與則天皇后為比」，難道是想讓歷史重演麼？！需知，武則天身後的李唐皇室，評價武氏有一條基本原則，即承認武則天大唐皇后的身份，不承認其建立的「大周」，凡提及武周者必曰「偽周」。因此，王皇后及其家人的行為，特別是祝詞內容，唐玄宗絕對不能容忍。

還需要注意者，為王皇后的家族背景。王皇后並非出身單門寒族，而是出於家族背景強大的太原王氏。王氏的先祖王神念，原仕北魏，後據郡歸梁，封侯領邑，歷任青、冀二州刺史、都督二州諸軍事等職，死後獲贈官贈諡，給鼓吹一部，政治地位頗高。〔註12〕神念長子尊業，死後亦曾獲贈。〔註13〕

〔註12〕 【唐】姚思廉撰：《梁書》卷三九《王神念傳》：「王神念，太原祁人也。少好儒術，尤明內典。仕魏起家州主簿，稍遷潁川太守，遂據郡歸款。魏軍至，與家屬渡江，封南城縣侯，邑五百戶。頃之，除安成內史，又歷武陽、宣城內史，皆著治績。還除太僕卿。出為持節、都督青冀二州諸軍事、信武將軍、青、冀二州刺史……普通中，大舉北伐，徵為右衛將軍。六年，遣使持節、散騎常侍、爪牙將軍，右衛如故。遘疾卒，時年七十五。詔贈本官、衡州刺史，兼給鼓吹一部。諡曰壯。」（第556頁，北京，中華書局，1973。）

〔註13〕 《梁書》卷三九《王神念傳》：「子尊業，仕至太僕卿。卒，贈信威將軍，青、冀二州刺史，鼓吹一部。」（第556頁）

次子僧辯，更是梁陳之際的風雲人物，不僅在克平侯景之亂中，功勳卓著，亦且成爲能夠左右時局的關鍵性人物。〔註14〕到隋唐時期，太原王氏仍然是與崔盧李鄭比肩的「北方五姓」之一，其在社會政治上的影響仍不可低估，因此廢黜王皇后制書中所云「造起獄訟，朋扇朝廷」，並不能簡單視爲欲加之罪，何患無辭。因爲據諸《新唐書·王皇后傳》所載王皇后「撫下素有恩」，以及姜皎因提前泄漏唐玄宗欲廢黜皇后的意圖而被處死二事以觀，王皇后在宮內、宮外確曾有過「朋扇朝廷」的結黨行爲，應當不是空穴來風。〔註15〕所有這些行爲，當然都只能引起唐玄宗的更加重視，這也正是事發之後，唐玄宗要「親究之」，而不是交給專管宗室皇親事務的宗正寺去審理的原因所在。

綜合以上所論，我認爲正是出於防範皇后干政的考慮，唐玄宗在王皇后被廢黜以後，從此不再冊立皇后，這是一種目的明確、意識清楚的政治行爲，而且政策一貫。至於對自己所「鍾愛」的女人，唐玄宗可以在物質上滿足其一切要求和欲望，但不能分享政治權力，如武惠妃、楊貴妃等人，唐玄宗都曾給予極高的待遇，甚至就直接以皇后的「禮秩」對待她們。如武惠妃「及王庶人廢後，特賜號爲惠妃，宮中禮秩，一同皇后。」〔註16〕楊貴妃「不期歲，禮遇如惠妃……宮中呼爲『娘子』，禮數實同皇后。」〔註17〕

不過，有一點要注意，無論武惠妃還是楊貴妃，唐玄宗都給予等同於皇后的禮遇，但決不給皇后頭銜。在這一點上，唐玄宗自始至終都沒有含糊，「唯名與器，不可假人」，如果給予其皇后名份，她們就會從制度上獲得參與朝政的權力，從而很難保證完全杜絕她們干預政治！因此，《新書·玄宗貞順皇后武氏傳》關於唐玄宗準備立武惠妃爲皇后，而被御史潘好禮諫阻的

〔註14〕按，王僧辯傳在《梁書》中單獨列爲一卷，可見其地位之崇重。對於王僧辯的政治地位，唐初史臣評價頗高，據《梁書》卷四五《王僧辯傳「史臣曰」》略云：「自侯景寇逆，世祖（按，即梁元帝蕭繹）據有上游，以全楚之兵委僧辯將率之任。及剋平禍亂，功亦著焉，在乎策勳，當上台之賞。敬帝（按，即梁元帝第九子蕭方智）以高祖貽厥之重，世祖繼體之尊，洎渚宮淪覆，理膺寶祚。僧辯位當將相，義存伊、霍，乃受脅齊師，傍立支庶。苟欲行夫忠義，何忠義之遠矣？樹國之道既虧，謀身之計不足，自致殲滅，悲矣！」（第636）

〔註15〕《新唐書》卷七六《后妃傳上·玄宗皇后王氏傳》：「帝密欲廢后，以語姜皎。皎漏言，即死。」（第3490頁）

〔註16〕《舊唐書》卷五一《后妃傳上·玄宗貞順皇后武氏傳》，第2177頁。

〔註17〕《舊唐書》卷五一《后妃傳上·玄宗楊貴妃傳》，第2178頁。

記載，並不可信，唐玄宗不可能眞心要立武氏爲皇后，即使曾有過許諾或提議，也只能是惺惺作態。〔註18〕至於對楊貴妃，則乾脆連這樣的惺惺作態也沒有。

再回到《太平廣記》所載故事，說野人張通過相面，斷定楊氏命中注定「貴盛與皇后同」，還斷言楊國忠亦將富貴，並執天下權柄數年，與正史無不契合。如前所述，凡預言最終應驗者，必繫事情發生以後所編造。這則故事的編造者，很可能讀過諸如《長恨歌傳》一類的有關楊氏故事的史傳或小說，因爲晚唐五代以唐玄宗、楊貴妃爲題材的文獻記載非常豐富，甚而有可能故事編造者還讀過實錄、國史之類的「正史」，否則他的預言實在是太過準確了。例如，關於楊貴妃及其家族的富貴榮華，《舊傳》云「禮數實同皇后」，其兄弟姐妹則「並承恩澤，出入宮掖，勢傾天下……姊妹昆仲五家，甲第洞開，僭擬宮掖，車馬僕御，照耀京邑，遞相夸尚。每搆一堂，費踰千萬計，見制度宏壯於己者，即徹而復造，土木之工，不捨晝夜。玄宗頒賜及四方獻遺，五家如一，中使不絕。開元以來，豪貴雄盛，無如楊氏之比也。」〔註19〕由此可證，白居易在《長恨歌》所云「兄弟姐妹皆列土，可憐光彩生門戶」，確無絲毫誇張。

這裏要特別說明的是，楊貴妃不是皇后，卻「貴盛與皇后同」。在物質層面上，楊貴妃可謂應有盡有，卻始終沒有能夠獲得政治上的最高權力和榮譽

〔註18〕 《新唐書》卷七六《后妃傳上・玄宗貞順皇后武氏傳》：「玄宗貞順皇后武氏，恒安王（武）攸止女，幼入宮。帝即位，寢得幸。時王皇后廢，故進冊惠妃，其禮秩比皇后……將遂立皇后，御史潘好禮上疏曰：『《禮》，父母讎，不共天。《春秋》，子不復讎，不子也。陛下欲以武氏爲后，何以見天下士！妃再從叔（武）三思也，從父（武）延秀也，皆干紀亂常，天下共疾。夫惡木垂蔭，志士不息；盜泉飛溢，廉夫不飲。匹夫匹婦尚相擇，況天子乎？願愼選華族，稱神祇之心。《春秋》：宋人夏父之會，無以妾爲夫人；齊桓公誓葵丘曰：無以妾爲妻。此聖人明嫡庶之分。分定，則窺競之心息矣。今人間咸言右丞相張說欲取立后功圖復相，今太子非惠妃所生，而妃有子，若一儷宸極，則儲位將不安。古人所以諫其漸者，有以也！』遂不果立。」（第3491～3492頁）從字面上看，潘好禮勸諫的理由有二，一曰武氏再從叔武三思、叔父武延秀均曾干政亂常，爲天下所共憤；二曰嫡庶有別，太子非武氏所生，一旦立武氏爲太子，則可能引起儲位變動。潘好禮所勸阻的兩個理由，爲當時朝臣所共知的事情，唐玄宗焉有不清楚之理？何必非要等潘好禮上疏之後，方才明白。因此，唐玄宗欲立武氏爲皇后之事，不可能出於眞心，至多是搪塞武氏的惺惺作態之舉。

〔註19〕 《舊唐書》卷五一《后妃傳上・玄宗楊貴妃傳》，第2178～2179頁。

——皇后頭銜，不但生前沒有，死後也沒有得到。所以，從政治榮譽上講，楊貴妃既無法與被廢黜的王皇后相比，也不能和武惠妃相比，因為前者生前曾做過多年的大唐皇后，後者則在去世以後獲得追贈而享此殊榮！因此，楊貴妃無論如何富貴，也只能是「貴盛與皇后同」。

還有一點需要說明，故事編造者也有一處疏誤。當旁人問及楊貴妃是否「一品」時，野人張回答「不是」，他的這個答案並不準確。實際上，中國古代後宮嬪妃，全部都有相應的品級。以唐朝來說，后妃品級自唐初即有明確規定：「唐因隋制，皇后之下，有貴妃、淑妃、德妃、賢妃各一人，為夫人，正一品」〔註20〕，在後宮嬪妃中，除皇后沒有品級規定外，無論是唐初的四妃，還是經唐玄宗調整以後的三妃，其品級均為正一品。也就是說，楊貴妃的品級應該是正一品。那麼，故事編造者為何有此疏誤？原因可能在於編造故事，有時難免細節上有所疏忽；也有可能是為了突出楊貴妃的「貴盛與皇后同」，而不言品級；當然，最有可能的是，故事編撰者對唐代后妃品級制度不太熟悉，不知妃嬪原來也是有品級的。

二、唐玄宗後宮政策之繼續

前述「玄宗即位，大加懲革，內外有別，家道正矣」，是說經過唐玄宗的整飭以後，大唐的後宮秩序不僅從此走上內外有別的正軌，而且此後再未出現類似武后、韋后干權亂政的政治局面。防範后妃干政的後宮政策，在唐玄宗一朝執行得比較好，終其在位不曾出現后妃干政現象，就是最好的說明。徵諸相關史實，唐玄宗所確定的後宮政策，同樣為他之後的諸帝奉行。唐朝自玄宗以後，基本未再出現后妃干政的政治局面，固然與當時之社會政治背景直接關聯，但與諸帝能夠認真借鑒執行唐玄宗所確定的後宮政策，也應當有較大關係。

（一）唐肅宗以後 21 位后妃之家世背景

唐肅宗以後諸帝后妃，共有 21 人，茲據《舊唐書》卷五二《后妃傳下》、《新唐書》卷七七《后妃傳下》所載，將這 21 位后妃的大致情況簡表列之如下：

〔註20〕 《舊唐書》卷五一《后妃傳上》「序」，第 2161 頁。

表一：唐肅宗以後諸帝后妃簡況表

后 妃	籍貫	諡號	生育情況	父、祖官爵	備 注
肅宗 張皇后	鄧州 向城		興王侶、定王侗	父去逸贈尚書左 僕射	祖母竇氏係玄宗生母昭 成竇皇后之妹
肅宗 吳皇后	濮州 濮陽	章敬	唐代宗李豫	父令珪，郇縣 丞，後贈太尉； 母贈秦國夫人	父犯事，沒入掖庭；因 生唐代宗而母以子貴， 追封皇后；附葬建陵
肅宗 韋妃	京兆 杜陵		兗王僴、絳王 佺、永和公主、 永穆公主	父元珪，兗州都 督	遭兄韋堅連累，離婚， 死於安史亂後
代宗 沈皇后	吳興	睿眞	唐德宗李适	父易直，秘書監 〔註21〕	「世爲冠族」；唐憲宗時 冊諡
代宗 崔妃	博陵 安平		召王偲	父峋，秘書少監	母親楊氏，韓國夫人（楊 貴妃姊妹）
代宗 獨孤皇后		貞懿	韓王迴、華陽公 主	父穎，左威衛錄 事參軍，贈工部 尚書	始冊貴妃，大曆十年 薨，追諡貞懿皇后。附 葬莊陵
德宗 王皇后		昭德	唐順宗李誦	父遇，秘書監， 贈揚州大都督 〔註22〕	始冊淑妃，貞元二年十 一月甲午冊爲皇后，是 日崩。附葬崇陵
德宗 韋賢妃				「不知氏族所出」 〔註23〕	初爲良娣，貞元二年冊 爲賢妃

〔註21〕 據《舊唐書》卷五二《后妃傳下·代宗睿眞皇后沈氏傳》：「德宗敦崇外族，贈太后父易直太師，易直父庫部員外郎介福贈太傅，介福父德州刺史士衡贈太保，易直第二子秘書少監震贈太尉；時沈氏封贈拜爵者百餘人。貞元七年，詔外曾祖隋陝令沈琳贈司徒，追封徐國公，與外祖贈太師易直等立五廟，以琳爲始，緣祠廟所須，官給。后無近屬，惟族子房爲近，德宗用爲金吾將軍，主沈氏之祀。」（第2189頁）

〔註22〕 按，此據《舊唐書》卷五二《后妃傳下·德宗昭德皇后王氏傳》，然據《新唐書》卷七七《后妃傳下·德宗昭德皇后王氏傳》云：「本仕家，失其譜系。帝爲魯王時納爲孺，生順宗，尤見寵禮。旣即位，冊號淑妃，贈其父遇揚州大都督，子姓姻出悉得官。」（第3502頁）據此，《舊傳》所載王遇任秘書監事，可能靠不住。

〔註23〕 按，此據《舊唐書》卷五二《后妃傳下·德宗韋賢妃傳》，然據《新唐書》卷七七《后妃傳下·德宗賢妃韋氏傳》云「戚里舊族也。祖濯，尚安定公主。初爲良娣，德宗貞元四年，冊拜賢妃……元和四年薨。」（第3503頁）若《新傳》所載可信，則韋賢妃應當出於京兆韋氏。

順宗 王皇后	琅邪	莊憲	唐憲宗李純，福王綰，漢陽、雲安、遂安三公主	曾祖思敬，試太子賓客；祖難得，贈潞州都督，封琅邪郡公；父顏，金紫光祿大夫、衛尉卿。	永貞內禪，冊爲太上皇后；元和元年正月，順宗晏駕，五月，尊太上皇后爲皇太后，冊禮畢，憲宗御紫宸殿宣赦。附葬豐陵
憲宗 郭皇后	華州鄭縣	懿安	唐穆宗李恒	祖郭子儀，父郭曖	
憲宗 鄭皇后		孝明	唐宣宗李忱	「未見姓族所出」〔註24〕	宣宗即位，尊爲皇太后。葬景陵旁園
穆宗 王皇后	越州	恭僖	唐敬宗李湛	父紹卿，金華令，贈司空，母張氏贈趙國夫人	文宗即位，號寶曆太后；後稱義安太后。葬光陵東園
敬宗 郭貴妃			晉王普	父義，右威衛將軍，贈禮部尙書	敬宗即位，爲才人，生晉王，冊貴妃
穆宗 蕭皇后	福建	貞獻	唐文宗李昂		文宗即位，尊爲皇太后
穆宗 韋皇后		宣懿	唐武宗李炎	「失其先世」〔註25〕	穆宗爲太子時，得倖，生武宗，長慶時冊爲妃。武宗立，追冊皇太后。
武宗 王賢妃	邯鄲			「失其世」	宣宗即位，贈賢妃，葬端陵柏城〔註26〕
宣宗 晁皇后		元昭	唐懿宗李漼，萬壽公主	「不詳其世」〔註27〕	大中年間，贈昭容，懿宗即位，追冊皇太后。
懿宗 王皇后		惠安	唐僖宗李儇	「亦失所來」〔註28〕	咸通中，冊爲貴妃，僖宗即位，追曾皇太后

〔註24〕 按，此據《舊唐書》卷五二《后妃傳下・憲宗孝明皇后鄭氏傳》，然據《新唐書》卷七七《后妃傳下・德宗昭德皇后王氏傳》云：「丹楊人，或言本亣朱氏。元和初，李錡反，有相者言后當生天子。錡聞，納爲侍人。錡誅，沒入掖廷，侍懿安后。憲宗幸之，生宣宗。」（第3505頁）

〔註25〕 按，此據《新唐書》卷七七《后妃傳下・穆宗宣懿皇后韋氏傳》，《舊唐書》卷五二事跡闕載。

〔註26〕 按，此據《新唐書》卷七七《后妃傳下・武宗賢妃王氏傳》，《舊唐書》卷五二事跡闕載。

〔註27〕 按，此據《新唐書》卷七七《后妃傳下・宣宗元昭皇后晁氏傳》，《舊唐書》卷五二事跡闕載。

〔註28〕 按，此據《新唐書》卷七七《后妃傳下・懿宗惠安皇后王氏傳》，《舊唐書》卷五二事跡闕載。

懿宗 郭淑妃			同昌公主		宣宗即位，爲美人，進 淑妃〔註29〕
懿宗 王皇后		恭憲	唐昭宗李曄	「其出至微」〔註30〕	昭宗即位，追號皇太后
昭宗 何皇后	梓州		哀帝李柷，德王	「系族不顯」〔註31〕	昭宗冊淑妃；哀帝即 位，冊皇太后

說明：1. 資料來源，爲《舊唐書》卷五二《后妃傳下》、《新唐書》卷七七《后妃傳下》，
　　　　如不加注釋或特別說明，則主要依據《舊傳》，並參以《新傳》。

　　　2.《新傳》、《舊傳》均載有尚宮宋若昭姊妹事跡，因爲宋氏姊妹與皇帝之間，
　　　　不同於一般嬪妃關係，故不列爲本表討論對象。

　　首先分析諸后妃的家世背景。在 21 位后妃中，籍貫可知者共 11 人，另
外 10 人，籍貫不詳。在已知籍貫的 11 位嬪妃中，肅宗張皇后出自李唐皇室姻
親，肅宗韋妃出自京兆韋氏，代宗崔妃出自博陵崔氏，代宗睿眞沈皇后出自
吳興沈氏，憲宗郭皇后爲汾陽王郭子儀孫女、母親爲公主，只有這 5 位，可
以理直氣壯稱得上有家世背景之外，其他 6 位雖然也知道籍貫所自，卻無門
第可言。這裏需要稍加辨明者，爲順宗莊憲王皇后的家庭背景，或曰王皇后
出自琅邪王氏，難道算不上門第顯赫嗎？琅邪王氏確實是興盛於東晉南朝的
第一流僑姓大族，然而，在梁末「侯景之亂」中，以琅邪王氏、陳郡謝氏爲
代表的江南世家大族幾乎被消滅殆盡，進入隋唐以後，儘管仍有稱爲琅邪王
氏後代的人物，不時自炫祖上的無限風光，但琅邪王氏的光環早已黯然消褪，
卻是無可如何的事情了。以莊憲王皇后而言，《舊傳》載有其曾祖、祖父、父
親三代仕宦經歷，曾祖王思敬爲試太子賓客，太子賓客爲東宮僚屬，正三品
的品級雖然不低，但只是一個「侍從規諫，贊相禮儀」〔註32〕，卻沒有實際
權力和職掌的言官，況且他還只是一個「試太子賓客」，亦即近乎試用性質的
攝職呢？祖父王難得，只有贈官贈爵，顯然是生前沒有官職，後來因爲王氏

〔註29〕 按，此據《新唐書》卷七七《后妃傳下・懿宗淑妃郭氏傳》，《舊唐書》卷五
　　　　二事跡闕載。
〔註30〕 按，此據《新唐書》卷七七《后妃傳下・懿宗恭憲皇后王氏傳》，《舊唐書》
　　　　卷五二事跡闕載。
〔註31〕 按，此據《新唐書》卷七七《后妃傳下・昭宗皇后何氏傳》，《舊唐書》卷五
　　　　二《昭宗積善皇后何氏傳》亦有記載，《舊傳》記其籍貫云「東蜀人」。據《新
　　　　傳》，哀帝即位，尊爲皇太后，徙居積善宮，故號積善太后。及朱全忠弒帝，
　　　　何太后亦遇害。
〔註32〕《舊唐書》卷四四《職官志三》，第 1906 頁。

成爲順宗嬪妃，並生下唐憲宗，而獲得追贈。父親王顏，金紫光祿大夫、衛尉卿，金紫光祿大夫爲正三品的文散官，衛尉爲九寺之一，爲職掌「邦國器械文物之事，總武庫、武器、守宮三署之官屬」〔註33〕的從三品職事官，此職儘管亦屬「清官」，然而，王顏的這些官職，究竟是何時擔任，是否王皇后尊貴以後加封，都未可知。我頗懷疑是後一種情況，因爲在《新傳》中，關於王皇后的家世情況，僅有一句「祖難得，有功名於世」的含糊之詞，這就隱約透露出，歐陽文忠對於《舊傳》所述王氏祖上三代的仕宦情況其實是心中存疑。

這樣一來，能夠基本確定爲擁有高尙門第者，大概只有上述 5 位。餘者16 人，或「未見姓族所出」、或「失其先世」、或「其出至微」，也就是說多數家世低微，甚至根本就不知所來何自。這種情況和唐玄宗以前，特別是唐高宗以前，大唐后妃多數有強盛家族背景，迥乎不同。爲何會出現這種情況呢？我認爲當非偶然，而與政策導向有直接關係。眾所週知，大唐開國以後，唐初統治者對於皇室婚姻的選擇尤其挑剔，想方設法和當時的門閥士族結親，其時公主所尙、皇子所娶，概以高門華閥爲首選目標。因此，自唐玄宗以後，諸帝后妃絕大多數出身家世不顯，應當是某種政策性的結果，而不太可能是偶然或巧合。

接下來分析皇后加封的情況。如果僅從字面上看，唐肅宗以後的皇后數量還是頗爲不少的。但我們一定要知道，上述擁有皇后頭銜的嬪妃中，除肅宗張皇后、德宗昭德皇后王氏、昭宗何皇后三人爲生前封后以外，其餘諸「皇后」均是憑藉「母以子貴」等原因，在其子、孫榮登帝位以後，才被追尊或追封爲太后或太皇太后，從而擁有皇后頭銜。而且，這 3 位生前封后者，又都各有其特殊背景。如唐昭宗李曄何皇后，被冊封爲皇后時，昭宗本人業已成爲朱全忠控制的傀儡，因此這個皇后也就不可能有實際意義，更談不上弄權預政。唐德宗昭德王皇后，則是在久病不愈的情況下被封爲皇后，而且冊封典禮剛一結束就死去，更顯出封后時機的選擇別有用心，如果她不是久罹疾病，是否還會有封后的機會？至於肅宗張皇后的情況，以情況較爲曲折，我們將在下文加以闡釋。

（二）肅宗張皇后、憲宗郭皇后干政之眞相

或曰，唐玄宗以後依然出現過后妃干政的情況，如肅宗張皇后和憲宗懿安皇后郭氏，特別是後者，在政治上的影響還不止於一朝。對此，我們並不

〔註33〕 《舊唐書》卷四四《職官志三》，第 1879 頁。

否認，張、郭二后確曾干預朝政，但必須注意的是，張、郭二后干政都有其特殊背景。

先來看肅宗張皇后。唐肅宗張皇后事跡，《舊唐書》卷五二、《新唐書》卷七七《后妃傳下》均有較爲詳細的記載。綜合二傳可知，張皇后的家世背景確有可資依靠之處：張氏原籍鄧州向城（在今河南南陽東北），後徙家新豐（在今陝西臨潼驪山附近）〔註34〕，張皇后祖母竇氏，係唐玄宗生母昭成竇皇后的妹妹，竇皇后被武則天所殺，玄宗幼失所恃，遂由姨娘竇氏撫養，玄宗即位後封竇姨娘爲鄧國夫人，「親寵無比」。竇氏共有五子，即去惑、去疑、去奢、去逸、去盈，皆至顯官。張皇后父親即去逸，叔父去盈又娶玄宗女兒常芬公主（按，輩分有差異）。唐肅宗爲忠王時，本來娶韋元珪女爲正室，及其立爲太子，遂以韋氏爲妃，張氏爲良娣。後來韋妃的哥哥韋堅被李林甫構陷致死，太子心生恐懼，遂與韋妃離婚，韋妃削髮爲尼，囚居禁中佛舍，「安史之亂」起，韋妃陷賊，至德二年（757），韋氏薨於長安。〔註35〕韋妃失寵，張氏遂得以專侍太子，由此可見，張氏後來能夠干預朝政，既與韋妃失寵有些關係，也與張氏家族與李唐皇室的姻親關係，以及由此造成的強盛家世，也有一定關係。

不過，張皇后能夠較爲深入地干預唐肅宗一朝政治，主要還是緣於她和唐肅宗在患難之際的密切合作關係，以及她本人相對較爲突出的政治才幹。張皇后屬於那種善於揣摩時事的人物，如《舊傳》說她「辯惠豐碩，巧中上旨」，《新傳》則說她「慧中而辯，能迎意傅合」。關於張皇后干政的情況，兩書也都有記述，《舊傳》云：「皇后寵遇專房，與中官李輔國持權禁中，干預政事，請謁過當，帝頗不悅，無如之何。」《新傳》云：「后能牢寵，稍稍豫政事，與李輔國相助，多以私謁撓權。親蠶苑中，群命婦相禮，儀物甚盛。」

〔註34〕 張皇后之籍貫，兩《唐書》表述略有不同，《新傳》云：「鄧州向城人，家徙新豐。」（第3497頁）《舊傳》云：「本南陽西鄂人，後徙家昭應。」（第2185頁）按，「南陽西鄂」即鄧州向城，蓋《舊傳》用古地名，而《新傳》用唐代新地名。又，昭應縣即新豐縣，據《舊唐書》卷三八《地理志一》「關內道」條下載：「昭應，隋新豐縣，治古新豐城北。垂拱二年（686），改爲慶山縣。神龍元年（705），復爲新豐。天寶二年（743），分新豐、萬年置會昌縣。七載（748），省新豐縣，改會昌爲昭應，治溫泉宮之西北。」（第1396頁）此處，《新傳》使用古地名，而《舊傳》用新名也。由此可知：《新傳》記張皇后原籍，用唐代新名，記新籍反用古地名；《舊傳》適相顚倒，述原籍用古地名，述新籍用新地名也。

〔註35〕 《舊唐書》卷五二《后妃傳下·肅宗韋妃傳》，第2186頁。

　　對於張皇后干預政治，不必諱飾或否認。但是，我們一定要清醒地認識到，張氏之所以能夠干預政事，還是有其特殊的政治背景。眾所週知，唐肅宗李亨實際是靠篡奪上臺，其奪權始自「馬嵬事變」中分兵靈武，在這個過程中，張氏確實其功大焉，並表現出一定政治才幹，更為重要的是，當時唐肅宗的支持者甚少，僅李輔國、張氏等廖廖數人，捨他們之外，並無多少可用之人。其次，唐肅宗身體狀況不好，精力不濟，也為張氏後來干預政治提供了客觀上的便利。〔註36〕除此而外，還需注意者，張氏干政主要通過與宦官李輔國等人的合作得以實現，如果沒有「與李輔國相助」，其能否干政也就很成疑問，在這個問題上，兩《唐書》的作者顯然都已經有所措意，因此他們在敘述張氏干預政治的時候，似乎都有意識強調張氏和李輔國之間的特殊關係，這應當視為兩《唐書》作者的卓識。實際上，我們還可以通過反證法，進一步檢驗上述判斷，後來張皇后和李輔國因權力之爭反目，最終張皇后被李輔國等人搞垮，此事恰好反向驗證，當初如果沒有李輔國的支持或配合，張皇后氏可能並無干政或攬權的機會。

　　再從唐肅宗的態度來看，我認為他在主觀上，還是有意識地要杜絕后妃干政情況的發生，並為此採取了實際措施。如乾元二年（759），群臣給唐肅宗上尊號，「后亦諷群臣尊己號『翊聖』，帝問李揆，揆爭不可。會月蝕，帝以咎在後宮，乃止。」〔註37〕張皇后謀獲「翊聖」稱號，當有深意，大概是想通過「翊戴聖上」這樣的稱號，以名正言順地獲得干政之權。唐肅宗則以發生月蝕、咎在後宮為由，沒有讓她得逞，這表明唐肅宗還是有意要限制張皇后的權力。只不過，由於唐肅宗身體狀況不佳，遂不免有時「內制於后」〔註38〕，從而讓張氏獲得干政的機會。但就主觀而言，唐肅宗還是繼承了乃父唐玄宗防範后妃干政的後宮政策。

　　接下來看唐憲宗懿安郭皇后。

　　兩《唐書·后妃傳》均有關於郭氏事跡的詳細記述。懿安郭皇后家世之顯赫，的確無與倫比。郭氏的祖父乃是為平定「安史之亂」立下赫赫功勳的汾陽王郭子儀，父親郭曖、母親昇平公主係唐代宗長女。郭皇后的家世貴盛莫與為比，且生下了唐穆宗，史言「憲宗為廣陵王，娉以為妃。順宗以其家

〔註36〕 李文才撰：《讀〈太平廣記〉卷二七七「代宗」條引〈杜陽雜編〉——兼論唐玄宗與李輔國之死》，《文史》2003年第4輯，第147～162頁。

〔註37〕 《新唐書》卷七七《后妃傳下·肅宗廢后庶人張氏傳》，第3498頁。

〔註38〕 《新唐書》卷七七《后妃傳下·肅宗廢后庶人張氏傳》，第3498頁。

有大功烈，而母素貴，故禮之異諸婦，是生穆宗。」〔註 39〕因此，像郭氏這樣的人物，產生干預政治的欲望，既有資本，也有可能。正是基於這個顧慮，故唐憲宗即位以後，就開始有意識地採取防範措施，以防止郭氏干政，其中最重要的一條，就是堅持不立郭氏爲皇后。關於這一點，《舊傳》、《新傳》都有明確記述，如《舊傳》略云：

> 憲宗懿安皇后郭氏，尚父（郭）子儀之孫，贈左僕射、駙馬都尉（郭）曖之女。母代宗長女昇平公主。憲宗爲廣陵王時，納后爲妃。以母貴，父、祖有大勳於王室，順宗深寵異之。貞元十一年，生穆宗皇帝。元和元年八月，冊爲貴妃。八年十二月，百僚拜表請立貴妃爲皇后，凡三上章，上以歲暮，來年有子午之忌，且止。帝後庭多私愛，以后門族華盛，慮正位之後，不容嬖幸，以是冊拜後時。元和十五年正月，穆宗嗣位，閏正月，冊爲皇太后⋯⋯是日，百僚稱慶，外命婦奉賀光順門。〔註 40〕

《新傳》所載略同，云：「八年，群臣三請立爲后，帝以歲子午忌，又是時後廷多嬖豔，恐后得尊位，鉗掣不得肆，故章報聞罷。」〔註 41〕

從字面上看，唐憲宗不立郭氏爲皇后，是因爲擔心郭氏正位之後，將限制他在後宮中的行動自由，至少兩《唐書》的作者都將此列爲其中重要原因。我認爲，即便唐憲宗有這方面的考慮，也絕對不可能是主要原因，唐憲宗堅持不立郭氏爲皇后，其根本原因還是在於政治方面，正如黃永年氏所指出的那樣：「在唐代皇后的地位是頗爲特殊的，遇上有政治欲望的，就很容易干預朝政甚或垂簾聽政，高宗朝的武后、中宗朝的韋后、肅宗朝的張后都是先例。而這位郭妃的家世聲望，尤非這幾位所能比擬。」〔註 42〕因此，防範后妃干政，才是唐憲宗堅持不立郭氏爲皇后的根本原因，這顯然又是對唐玄宗後宮政策的繼承或借鑒。又，元和十五年正月發生宮廷政變，唐憲宗被宦官陳弘志所殺。對於此次宮廷政變，陳寅恪氏認爲，唐穆宗乃是政變的幕後策劃和眞正主角，郭皇后則是主要合謀者之一。〔註 43〕追溯郭氏參與謀殺

〔註 39〕 《新唐書》卷七七《后妃傳下・憲宗懿安皇后郭氏傳》，第 3504 頁。
〔註 40〕 《舊唐書》卷五二《后妃傳下・憲宗懿安皇后郭氏傳》，第 2196 頁。
〔註 41〕 《新唐書》卷七七《后妃傳下・憲宗懿安皇后郭氏傳》，第 3504 頁。
〔註 42〕 黃永年撰：《唐元和後期黨爭與憲宗之死》，原刊《中華文史論叢》第 49 輯（1992 年 6 月），後收入氏著《文史探微》，第 450～467 頁。 本段引文見《文史探微》，第 452 頁。
〔註 43〕 前揭氏著《唐代政治史述論稿》中篇《政治革命及黨派分野》，第 106 頁。

唐憲宗的遠因，與她長期不得正位中宮又有直接關聯，如前揭黃永年氏就認為，正因為郭氏長期不得正位中宮，加上其愛子唐穆宗的儲位發生動搖，故與之合謀發動政變，弒唐憲宗。〔註44〕懿安郭皇后參與弒殺唐憲宗的政變，正好反證了當初唐憲宗對其防抑之嚴格，以至於她不惜鋌而走險參與謀劃宮廷政變。總之，唐憲宗一朝對後宮同樣採取了嚴密防範的政策，應當沒有疑問。

除以上唐肅宗張皇后、唐憲宗懿安郭皇后二顯例外，從其他諸帝后妃問題上，也多少可以看出唐玄宗防範後宮干政這一既定政策被諸帝繼承的痕跡。如唐代宗貞懿皇后獨孤氏，「以美麗入宮，嬖幸專房」，然唐代宗在位期間，不過冊為貴妃，直到大曆十年（775）五月獨孤氏死後，才追諡為貞懿皇后。〔註45〕再如，唐德宗昭德皇后王氏，係唐順宗生母，「尤見寵禮」，唐德宗即位，亦僅冊號淑妃，「貞元三年，妃久疾，帝念之，遂立為皇后，冊禮方訖而後崩。」〔註46〕王氏儘管是生前封后，卻是在「久疾」的情況下才得到皇后頭銜，且冊禮甫畢而斯人已逝，更讓人感覺唐德宗在封后時間把握方面的良苦用心。再如，唐德宗賢妃韋氏，雖有可能出自「戚里舊族」〔註47〕，也僅僅冊為賢妃，絲毫沒有封后的跡象。再如，唐順宗貞憲皇后王氏，係唐憲宗生母，「順宗即位，疾恙未平，后供侍醫藥，不離左右。屬帝不能言，冊禮將行復止。及永貞內禪，冊為太上皇后。元和元年正月，順宗晏駕，五月，尊太上皇后為皇太后，冊禮畢，憲宗御紫宸殿宣赦。太后居興慶宮。」〔註48〕從字面上看，王氏未得皇后頭銜，是因為唐順宗疾病所致，且在唐順宗內禪為太上皇時，得到了「太上皇后」的稱號，這似乎與防範後宮政策的通例不符，因為王氏畢竟是在唐順宗生前得到最高稱號。但必須明白的是，與北齊、北周、北宋、清朝等時期「太上皇」掌握實際權力的情況相反，有唐一朝「太

〔註44〕 前揭氏著《唐元和後期黨爭與憲宗之死》，《文史探微》第 459 頁。

〔註45〕 《舊唐書》卷五二《后妃傳下‧代宗貞懿皇后獨孤氏傳》，第 2190～2191 頁。《新傳》略同。

〔註46〕 《新唐書》卷七七《后妃傳下‧德宗昭德皇后王氏傳》，第 3502 頁。按，關於王氏卒年，《舊傳》所載與《新傳》略有不同，據《舊唐書》卷五二《后妃傳下‧德宗昭德皇后王氏傳》：「貞元二年，妃病。十一月甲午，冊為皇后，是日崩於兩儀殿……上服凡七日而釋。諡曰昭德。」（第 2193 頁）是《舊傳》云王氏卒於貞元二年十一月甲午，與《新傳》貞元三年的記載不同。未知孰是，俟考。

〔註47〕 《新唐書》卷七七《后妃傳下‧德宗賢妃韋氏傳》，第 3502 頁。

〔註48〕 《舊唐書》卷五二《后妃傳下‧順宗莊憲皇后王氏傳》，第 2194～2195 頁。

上皇」均爲虛號，甚或形同高級囚徒，毫無權力可言。〔註49〕「太上皇」旣
然都是傀儡，「太上皇后」當然就更加不可能有攬權的機會。

　　除上述諸后妃外，還有唐武宗王賢妃的事迹需稍加辨析。《新唐書·后妃
傳下》記載，唐武宗曾準備立王氏爲皇后，結果因宰相李德裕的勸阻而作罷，
略云：

> 　　武宗賢妃王氏，邯鄲人，失其世。年十三，善歌舞，得入宮中。
> 穆宗以賜穎王。性機悟。開成末，王嗣帝位，妃陰爲助畫，故進號
> 才人，遂有寵。狀纖順，頗類帝。每畋苑中，才人必從，袍而騎，
> 校服光侈，略同至尊，相與馳出入，觀者莫知孰爲帝也。帝欲立爲
> 后，宰相李德裕曰：「才人無子，且家不素顯，恐詒天下議。」乃止。

〔註50〕

王賢妃事迹，《舊唐書》闕載。從《新傳》所言「帝嗣帝位，妃陰爲助畫」來
看，可知這個王賢妃確有一定政治才幹，又因長相與唐武宗頗爲類似，故唐
武宗擬立其爲皇后，結果被宰相李德裕諫阻而作罷。實際情況未必如此，以
唐武宗行事之果決、政治作風之強硬，若眞心要立王氏爲皇后，恐非李德裕
所能諫阻得了。

　　根據以上，我們可以肯定地說，唐玄宗所確定的後宮政策，不僅在其一
朝嚴格執行，且被其後歷代諸帝所奉行。玄宗之後的唐朝諸帝，對於後宮嬪

〔註49〕　唐代曾爲「太上皇」者，先後有唐高祖李淵、唐睿宗李旦、唐玄宗李隆基、
　　　　唐順宗李誦、唐昭宗李曄等五帝。唐高祖爲太上皇，是秦王李世民在「玄武
　　　　門之變」冒險成功後，不得已而讓位；唐睿宗之爲太上皇情況類似，太子李
　　　　隆基在擊垮太平公主政治集團以後，實際已經完全控制朝局，睿宗於此時自
　　　　不得不讓位而稱太上皇；唐玄宗爲太上皇，更是不得已，肅宗李亨在靈武稱
　　　　帝，實質上是一次先斬後奏式的奪權政變，由於在同安史叛軍作戰過程中，
　　　　肅宗軍事、政治實力大大加強，玄宗只能承認旣成事實，而玄宗在返京之後，
　　　　更是處於肅宗的嚴密監控之下，已失去活動自由，與高級囚徒無異；唐順宗
　　　　內禪爲太上皇，除健康狀況方面的原因外，也是當時統治集團內部政治鬥爭
　　　　的結果，順宗「內禪」，是爲了打擊以王叔文、王伾等爲首「二王八司馬」集
　　　　團，順宗「內禪」不久，王叔文、王伾等人即被流放，所謂「永貞革新」宣
　　　　告失敗；至於唐昭宗爲太上皇，更是唐末藩鎭、朝官、宦官等政治集團之間
　　　　相互矛盾、相互勾結、相互鬥爭的產物，是左右軍中尉劉季述、王仲先等人
　　　　與宰相崔胤、汴鎭節度使朱全忠等之間矛盾、鬥爭的結果。從以上分析可知，
　　　　唐代「太上皇」一無例外都是統治集團內爭的政治後果，都是以政治失敗者
　　　　的面目出現，因而沒有任何政治權力。（詳參兩《唐書》諸帝本紀及有關傳記。）
〔註50〕　《新唐書》卷七七《后妃傳下·武宗賢妃王氏傳》，第3509頁。

妃一直嚴於防範，杜絕其干預朝政，而最重要的防範措施，就是不再冊立皇后。這應當就是自唐玄宗以後，唐代基本未再出現后妃干政的根本原因。

三、唐玄宗和楊貴妃關係之眞相

在弄清楚唐玄宗後宮政策的基本內涵以後，接下來就可以探討唐玄宗和楊貴妃關係的眞相。因爲自白居易《長恨歌》、陳鴻《長恨歌傳》問世以後，唐玄宗、楊貴妃以及他們的「愛情故事」，已經成爲千百年來一直久說不衰的話題。在經過歷代文人的推衍鋪陳之後，李、楊關係已多被定格爲情深愛重、忠貞不渝的夫妻，他們的恩愛纏綿竟至成爲世人盡情謳歌的愛情典範，「在天願作比翼鳥，在地願爲連理枝」，竟成爲無數戀人孜孜追求的最高愛情境界。李、楊關係的實質或眞相究竟如何？如果我們將故事的文學外衣剝去，到底又會見到怎樣的唐明皇與楊貴妃？

（一）三千寵愛，何曾一身

唐玄宗與楊貴妃之間能否有眞正的愛情？首先，從理論上講，中國歷史上的任何一位帝王，都不可能擁有眞正意義上的愛情——那種來自男女內心世界的兩情相悅。因爲根據後宮制度的規定，皇帝不可能專情於一個女子，據前揭《舊唐書·后妃傳》所載，皇帝在按制度規定必須同時擁有一皇后，三夫人、九嬪、二十七世婦、八十一御妻，這一百二十一人都是皇帝有名分的伴侶。「其餘六尙諸司，分典乘輿服御」，亦即在後宮服務、沒有名分的三千佳麗，她們實際上也都是皇帝的性伴侶，皇帝隨時可以「臨幸」。這也就是說，皇帝的「感情」不可能專屬某一人，而是屬於一群女人。特別要強調指出的是，皇帝多妻多妾，乃是封建政治制度的規定和要求，從這個角度來說，後宮眾多女人等待他的臨幸，既是他專屬的權利，也是他必須履行的政治任務。如此以言，哪裏還談得上「愛情」？作爲封建帝王，唐玄宗當然也不能例外。

再從唐玄宗個人而言，他原本也不是一個崇尙專情的人。據兩《唐書》有關列傳記載，唐玄宗共有 30 個兒子、30 個女兒。〔註51〕在這 30 個兒子中，有 23 人的母親知道是誰，她們分別是元獻楊皇后（即唐肅宗生母楊氏）、劉華妃、趙麗妃、錢妃、皇甫德儀、劉才人、貞順武皇后（即武惠妃）、高婕妤、郭順儀、

〔註51〕 詳參《舊唐書》卷一〇七《玄宗諸子傳》，《新唐書》卷八二《十一宗諸子傳》、卷八三《諸帝公主傳》。

柳婕妤、鍾美人、盧美人、閻才人、王美人、陳才人、鄭才人、武賢儀。這些母親之所以能夠留下姓氏，是因爲他們所生的王子長大成人。至於那七個夭折的王子，則「母氏失傳」，他們的母親是誰，都不得而知。30個女兒中，只有10個知道是誰所生，她們是臨晉公主生母皇甫淑妃、昌樂公主生母高才人、廣寧公主生母董芳儀、萬春公主生母杜美人、新平公主生母常才人、壽安公主生母曹野那姬、咸宜公主、太華公主、上仙公主生母武惠妃、齊國公主生母元獻楊皇后。這就是說，除楊貴妃外，唐玄宗至少和以上23位知道姓名的女人發生過性關係，且顯然不是先後更替，而是同時進行，其中曹野那姬更是來自中亞昭武九姓國的曹國，大概是曹國貢獻的美女。在60個子女中，有近一半孩子的母親，都不知道是誰，「愛情」又從何談起？當然，在眾多妃嬪中有所偏愛，自屬正常，乃人之常情。然而，諸多史實表明，唐玄宗所偏愛的又不只有楊貴妃，甚至有寵愛過於楊氏者。

　　徵諸史傳，唐玄宗曾先後「專情」過幾個女人。第一個就是王皇后，儘管我們在前面說他們更是政治夥伴，但作爲唐玄宗的結髮妻子，他們之間確曾也是有過感情，如前揭《新唐書・玄宗皇后王氏傳》就說：「始，后以愛弛，不自安。」這表明唐玄宗曾經也「愛」過王皇后，後來導致王氏「不自安」的原因，正是唐玄宗對她的「愛弛」。除王皇后外，唐玄宗即位前所寵愛的女人，另有趙麗妃、皇甫德儀、劉才人等。據《舊唐書・廢太子瑛傳》略云：

　　　　廢太子瑛，玄宗第二子也，本名嗣謙。景雲元年九月，封眞定郡王。先天元年八月，進封郢王。開元三年正月，立爲皇太子……十五年七月，改名瑛。

　　　　瑛母趙麗妃，本伎人，有才貌，善歌舞，玄宗在潞州得幸。及景雲升儲之後，其父元禮、兄常奴擢爲京職，開元初皆至大官。及武惠妃寵幸，麗妃恩乃漸弛。時鄂王瑤母皇甫德儀、光王琚母劉才人，皆玄宗在臨淄邸以容色見顧，出子朗秀而母加愛焉。及惠妃承恩，鄂、光之母亦漸疏薄……〔註52〕

由此可見，唐玄宗從來就不曾對任何一個女人「專一」過。在武惠妃之前，已經有趙麗妃、皇甫德儀、劉才人等，或以「才貌」，或以「容色」而得幸。唐玄宗在寵幸這些女人的時候，她們的父兄家人也都因此得到「大官」。後來武惠妃、楊貴妃得幸時，全家人也都隨之雞犬昇天，與趙麗妃等人情況並無二致。

〔註52〕　《舊唐書》卷一○七《玄宗諸子・廢太子瑛傳》，第3258～3259頁。

　　武惠妃所受恩寵，絲毫不遜於後來的楊貴妃，如《舊唐書·壽王瑁傳》有云：「瑁母武惠妃，開元元年見幸，寵傾後宮」〔註53〕、同書《玄宗貞順皇后武氏傳》云：「上即位，漸承恩寵。及王庶人廢後，特賜號爲惠妃，宮中禮秩，一同皇后。」〔註54〕《新唐書·玄宗貞順皇后武氏傳》則云：「（趙麗妃、皇甫德儀、劉才人）皆藩邸之舊，後愛薄，而妃乃專寵。」〔註55〕《新傳》所言武惠妃「乃專寵」，與白居易《長恨歌》說楊貴妃「三千寵愛在一身」，意思並無不同。

　　武惠妃家人所得恩幸，並不比後來楊氏家族遜色。仍據前揭《舊傳》：「（武惠妃）所生母楊氏，封爲鄭國夫人。同母弟忠，累遷國子祭酒；信，秘書監。」〔註56〕《新傳》甚至記載，唐玄宗曾準備立武惠妃爲皇后，只不過由於御史潘好禮的勸諫而作罷。儘管我在前面已經說過，立后云云只是唐玄宗故作姿態，並非眞心要付諸實施。但是這種裝腔作勢也並非全無意義，用現代人對愛情的說法，那就是對於武惠妃，唐玄宗至少還有個海誓山盟般的「美麗欺騙」，至於對楊貴妃，則連這樣的「美麗謊言」都沒有！史籍沒有任何關於唐玄宗準備立楊貴妃爲皇后的記載，甚至那麼多的筆記小說中，也沒有類似表述，這正是《太平廣記》中野人張只能說「貴盛與皇后同」至關重要的原因。

　　根據對各方面情況的綜合分析，我認爲唐玄宗對於武惠妃的寵愛，確有勝過對楊貴妃寵愛的地方。那麼，爲何後人只知道李楊「愛情故事」，卻不知李武之間的「恩愛纏綿」？個中緣由，完全在於唐玄宗與楊貴妃之間所發生的一連串戲劇性事件，以及李楊二人的特殊關係，當然，最重要的原因還是歷代文人的演繹鋪陳！除此而外，也有客觀上的原因，即開元後期大唐帝國政治、經濟走向全面繁榮，唐玄宗本人也不再像得政初期那樣銳意於政治革新，轉而開始講究物質享受，追求聲色犬馬，故楊貴妃在生活排場上，實際上要盛過武惠妃，於是留給世人的印象，就是唐玄宗對楊貴妃的寵愛，莫與爲比。〔註57〕事實上，他們之間除了肉體與物質的交換外，究竟有多少心靈方面的溝通？

〔註53〕《舊唐書》卷一〇七《玄宗諸子·壽王瑁傳》，第3266頁。
〔註54〕《舊唐書》卷五一《后妃傳上·玄宗貞順皇后武氏傳》，第2177頁。
〔註55〕《新唐書》卷七六《后妃傳上·玄宗貞順皇后武氏傳》，第3491頁。
〔註56〕《舊唐書》卷五一《后妃傳上·玄宗貞順皇后武氏傳》，第2177頁。
〔註57〕按，本節於蘇萬青氏《〈楊太眞外傳〉考索》一文頗有參考之處，特此指出。蘇氏文載陝西師範大學古籍整理研究所編《古代文獻研究集林》第三集，第142～172頁，西安，陝西師範大學出版社，1995。

（二）愛美人，更愛江山

再從男女關係的角度分析，也可知李楊二人「愛情」的本質。唐玄宗對於女人，迷戀的首先是肉體，而非精神上的兩情相悅。例如唐玄宗曾經「愛過」的女人中，趙麗妃「本伎人，有才貌，善歌舞」。〔註58〕皇甫德儀、劉才人均以「以容色見顧」。〔註59〕史籍雖不言武惠妃以色幸，但她能夠「寵傾後宮」，「色」肯定也是必不可缺的條件。楊貴妃，更是所謂中國古代四大美女之一，「資質豐豔，善歌舞，通音律，智算過人。每倩盼承迎，動移上意。」〔註60〕可見，唐玄宗所愛的女人，首要條件是「才貌」、「容止」，亦即肉體的美豔。以此言之，白居易在這方面把握得尤其精準，他在《長恨歌》開篇即說：「漢皇重色思傾國」，強調的是「重色」，而不是「重情」，可謂抓住李楊關係的實質。「色」之與「情」，一字之差，繆以千里，是因「色」而生「情」，還是因「情」而忘「色」，在情感的世界裏，絕然相反。這也就是說，楊貴妃吸引唐玄宗的地方，首先是她「資質豐豔」的肉體，這從一開始就奠定了李楊「愛情」關係的實質和二人以後關係發展的走向。

唐玄宗對楊貴妃的「愛」，與他對曾經「愛」過的每個女人一樣，自始至終都有所保留，從未因為迷戀其美豔的肉體而忘情以至於在政治上昏庸，唐玄宗對楊貴妃從來都沒有放棄政治上的戒備之心。這主要表現為，楊貴妃在物質享受上可以得到一切，可以「禮數實同皇后」，但永遠不能得到最高政治權力和最高榮譽——皇后的頭銜和名分。唐玄宗對楊貴妃的「愛」，並非如文學作品中所描寫的那樣須臾也不能離，天寶五載（746）、九載（750），楊貴妃曾先後兩次被遣送出宮，就十分清楚地表明，在二人的關係中，唐玄宗居於絕對支配的地位。楊貴妃最後能夠重返宮中，都是經過多方活動以後才得以實現，特別是天寶九載的那次遣而復歸，明顯是楊家及楊貴妃本人主動做了許多工作之後，唐玄宗才重新將其召還。據前揭《舊傳》云：

> 天寶九載，貴妃復忤旨，送歸外第。時吉溫與中貴人善，溫入
> 奏曰：「婦人智識不遠，有忤聖情，然貴妃久承恩顧，何惜宮中一席
> 之地，使其就戮，安忍取辱於外哉！」上即令中使張韜光賜御饌，

〔註58〕《舊唐書》卷一〇七《玄宗諸子·廢太子瑛傳》，第3259頁。
〔註59〕《舊唐書》卷一〇七《玄宗諸子·廢太子瑛傳》，第3259頁。
〔註60〕《舊唐書》卷五一《后妃傳上·玄宗楊貴妃傳》，第2178頁。

妃附韜光泣奏曰：「妾忤聖顏，罪當萬死。衣服之外，皆聖恩所賜，無可遺留，然髮膚是父母所有。」乃引刀翦髮一綹附獻。玄宗見之驚惋，即使（高）力士召還。〔註61〕

楊貴妃被送歸外第，是因其「忤旨」引起唐玄宗的不滿所致。我們注意到，玄宗在吉溫進奏之後，起初並沒有召還楊貴妃的意圖，僅派中使賜御饌而已。楊貴妃卻因中使，剪青絲送獻玄宗，玄宗見到頭髮以後，這才又派高力士將其召還。《舊傳》突出的是楊貴妃本人主動、設法讓唐玄宗感動而將其召還宮中。《新傳》記事，與《舊傳》又有所不同，略云：

天寶九載，妃復得譴還外第，（楊）國忠謀於吉溫。溫因見帝曰：「婦人過忤當死，然何惜宮中一席廣爲鈇鑕地，更使外辱乎？」帝感動，輟食，詔中人張韜光賜之。妃因韜光謝帝曰：『妾有罪當萬誅，然膚髮外皆上所賜，今且死，無以報。』引刀斷一綹髮奏之，曰：「以此留訣。」帝見駭惋，遽召入，禮遇如初。〔註62〕

其中所云「國忠謀於吉溫」，更加突出了楊氏全家人都在主動、設法使楊貴妃重返宮中。相較之下，比起《舊傳》所說楊貴妃本人努力重返後宮，《新傳》所載應當更加貼近史實。

楊貴妃先後兩次被遣出宮，充分說明唐玄宗在兩人關係上，具有絕對主動的支配地位，並非對楊貴妃不能割捨，因爲他身邊永遠都不會缺少美女。正是因爲如此，所以後來「馬嵬事變」爆發，士兵要殺楊貴妃時，唐玄宗以皇帝身份，竟未能加以保護，更沒有表現出一絲一毫的不要江山要美人的氣魄。實際上，「馬嵬事變」發生的時候，唐玄宗對局面仍有一定控制能力，但是他卻毫不猶豫地站在了發動事變的高力士、陳玄禮一邊，這主要是因爲高、陳二人當時手握禁軍，是他人身安全的唯一保障，楊貴妃與唐玄宗的關係遠不能與高、陳等人相比，「加之玄宗此時高齡已屆七十二，貴妃亦已三十八，久已不屬青年人徒知沉溺男女之情的年歲，區區床第之愛何如自身安全之重要，玩弄封建政治幾及半個世紀、老於謀算的玄宗自能了然於心。當此不能兩全之時，寧從高力士、陳玄禮而捨棄楊國忠、貴妃，正是玄宗必然做出的抉擇。所以《舊唐書·玄宗紀》所書的『上即命力士賜貴妃自盡』倒可以說是實錄直筆，而《長恨歌》『君王掩面救不得，回看血淚相和流』之句寫得並

〔註61〕 《舊唐書》卷五一《后妃傳上·玄宗楊貴妃傳》，第2180頁。
〔註62〕 《新唐書》卷七六《后妃傳上·玄宗貴妃楊氏傳》，第3494頁。

不眞實。」〔註63〕再退一步講，即使唐玄宗仍然精力充沛、情慾旺盛，只要能保住社稷，何愁無美？而一旦身家不保，江山失卻，則一切都將成爲泡影！所以，對唐玄宗來說，江山總比美人重，「不愛江山愛美人」在中國封建政治史上，永遠都不會出現。

唐玄宗對楊貴妃的「愛」並非毫無保留，還表現在楊貴妃受寵期間，唐玄宗仍與其他女人有染，並不像《舊傳》所說的那樣，眞的就對其他女人「無顧盼意」，並非眞的就是「三千寵愛在一身」了。如筆記小說所記載的唐玄宗與三姨虢國夫人、與梅妃江采蘋等人的性愛關係，這些雖多爲「風傳」，但也不可能全屬空穴來風，從歷史的實際情況來看，唐玄宗還是有條件、有機會與這些女人發生曖昧關係的，例如虢國夫人亦「有才貌」，「並承恩澤，出入宮掖」，很容易引發唐玄宗的情慾。

（三）文人賦詠，史家記述

如前所言，李楊關係後來之所以成爲千百年來侈談的愛情典範，最重要的原因，乃是由於歷代文人不斷創作和敷衍的結果。陳寅恪氏曾經一語道破其中玄機，云：「唐人竟以太眞遺事爲一通常練習詩文之題目，此觀於唐人詩文集即可了然。但文人賦詠，本非史家紀述。故有意無意間逐漸附會修飾，歷時既久，益復曼衍滋繁，遂成極富興趣之物語小說，如樂史所編著之《太眞外傳》是也。」〔註64〕陳氏所言極是，的確是歷代文人「有意無意間附會修飾」，才使得李楊「愛情」故事的情節不斷豐富起來。揆諸小說與正史之相互比照，很容易看出李楊「愛情」關係演變的軌跡。

成書於後晉的《舊唐書》，唐武宗以前的紀、傳部分由於取材可靠、記事謹愼，因而史料價值甚高，所述事情可信度多數較高。就讓我們首先從《舊唐書》中尋找唐玄宗對楊貴妃的「愛情」證據，前揭卷五一《玄宗楊貴妃傳》所述唐玄宗對楊氏家族之恩寵，姑置不論，茲錄其中所描寫李楊「愛情關係」之情節如下：

> 上皇自蜀還，令中使祭奠，詔令改葬。禮部侍郎李揆曰：「龍武
> 將士誅國忠，以其負國兆亂。今改葬故妃，恐將士疑懼，葬禮未可

〔註63〕黃永年撰：《〈長恨歌〉新解》，原文刊於《文史集林》第一輯（1985年），後收入前揭氏著《文史探微》，第325～353頁。本段引文見《文史探微》第329頁。

〔註64〕陳寅恪撰：《元白詩箋證稿》第一章《長恨歌》，第12～13頁，上海，上海古籍出版社，1978。

行。」乃止。上皇密令中使改葬於他所。初瘞時以紫褥裹之,肌膚
已壞,而香囊仍在。內官以獻,上皇視之悽惋,乃令圖其形於別殿,
朝夕視之。〔註65〕

以上引文主要情節有三:1. 唐玄宗自巴蜀返回長安,令中使祭奠、改葬楊貴
妃,因李揆諫阻而作罷;2. 密令中使改葬楊貴妃;3. 中使改葬楊貴妃,將其
身邊香囊帶回呈獻玄宗,玄宗因之傷感,令人圖畫其形象於別殿,朝夕臨視。

　　首先要指出的是,《舊傳》所描寫的上述三個情節,都沒有發生的可能。
因為唐玄宗自蜀返京,就處於唐肅宗、李輔國等人的嚴密監控中,基本失去
了行動自由,實為高級囚徒,其活動空間只有宮禁,而且每次出入,都有唐
肅宗派出的武裝人員的「護衛」。〔註66〕也就是說,作為太上皇,唐玄宗其時
並無下詔的權力,更沒有能力動用中使去改葬楊貴妃;圖楊貴妃畫像於別殿,
又勢必要將畫工召入宮禁,這在當時也沒有可能,因為後來連玉真公主探視
玄宗都被嚴格禁止,又怎麼會讓畫工進入禁中作畫?這就告訴我們,素以記
事謹慎、取材可靠著稱的《舊唐書》,此處記述並不足為信。揣摩《舊傳》這
段記事的語言風格及情節,與唐末五代筆記小說的記述頗有相似之處。《舊唐
書》此處記載,有沒有可能取材於某個筆記小說?

　　改葬楊貴妃諸事,《唐詩紀事》中就有所記述,如唐宣宗大中五年進士、
詩人鄭嵎曾寫過一首《津陽門詩》,其中「宮中親呼高驃騎,潛令改葬楊真妃。
花膚雪豔不復見,空有香囊和淚滋。」兩句之後,有一段自注云:

　　　　時肅宗詔令改葬太真,高力士知其所瘞,在馬嵬驛西北十餘步。
當時乘輿匆遽,無復備周身之具,但以紫褥裹之。及改葬之時,皆
已朽壞,惟有胸前紫繡香囊中,尚得冰麝香。時以進上皇,上皇泣
而佩之。〔註67〕

其中除了下詔者為唐肅宗與前揭《舊傳》指為唐玄宗有所不同外,其他情節
頗為相似。因此,蘇萬青氏就根據《唐詩紀事》寫作在前,《舊唐書》修撰在

〔註65〕　《舊唐書》卷五一《后妃傳上‧玄宗楊貴妃傳》,第2181頁。
〔註66〕　前揭拙撰:《讀〈太平廣記〉卷二七七「代宗」條引〈杜陽雜編〉——兼論唐
　　　　玄宗與李輔國之死》,《文史》2003年第4輯,第147～162頁。
〔註67〕　鄭嵎:《津陽門并序》,《全唐詩》卷五六七,第6564～6565頁,北京,中華書
　　　　局,1960。又按,宋人計有功輯撰之《唐詩紀事》卷六十二鄭嵎《津陽門詩》
　　　　自注,「但以紫褥裹之」一句,作「但以紫褥而窆之」,與《全唐詩》略異,
　　　　其餘記載皆同。詳參:《唐詩紀事》卷六十二《津陽門詩》,第936頁自注,
　　　　上海,上海古籍出版社,2013。

後的事實，推測《舊唐書》此處有可能採用了詩人的記述。〔註68〕我以爲，蘇萬青氏這個帶有推測性的分析頗有道理。這也就是說，即便確曾有詔令改葬楊貴妃，那也只能是唐肅宗，而非唐玄宗所發詔令。再退一步講，即便《舊傳》所載情節皆屬眞實，發詔葬楊妃者就算眞爲唐玄宗，那也不過是帝王對嬪妃的「恩寵」行爲，其中「愛情」的成分究竟有多少，亦未可遽言。

李楊「愛情」的基調，是由白居易、陳鴻創作的《長恨歌》、《長恨歌傳》所奠定。白、陳之文學創作，距離李楊故事發生已近半個世紀，在這半個世紀中，民間已有大量關於李楊故事的傳說，白、陳二人正是在這些傳奇色彩濃厚的傳說基礎上，又增益漢武帝李夫人故事於其中，從而使得故事更加感人。〔註69〕正是在《長恨歌》、《長恨歌傳》出現以後，李楊開始成爲愛情的象徵，他們的關係逐漸被說成是純眞美麗的愛情，例如《長恨歌》「在天願作比翼鳥，在地願爲連理枝」，《長恨歌傳》「密相誓心，願世世爲夫婦」、「或爲天，或爲人，決再相見，好合如舊」云云。這樣的愛情當然很感人，也值得歌頌。然而，我們必須清醒地看到，所有這些感人的情節，都被創作者置

〔註68〕據前揭《〈楊太眞外傳〉考索》中略云：「關於『改葬故妃』一事，唐詩人記述說是肅宗下的詔令，而《舊書》本傳說是出自上皇，依我看，後者雖爲正史，不見得可靠，玄宗此時已沒有什麼權力了，哪有可能下詔令，而肅宗下此詔，倒有可能，但究竟實行了沒有很難說，詩之描述在前，而修《舊書》在後，《舊書》本傳在撰寫時大概是採用詩人的記述，故不見得可信。」（前揭《古代文獻研究集林》第三集，第162頁。）

〔註69〕前揭陳寅恪氏《元白詩箋證稿》第一章《長恨歌》中有云：「然則增加太眞死後天上一段故事之作者，即是白陳諸人，洵爲富於天才之文士矣。雖然，此節物語之增加，亦極自然容易，即從漢武帝李夫人故事附益之耳。陳傳所云『如漢武帝李夫人』者，是其明證也。故人世上半段開宗明義之『漢皇重色思傾國』一句，已暗啓天上下半段之全部故事。……」（第13頁）又，同書第五章《新樂府》「李夫人」條開篇即云：「寅恪於論長恨歌時，已言樂天之詩句與陳鴻之傳文所以特爲佳者，實在其後半段暢述人天生死形魂離合之關係，而此種物語之增加，則由漢武帝李夫人故事轉化而來……」（第262頁）又，前揭黃永年氏《〈長恨歌〉新解》亦指出：「（一）《長恨歌》故事是以漢武帝思念李夫人的舊聞爲藍本。不過李夫人是因病善終的，而楊貴妃則被縊凶死，凡凶死者從民俗學來說最易打動人們的心靈。抓住馬嵬之變把它說成是士兵的自發行動，君王則如漢獻帝於伏后之死那樣『掩面救不得』，自更能獵取讀者的同情……（三）李夫人故事以招到一個『是邪非邪』的形影就結束（《漢書》卷九七上《外戚·孝武李夫人傳》），《長恨歌》則由此展開『七月七日長生殿』的故事，『青出於藍而勝於藍』，正是白居易這位大文學家手筆高妙之處。」（《文史探微》，第343～344頁）

於楊貴妃死後，地點則一無例外地被安排在「海外仙山」。這也就是說，唐玄宗和楊貴妃的愛情，只能是「忽聞海外有仙山，山在虛無飄渺間」，在現實生活中，肯定不能存在。正如前揭陳寅恪氏所云，自《長恨歌》、《長恨歌傳》奠定李楊愛情故事基調之後，「有意無意間附會修飾」紛至沓來，種種細節漸次被插入李楊愛情故事當中，諸如唐明皇發香囊而哭楊貴妃、制《雨霖鈴》曲以悼楊貴妃、玩玉笛而思念楊貴妃等等，這些情節分別見於《唐詩紀事》、《明皇雜錄》、《開天傳信記》、《開元天寶遺事》、《酉陽雜俎》等晚於《歌》、《傳》的筆記小說，到樂史寫作《楊太眞外傳》時，就將以上所有「愛情」細節一股腦兒地寫了進去，到這個時候，李楊二人的純眞「愛情」就足以感天動地、催人淚下，而爲千古佳話矣！然而，這只能是文學創作，並不是眞實的歷史。

我們這裏只需稍舉一例，就可以很清楚地看到，正是文人的生花妙筆，才使得李楊「愛情」變得分外美麗。如馬嵬事變中，陳玄禮等人率禁軍誅殺楊國忠父子以後，「既而四軍不散，玄宗遣（高）力士宣問，對曰『賊本尚在』，蓋指貴妃也。力士復奏，帝不獲已，與妃訣，遂縊死於佛室。時年三十八，瘞於驛西道側。」〔註 70〕其中能夠表現唐玄宗對楊貴妃留戀之情的，僅「不獲已，與妃訣」六個字，實在看不出玄宗對楊貴妃有多深感情和眷戀，因爲在當時情勢下，恁誰面對身邊與自己關係稍親之人，將要作生死之別的時候，大概都會作此反應，所謂「何愛一牛，吾不忍見其死也」，與其說唐玄宗是因爲愛而「不獲已」，還不如說是本能的惻隱之心使然。

然而，同一情節到了《長恨歌》、《長恨歌傳》中，就大不一樣。《歌》云：「君王掩面救不得，回看血淚相和流」，《傳》云：「不忍見其死，反袂掩面」，其中所表現出來的濃烈留戀之情和生離死別，都足以令人動容。及至樂史編撰《楊太眞外傳》，情景便被進一步演繹，略云：

> 上迴入驛，驛門內傍有小巷，上不忍歸行宮，於巷中倚仗攲首而立。聖情昏默，久而不進。京兆司韋諤（見素男也）進曰：「乞陛下割恩忍斷，以寧國家。」逡巡，止入行宮。撫妃子出於廳門，至馬道北牆口而別之。使力士賜死。妃泣涕嗚咽，語不勝情乃曰：「願大家好住。妾誠負國恩，死無恨矣。乞容禮佛。」帝曰：「願妃子善地受生。」力士遂縊於佛堂前之梨樹下。才絕，而南方進荔枝至。

〔註 70〕《舊唐書》卷五一《后妃傳上·玄宗楊貴妃傳》，第 2180 頁。

上睹之，長號數息，使力士曰：「與我祭之。」〔註71〕

其中「不忍歸」、「倚仗欷首而立」、「聖情昏默」、「久而不進」、「逡巡」、「長號數息」等細節性描寫，就將唐玄宗痛苦的心情一覽無遺地表達出來。那麼，唐玄宗爲何如此痛苦不堪呢？當然是因爲心中有所「愛戀」了，像這樣的「愛情」，自然十分感人。然而，這只能是文學作品中的唐玄宗。

要之，我認爲唐玄宗本質上是一個追求享樂，在「愛情」上重色勝於重情，在見異思遷這個方面，唐玄宗和世間絕大多數男人並無不同，他對於身邊的女人，決不可能有什麼忠貞不渝的愛情。唐玄宗和楊貴妃之間，只是一段尋常的帝妃關係，至多是對她略有偏愛而已，他們之間不會也不可能產生值得歌頌的眞正愛情。對於唐玄宗的品德，呂思勉氏曾一針見血地指出，「帝之敗德，尤在好色。」〔註72〕呂氏論唐玄宗之好色，就是從他先後寵幸趙麗妃、武惠妃、楊貴妃諸女處立論。呂氏廖廖數字，其實已經道出唐玄宗與楊貴妃關係的本質，那不過是「小女子貪財，鄙夫重色」，即物質與美色的交易罷了。至於李楊關係後來衍變成世人盡情謳歌的愛情形象，正如文中所說，乃是文學創作的結果，是文人的妙筆生花，賦予了他們可歌可泣的「愛情」。眞實的情況，並不是這樣。

〔註71〕 魯迅整理：《唐宋傳奇集》卷七《楊太眞外傳下》，《魯迅輯錄古籍叢編》第二卷第 248 頁，北京，人民文學出版社，1999。

〔註72〕 前揭《隋唐五代史》上冊第四章《開元天寶治亂》，第 178 頁。

唐肅宗時期建寧王李倓之死的眞相

　　有唐一朝，最高統治集團內爭一直比較頻繁。其中，圍繞皇位繼承權的爭奪尤爲血腥，從唐高祖武德末年的「玄武門之變」開始，這種爭奪幾乎伴隨大唐皇朝始終。就史籍所載的情況來看，發生在統治集團內部的一系列權力之爭，有些線索比較明晰，有些則似有若無、晦暗不明。「安史之亂」發生以後，唐代中樞政局發生頻繁往復的巨大變化，關於唐肅宗、代宗之際中樞政局的變化，著名歷史學家黃永年氏曾有深入探討，並頗多發明。〔註1〕征諸史實，唐肅宗、代宗之際的統治集團內部權力鬥爭，恰如草蛇灰線，伏脈於唐玄宗、肅宗之際的紛亂雲擾，其中唐代宗即位之前，廣平王李俶（按，即後來的唐代宗李豫）與建寧王李倓之間的爭鬥，史書就頗多隱晦，迄無專題討論，竊意其中仍有待發之覆。茲不揣譾陋，勾稽有關史料，試爲發明一二。

一、史籍所載建寧王李倓死後之恩寵

　　建寧王李倓係唐肅宗李亨第三子。李倓之死，史籍有明確記載，是由於李輔國和張良娣的陷害所致。如《舊唐書》李倓本傳就說：

> 時張良娣有寵，倓性忠謇，因侍上屢言良娣頗自恣，（李）輔國連結內外，欲傾動皇嗣。自是，日爲良娣、輔國所構，云：「建寧恨不得兵權，頗畜異志。」肅宗怒，賜倓死。既而省悟，悔之。〔註2〕

〔註1〕 黃永年撰：《唐肅宗即位前的政治地位和肅代兩朝中樞政局》，原刊中國唐史研究會編：《唐史研究會論文集》第224～249頁，西安，陝西人民出版社，1983。後收入氏著：《六至九世紀中國政治史》，第十一章《肅代兩朝中樞政局》（有刪改），第349～366頁，上海，上海古籍出版社，2004。
〔註2〕 《舊唐書》卷一一六《肅宗代宗諸子·承天皇帝倓傳》，第3385頁。

《舊傳》明確指出，正是由於張良娣、李輔國誣陷李倓有「異志」，李倓才因此被唐肅宗賜死。但不久之後，唐肅宗即明白眞相，並表示出後悔之情。此外，同傳還記載唐代宗即位後，對建寧王李倓一再追封的情況，略云：

> 及代宗即位，深思建寧之冤，追贈齊王。大曆三年五月，詔曰：「故齊王倓，承天祚之慶，保鴻名之光。降志尊賢，高才好學，藝文博洽，智略宏通。斷必知來，謀皆先事，識無不達，理至逾精。乃者寇盜橫流，鑾輿南幸。先聖以宸宸之戀，將侍君親；惟王以宗廟之重，誓寧家國。克協朕志，載符天時，立辨群議之非，同獻五原之計。中興之盛，實藉奇功。景命不融，早從厚夗，天倫之愛，震悼良深。流涕追封，胙于東海，頃加表飾，未極哀榮。夫以參舊邦再造之勤，成天下一家之業，而存未峻其等，歿未尊其稱，非所以旌徽烈，明至公也。朕以眇身，纘膺大寶，不及讓王之禮，莫申太弟之嗣，所懷靡殫，遐想逾切，非常之命，寵錫攸宜。敬用追諡曰承天皇帝，與興信公主第十四女張氏冥婚，諡曰恭順皇后。有司準式，擇日冊命，改葬于順陵，仍祔于奉天皇帝廟，同殿異室焉。」 〔註3〕

《新唐書·倓傳》所載略同，唯省簡大曆三年五月詔書。

根據李倓傳所載，李倓之死乃是統治集團內部權力之爭所造成，主要是受到張良娣（即後來之唐肅宗張皇后）及宦官李輔國的誣構，而被唐肅宗賜死。正因爲李倓係冤死，故而在廣平王李俶（即唐代宗）即位後，「深思建寧之冤，追贈齊王」；大曆三年，又追諡承天皇帝，葬於順陵，祔神主於奉天皇帝廟，同殿而異室，並以興信公主第十四女張氏爲之冥婚，諡爲恭順皇后。

從史料所反映的情況來看，唐代宗李豫對建寧王李倓一再追封，可謂恩寵備至。大曆三年五月的追諡詔書，字裏行間更是充滿親情，其中有對李倓品德、智識、勇武的稱讚，有對李倓豐功偉績的謳歌，更有唐代宗對手足情誼的戀慕追思。如此款款深情，的確令人爲之動容。唐代宗何以如此高調宣揚李倓之道德品行？又何以如此高規格地予以追諡、追封？唐代宗如此舉動難道僅僅是出於手足情深？抑或是認爲兄弟之死太過冤枉？如果確如史籍所說，李倓眞有冤情，那也主要是由唐肅宗所造成，唐代宗似乎沒有必要對死去的兄弟超出尋常的大加恩寵，除非他是心中別有隱情。

〔註3〕 《舊唐書》卷一一六《肅宗代宗諸子·承天皇帝倓傳》，第3386頁。

二、元帥之位的爭奪與儲位繼承

李樹桐氏曾將唐代帝位繼承分成三個時期，即：前期（從高祖到肅宗）是武力爭取時期；中期（從代宗到穆宗）則是嫡長子和平繼承時期；後期（從文宗到昭宗）是皇帝由宦官擁立的時期。〔註4〕李樹桐氏對於唐代帝位繼承歷史階段的劃分，乃是後人爲研究方便而做出的分期，身處歷史演進過程中的唐代宗和他的兄弟們自不會以唐代中期皇子的身份自命，不過，他們在面臨皇位繼承的時候，對於以何種方式繼承的問題，卻不可能不有所考慮。因爲無論嫡出庶出，只要身處政治權力運作的舞臺，就不免因爲受到權力的誘惑引而產生相應的心理變化。

廣平王李俶擁有嫡長子的身份，在皇位繼承權方面佔據先天的優勢地位。然而，唐代前期自「玄武門之變」開始，太宗、高宗、中宗、睿宗、玄宗，甚至包括廣平王的父親唐肅宗李亨在內，卻沒有一個人是以嫡長子的身份繼承帝位，對於大唐前期的這段皇位繼承史，廣平王李俶當然不可能一無所知。嫡長子繼承制在此前大唐帝位傳承史上，一直沒有能夠眞正落實，也是廣平王李俶面臨皇位繼承時的現實問題，此種狀況既然可以給予身爲嫡長子的廣平王李俶以嚴肅深刻的提醒，自然也就能夠開啓其他皇子的覬覦之心，特別是那些有雄才大略或是政治野心的皇子。

那麼，素有雄才偉略的建寧王李倓，究竟是不是一個對帝位有所企圖或非分之想的皇子呢？如果李倓對皇位心存覬覦，他就一定不會放棄對皇位的爭奪。歷史研究最難之處，並不是對複雜史實的考辨，而是對複雜人心的揣測，李倓究竟有無爭奪皇位的野心，包括廣平王李俶在內的所有當事者或旁觀者，誰也無法斷言或確定。竊意，欲推測或判斷建寧王李倓心中究竟有無異想，主要還是應該從他平時的言行舉止進行觀察。李倓的主要行跡，前揭《舊傳》有載，略云：

> 承天皇帝倓，肅宗第三子也。天寶中，封建寧郡王，授太常卿同正員。英毅有才略，善射。祿山之亂，玄宗幸蜀，倓兄弟典親兵扈從。車駕渡渭，百姓遮道乞留太子，太子諭之曰：「至尊奔播，吾不忍違離左右，俟吾見上奏聞。」倓於行宮謂太子曰：「逆胡犯順，四海分崩，不因人情，何以興復？夫有國家者，大孝莫若存社稷。今從至尊入蜀，則散關以東，非皇家所有，何以維屬人情？殿下宜購募豪傑，

〔註4〕 前揭氏著：《唐代帝位繼承研究》，《唐代研究論集》第1輯，第113～175頁。

暫往河西，收拾戎馬，點集防邊將卒，不下十萬人，（李）光弼、（郭）子儀，全軍河朔，謀為興復，計之上也。」廣平王亦贊成之，於是令李輔國奏聞。玄宗欣然聽納，乃分從官、士卒以遣之。〔註5〕

眾所週知，唐肅宗李亨在政治上能夠獲得成功，關鍵就在於玄宗幸蜀，行至馬嵬時，他分兵去靈武，也就是上引《舊傳》中所說的「暫往河西」。這是一個對後來政治全局有決定意義的決策，當然也具有較大的風險性。正是這個決定改變了大唐的歷史，尤其是唐肅宗個人的政治軌跡。就史籍所提供的信息來看，在這個關鍵性的問題上，建寧王李倓功當居首，正是他第一個勸說父親唐肅宗放棄隨玄宗入蜀，改道前往河西。儘管廣平王李俶在這個問題的判斷上和李倓意見一致，但他只是「亦贊成之」，也就是說，在分兵靈武、前往河西的決策商議中，廣平王李俶至多是一個積極的附和者，建寧王李倓才是首倡其謀的元從功臣。〔註6〕當然，其時主張前往靈武的倡議者中，還有李輔國、張良娣等人，如《舊唐書·李輔國傳》略云：

> 祿山之亂，玄宗幸蜀，輔國侍太子扈從，至馬嵬，誅楊國忠，輔國獻計太子，請分玄宗麾下兵，北趨朔方，以圖興復。輔國從至靈武，勸太子即帝位，以系人心。肅宗即位，擢為太子家令，判元帥府行軍司馬事，以心腹委之，仍賜名護國，四方奏事，御前符印軍號，一以委之。〔註7〕

可見，在唐肅宗決策北上河西、以圖興復的過程中，宦官李輔國同樣有元從之功。職此之故，唐肅宗即帝位以後，給予李輔國極大權力。李輔國的定策之功與李倓的首功並不矛盾，因為此事極為機密，當時唐肅宗所能依賴者，不過建寧王倓、廣平王俶、張良娣、李輔國數人而已，上述數人都是當時最核心的決策成員。〔註8〕

〔註5〕 《舊唐書》卷一一六《肅宗代宗諸子·承天皇帝倓傳》，第3384頁。

〔註6〕 《新唐書》卷八二《十一宗諸子·承天皇帝倓傳》：「大曆三年，有詔以倓當艱難時，首定大謀，排眾議，於中興有功，乃進諡承天皇帝，以興信公主季女張為恭順皇后，冥配焉，葬順陵，祔主奉天皇帝廟，同殿異室云。」（第3619頁）《新傳》所載清楚表明，唐代宗即位以後，對於李倓首倡前往河西萃兵的功績，仍然是認可，歐陽永叔、宋子京重修《唐書》，對此史料記載也持肯定態度。

〔註7〕 《舊唐書》卷一八四《宦官·李輔國傳》，第4759頁。

〔註8〕 對於建寧王李倓勸說唐肅宗的元從之功，前揭黃永年氏並不認可，詳參前揭氏著《唐肅宗即位前的政治地位和肅代兩朝中樞政局》，《唐史研究會論文集》，第224～249頁。按，黃氏此處論點過於偏激，若其說成立，則兩《唐書》、《資治通鑑》等所有相關記載全屬虛妄。故本文此處不取黃氏之說。

　　由以上分析可知，建寧王李倓乃是一個極具戰略眼光的皇子，他能夠在一片慌亂之中，首倡其謀地勸說父親分兵靈武，從而抓住轉瞬即逝的機會，並贏得政治成功。像這樣一個政治眼光超乎尋常，又一直處於權力運行中心的皇子，難道他在權力遊戲中就眞正甘心雌伏，而從來不生非分之想？至少在我看來，這種可能性微乎其微。除了首倡分兵靈武外，相關史籍還較爲詳細地記述了建寧王李倓對父親唐肅宗的「忠」、「孝」行爲，並因此贏得眾人的矚目與擁戴，據前揭《舊傳》云：

> 時敗卒膽破，兵仗不完，太子既北上，渡渭，一日百戰。倓自
> 選驍騎數百衛從，每蒼黃顚沛之際，血戰在前。太子或過時不得食，
> 倓涕泗不自勝，上尤憐之，軍士屬目歸於倓。〔註9〕

親領禁衛侍從，每每於蒼黃顚沛之際「血戰在前」，這是對父親唐肅宗的「忠」；「太子或過時不得食，倓涕泗不自勝」，這是對父親唐肅宗的「孝」。面對這樣的忠臣孝子，「上尤憐之，軍士屬目歸於倓」。對於李倓上述忠孝行爲，我們且不論它是發乎內心的眞誠，還是出於表面文章的造作，總之效果頗佳，因爲李倓既獲取了父親唐肅宗的特別信任，也贏得了廣大將士的普遍尊敬。

　　這種情況下，唐肅宗對於選擇誰爲繼承人，就不可能不心生猶豫。細繹史實，唐肅宗確曾考慮過以李倓作爲政治接班人，此事當非空穴來風。仍據前揭《舊傳》云：

> 至靈武，太子即帝位。廣平既爲元子，欲以倓爲天下兵馬元帥。
> 侍臣曰：「廣平王冢嗣，有君人之量。」上曰：「廣平地當儲貳，何
> 假更爲元帥？」左右曰：「廣平今未冊立，艱難時人尤屬望於元帥。
> 況太子從曰撫軍，守曰監國。今之元帥，撫軍也，廣平爲宜。」遂
> 以廣平爲元帥，倓典親軍，李輔國爲元帥府司馬。〔註10〕

「太子從曰撫軍，守曰監國」，唐肅宗豈能不知！因此，唐肅宗「欲以倓爲天下兵馬元帥」，所蘊含的政治傾向甚爲明顯，清楚地展示出他對建寧王李倓所寄予的厚望。然而，由於「侍臣」、「左右」都明確表示支持廣平王李俶，唐肅宗無奈之下，只能以廣平王出任元帥，而以李倓典掌禁衛親軍。上述引文中的「侍臣」、「左右」，究竟是虛指還是實指，不僅《舊傳》未載，《新傳》也無明示。不過，司馬溫公在《資治通鑒》中，對上述「侍臣」、「左右」的

〔註 9〕　《舊唐書》卷一一六《肅宗代宗諸子・承天皇帝倓傳》，第 3384 頁。
〔註 10〕　《舊唐書》卷一一六《肅宗代宗諸子・承天皇帝倓傳》，第 3384 頁。

眞面目卻有記載，據《資治通鑑》唐肅宗至德元載九月條略云：

> 上欲以倓為天下兵馬元帥，使統諸將東征，李泌曰：「建寧誠元
> 帥才；然廣平，兄也。若建寧功成，豈可使廣平為吳太伯乎！」上
> 曰：「廣平，冢嗣也，何必以元帥為重！」泌曰：「廣平未正位東宮。
> 今天下艱難，眾心所屬，在於元帥。若建寧大功既成，陛下雖欲不
> 以為儲副，同立功者其肯已乎！」太宗、上皇，即其事也。（胡注：
> 謂皆以有定天下功承大統。）上乃以廣平王俶為天下兵馬元帥，諸將皆
> 以屬焉。倓聞之，謝泌曰：「此固倓之心也！」〔註11〕

據此可知，《舊傳》所說「侍臣」、「左右」，李泌就是其中的代表人物。易言
之，促使唐肅宗放棄建寧王李倓，最後決定以廣平王李俶出任元帥，李泌乃
是其中一個關鍵性人物。

那麼，李泌又是以什麼說辭打動唐肅宗，令其放棄已有想法的呢？李泌
用以勸說唐肅宗者，皆為大唐故事，稍遠者為唐初之太宗，近者則為太上皇
唐玄宗，此二帝「皆以有定天下功承大統」，可謂直接戳中要害！如果唐肅宗
堅持以建寧王李倓擔任兵馬元帥，則太宗、玄宗奪嫡故事可能重演，而一旦
發生這種情況，對唐肅宗及其政治集團而言，必將造成致命傷害。需知其時
安史叛軍勢力正熾，自己本根未穩，如果這時候內部再發生不可預知方向的
權力之爭，其後果眞的難以想像！所以，李泌「太宗、上皇，即其事也」，可
謂一語醍醐，令唐肅宗立刻警醒！

李泌其人在唐肅宗、代宗兩朝的政治舞臺上，均頗有影響。據《舊唐書‧
李泌傳》略云：

> 天寶末，祿山構難，肅宗北巡，至靈武即位，遣使訪召。會泌
> 自嵩、潁間冒難奔赴行在，至彭原郡謁見，陳古今成敗之機，甚稱
> 旨，延致臥內，動皆顧問。泌稱山人，固辭官秩，特以散官寵之，
> 解褐拜銀青光祿大夫，俾掌樞務。至於四方文狀、將相遷除，皆與
> 泌參議，權逾宰相，仍判元帥廣平王軍司馬事。肅宗每謂曰：「卿當
> 上皇天寶中，為朕師友，下判廣平王行軍，朕父子三人，資卿道義。」
> 其見重如此……
>
> 數年，代宗即位，召為翰林學士，頗承恩遇。〔註12〕

〔註11〕 《資治通鑑》卷二一八唐肅宗至德元載（756）九月，第6995～6996頁。
〔註12〕 《舊唐書》卷一三〇《李泌傳》，第3621頁。

從中可知，李泌在唐肅宗朝一度有權參與中樞決策，在隨後的唐代宗朝也「頗承恩遇」。李泌在肅、代兩朝政治上的地位，既緣於他在唐玄宗天寶時期，與唐肅宗曾有師友之誼；更緣於分兵靈武之際，李泌出任「判元帥廣平王軍司馬事」一職。這也就是說，在政治立場上，李泌是有所歸屬的，他一直就是廣平王李俶的堅定支持者，這應當是李泌力促唐肅宗放棄以建寧王李倓出任兵馬元帥的根本原因。〔註13〕

對於李泌支持廣平王李俶而反對自己出任兵馬元帥一事，建寧王李倓作何反應？上引《資治通鑒》的記述云：「倓聞之，謝泌曰：『此固倓之心也！』」李倓聞之而謝，當然不可能是他的眞心話，只不過是李倓在既成事實面前，不得不直面現實而擺出的一種高姿態。

基於以上分析，我認爲：從唐肅宗決定以廣平王出任兵馬元帥起，廣平王李俶和建寧王李倓兄弟二人在政治上的輸贏已現端倪。當然，這個結果並非完全出於唐肅宗的本意，其中包含有唐肅宗爲保存權力現狀而不得不同左右侍臣做出必要妥協之內容。當時唐肅宗所以要做出適當的妥協，完全是形勢使然，主要是因爲他在靈武匆忙即位，政權亦屬臨時組織起來，半壁江山尙在異姓手中，父親唐玄宗雖遠在巴蜀，但餘威猶在。儘管身在局中，但對於自己的政治處境，唐肅宗還是頗爲清楚，靈武草草即位，實與竊奪無異，隨時可能面臨來自各方面，尤其是他兄弟們的揣測或質疑。〔註14〕

〔註13〕 對於李泌在肅、代兩朝政治上的地位與作用，前揭黃永年氏認爲諸史所引之《鄴侯家傳》多誇飾之詞，不足爲信。我贊同黃氏的這個判斷，也就是說，李泌在肅、代兩朝的政治地位，並無《家傳》所描述的那樣崇重。不過，在決定建寧王李倓還是廣平王李俶出任兵馬元帥一事上，李泌堅定支持廣平王李俶，則沒有疑義。《資治通鑒》卷二一八唐肅宗至德元載（756）九月胡注引《通鑒考異》（第 6996 頁），其中所引《鄴侯家傳》曾言及唐肅宗喝斥李光弼、郭子儀事，其事確有吹捧李泌之嫌，故司馬溫公捨而不取，自屬卓見。但其中講到李泌與廣平王的親密關係，以及李泌支持廣平王等情節，則顯屬史實。這也就是說，在建寧王李倓和廣平王李俶之間，李泌一直都堅定地站在廣平王李俶一邊。再就當時唐肅宗所面臨的局勢看，李泌的意見確實又很有分量，儘管李泌在後來的肅、代兩朝政壇上並無多麼顯赫的政治地位。

〔註14〕 按，永王李璘起兵爭奪，就是最好的說明。永王李璘之所以產生窺覦之心，除了和他當時坐擁江南雄藩大鎮、實力強勁有關係外，可能還與唐玄宗對他寄予某種期望有些關係。據《舊唐書》卷一○七《玄宗諸子·永王璘傳》載：「永王璘，玄宗第十六子也……天寶十四載十一月，安祿山反范陽。十五載六月，玄宗幸蜀，至漢中郡，下詔以璘爲山南東路及嶺南·黔中·江南西路四道節度採訪等使、江陵郡大都督，餘如故。璘七月至襄陽，九月至江陵，召募士將數萬人，恣情補署，

　　除此而外，唐肅宗即位時的大唐已非是貞觀、開元時的強盛大唐了，帝國已經陷入混亂之中。再從個人能力來說，唐肅宗也沒有前輩唐太宗、玄宗那樣的雄才偉略，並不足以強力把控其時的政治局面，自然也就不可能像其前輩那樣，僅憑一己之意願即可做出果決的政治判斷。具體表現在這次兵馬元帥的人選問題上，那就是經過對利弊的反覆權衡之後，唐肅宗最後只能遷就「侍臣」，從而放棄自己更為看重的建寧王李倓。

　　從有限的史料中，我們似乎隱約感覺到唐肅宗的些許無奈。唐肅宗的這種無奈，既是因為皇位尚未企穩，亦因自己以帝皇之尊，卻無法就兵馬元帥一職的人選做出決定，而這原本不過只是一次人事任命，並非多麼重大的政治決策。然而，不論唐肅宗的心中有多少無奈，這次過程並不順利的人事任命，卻埋下了後來建寧王李倓被賜死的伏筆。

三、權力之爭與建寧王李倓之死因

　　關於建寧王李倓之死的原因，前揭《舊傳》有兩段記述，略云：

> 時張良娣有寵，倓性忠謇，因侍上屢言良娣頗自恣，輔國連結內外，欲傾動皇嗣。自是，日為良娣、輔國所構，云：「建寧恨不得兵權，頗畜異志。」肅宗怒，賜倓死。既而省悟，悔之。

> 明年冬，廣平王收復兩京，遣判官李泌入朝獻捷。泌與上有東宮之舊，從容語及建寧事，肅宗改容謂泌曰：「倓於艱難時實得氣力，無故為下人之所間，欲圖害其兄，朕以社稷大計，割愛而為之所也。」

〔註15〕

江淮租賦，山積於江陵，破用鉅億。以薛鏐、李臺卿、蔡坰為謀主，因有異志。肅宗聞之，詔令歸覲于蜀，璘不從命。」（第3264頁）前揭黃永年氏曾指出，「馬嵬事變」後，唐肅宗向玄宗提出分兵靈武，玄宗未多考慮便答應其請求，主要因為當時玄宗對形勢估計不足，其時玄宗對於身為太子的唐肅宗實際上充滿輕視，完全不會想到肅宗在到達靈武之後竟敢先斬後奏，搶班奪權式地登上帝位。（前揭氏著：《唐肅宗即位前的政治地位和肅代兩朝中樞政局》，《唐史研究會論文集》，第224～249頁。）循黃氏思路，我認為正是由於當時對唐肅宗心存輕視，故而唐玄宗在前往巴蜀途中，至漢中郡時下詔任命永王李璘為江陵郡大都督，對李璘的這個任命，實際正反映了唐玄宗當時對李璘所寄予的厚望，也就是說，唐玄宗的本意是希望以江南為基地、由永王李璘承擔起復興重任。永王李璘在奉玄宗詔命起兵後，勢力發展很快，並旗幟鮮明地拒絕了唐肅宗的詔令，其根本原因正在於此。由此進一步反證，在靈武匆忙即位的唐肅宗，其時的政治號召力十分有限，這很大程度上又是由於其帝位的獲得，本來就非名正言順。

〔註15〕《舊唐書》卷一一六《肅宗代宗諸子‧承天皇帝倓傳》，第3385頁。

細析之，這兩段取自《舊傳》的史料，彼此不無矛盾扞格。前一段是說唐肅宗聽信張良娣、李輔國等人讒言，從而賜死李倓，後來醒悟而頗感懊悔。後一段卻說李倓因被「下人之所間，欲圖害其兄」，即李倓受人蠱惑利用，企圖謀害其兄廣平王李俶，唐肅宗出於江山社稷大計之考慮，不得已而賜死李倓。

這兩段自相矛盾的材料，究竟隱含著什麼樣的眞相？唐肅宗賜死建寧王李倓，到底是因爲受到左右蒙蔽的一時衝動，還是迫不得已的「割愛而爲之」呢？結合前文分析，我認爲，賜死建寧王李倓，應該是唐肅宗迫不得已的忍痛割愛。如前所言，當初放棄以建寧王李倓出任兵馬元帥的打算，就已經是迫於壓力之下的無奈之舉。這個時候賜死李倓，依然是唐肅宗又一次的迫不得已，是他迫於張良娣、李輔國等人的政治壓力，不得已而賜死李倓。

張良娣、李輔國等人給唐肅宗施加的政治壓力，原因自有不同。以言張良娣，她之所以產生清除建寧王李倓的想法，其中一個重要動機，應當是她想爲親生兒子將來繼承儲位，首先清除掉一個潛在的強力競爭對手，這是因爲建寧王李倓在唐肅宗諸子當中，政治軍事才能最爲突出，除掉他至少能給親生兒子增加一份繼承儲位的機會。〔註16〕如果說張良娣剷除建寧王李倓，理由還可以理解，那麼，李輔國爲何要排陷建寧王李倓？

我們考察歷史人物的政治活動，首先必須分析其動機或目的所在。李輔國爲何要構陷李倓？首先，李輔國不可能是爲了自己將來能夠做皇帝，因此他就必然有支持的對象。諸多史實均清楚地標示，李輔國所支持或選擇的政治對象，就是廣平王李俶。因此，這裏我們只要把李輔國看成是廣平王的支持者，就完全可以將李輔國、張良娣對建寧王李倓的構陷，看成是建寧王與廣平王兩股種政治勢力之間的權力之爭。在這場權力爭奪中，唐肅宗對政爭雙方的實力進行反覆權衡之後，才造成了建寧王李倓被賜死的最終結局。

〔註16〕 在解釋張良娣剷除李倓的動機時，必須考慮到她的這個想法。據《舊唐書》卷一二六《李揆傳》載：「時（唐）代宗自廣平王改封成王，張皇后有子數歲，陰有奪宗之議。」（第3560頁）這段史料記載，對於我們解讀張氏的政治心態十分重要，它清楚地表明，張氏後來對廣平王（即唐代宗）的儲位都產生過奪而代之的想法，那麼就不能排除她當初清除建寧王的時候，也曾受此種想法的影響甚至是支配。再到後來，張氏親生兒子死去，她竟然準備擁立越王李係以取代廣平王，則主要是希望通過對李係的掌控達到專制朝政的目的，因爲在她看來，越王李係更容易操縱。張氏對於廣平王猶且如此猜防，那麼對能力更強的建寧王李倓，更爲忌恨也就容易理解了。

　　李輔國是否支持廣平王李俶，可以通過如下幾段史料加以驗證。第一條史料與李揆有關，據《舊唐書·李揆傳》略云：

　　　　李揆字端卿，隴西成紀人，而家于鄭州，代為冠族……時代宗
　　　　自廣平王改封成王，張皇后有子數歲，陰有奪宗之議。揆因對見，
　　　　肅宗從容曰：「成王嫡長有功，今當命嗣，卿意何如？」揆拜賀曰：
　　　　「陛下言及於此，社稷之福，天下幸甚，臣不勝大慶。」肅宗喜曰：
　　　　「朕計決矣。」自此頗承恩遇，遂蒙大用。〔註17〕

第二條史料依然與李揆有關，據《舊唐書·李輔國傳》略云：

　　　　中貴人不敢呼其（按，指李輔國）官，但呼五郎。李揆，山東甲族，
　　　　位居台輔，見輔國執子弟之禮，謂之五父。〔註18〕

從第一條史料可知，李揆乃是廣平王李俶的堅定支持者，在唐肅宗立廣平王為儲君的決策過程中，李揆立有大功。第二條史料，則清楚地告訴我們，李揆和李輔國之間有著非比尋常的親密關係，李揆雖出自山東甲族，且位居台輔，見李輔國時仍然「執子弟之禮，謂之五父」。由此我們可以推斷，李輔國和李揆一樣，同屬於支持廣平王李俶的政治集團，易言之，在唐肅宗諸子中，李輔國的支持對象，正是廣平王李俶。

　　李輔國支持廣平王李俶，還有一事可證。我們注意到，唐肅宗臨終前，統治集團內部發生了張皇后和李輔國之間的火併事件，這場統治集團內部權力爭奪的結果是，張皇后及越王李係等一派被李輔國等人所殺。此事始末，《舊唐書·代宗紀》有載，略云：

　　　　寶應元年四月，肅宗大漸，所幸張皇后無子，后懼上功高難制，
　　　　陰引越王係於宮中，將圖廢立。乙丑，皇后矯詔召太子。中官李輔國、
　　　　程元振素知之，乃勒兵於凌霄門，俟太子至，即衛從太子入飛龍廄以
　　　　俟其變。是夕，勒兵於三殿，收捕越王係及內官朱光輝、馬英俊等禁
　　　　錮之，幽皇后於別殿。丁卯，肅宗崩，元振等始迎上於九仙門，見群
　　　　臣，行監國之禮。己巳，即皇帝位於柩前。甲戌，詔：「國之大事，
　　　　戎馬為先，朝有舊章，親賢是屬。故求諸必當，用制於中權；存乎至
　　　　公，豈漸於內舉。特進、奉節郡王适可天下兵馬元帥。」乙亥，以兵
　　　　部尚書、判元帥行軍、閑廄等使李輔國進號尚父，飛龍閑廄副使程元

〔註17〕《舊唐書》卷一二六《李揆傳》，第3559～3560頁。
〔註18〕《舊唐書》卷一八四《宦官·李輔國傳》，第4760頁。

振爲右監門將軍。流宦官朱光輝、啖庭瑤、陳仙甫等於黔中。〔註19〕
此事《舊唐書》卷五二《后妃下·肅宗張皇后傳》、卷一八四《宦官·程元振傳》均有記載，內容和上引《舊紀》基本相同，即認爲張皇后因爲懼怕唐代宗（即廣平王李俶）「功高難制」而準備將其廢黜，並代之以越王李係，結果此事被李輔國、程元振等宦官偵知，李、程諸宦官遂擁立唐代宗，並武力剿除張皇后及其黨羽。

然而，《舊唐書·越王係傳》、《資治通鑑》記載此事，與上述諸史所載，就明顯不同。因爲這兩處史料記載，均認爲張皇后當時提議與太子（即後來之唐代宗）聯手，剷除李輔國等宦官，卻遭到太子拒絕，張皇后不得已只好聯絡越王李係，與之合謀共誅宦官。不料事情敗露，張皇后、越王李係等人遂爲李輔國、程元振等宦官所殺。茲錄《舊唐書·越王係傳》以供分析：

> 越王係，本名儋，肅宗第二子也……

> 寶應元年四月，肅宗寢疾彌留。皇后張氏與中官李輔國有隙，因皇太子監國，謀誅輔國，使人以肅宗命召太子入宮。皇后謂太子曰：「賊臣輔國，久典禁軍，四方詔令，皆出其口。頃矯制命，逼徙聖皇。今聖體彌留，心懷怏怏，常忌吾與汝。又聞射生內侍程元振結託黃門，將圖不軌，若不誅之，禍在頃刻。」太子泣而對曰：「此二人是陛下勳舊內臣，今聖躬不康，重以此事驚撓聖慮，情所難任。若決行此命，當出外徐圖之。」后知太子難與共事，乃召係謂之曰：「皇太子仁惠，不足以圖平禍難。」復以除輔國謀告之，曰：「汝能行此事乎？」係曰：「能。」后令內謁者監段恒俊與越王謀，召中官有武勇者二百餘人，授甲於長生殿。是月乙丑，皇后矯詔召太子，程元振伺知之，告輔國。元振握兵於凌霄門候之，太子既至，以難告。太子曰：「必無此事。聖羔危篤，吾豈懼死不赴召乎？」元振曰：「爲社稷計，行則禍及矣。」遂以兵護太子匿於飛龍廄。丙寅夜，元振、輔國勒兵於三殿前，收捕越王及同謀內侍朱光輝、段恒俊等百餘人禁繫，幽皇后於別殿，侍者十數人隨之。是日，皇后、越王俱爲輔國所害。〔註20〕

《資治通鑑》卷二二二唐代宗寶應元年四月條所載與此略同。

按，上述《舊傳》的說法不能成立，原因是《舊書·越王係傳》與《資

〔註19〕 《舊唐書》卷一一《代宗紀》，第268頁。
〔註20〕 《舊唐書》卷一一六《肅宗代宗諸子·越王係傳》，第3382～3383頁。

－293－

治通鑑》的記載均參考了《肅宗實錄》，而《肅宗實錄》又是唐代宗時期元載主持修定，其時李輔國、程元振均已垮臺，史臣為隱晦唐代宗係李輔國等宦官擁立的真相，遂刻意歪曲了相關事實。〔註21〕這也就是說，在唐肅宗、代宗之際多變的權力爭奪局面下，李輔國始終是廣平王李俶的支持者，而且最後正是在李輔國的擁立下，廣平王李俶才得以順利繼承帝位。

另外，前揭《舊唐書·李輔國傳》還有這樣一段記載，頗值得玩味：

> 代宗即位，輔國與程元振有定策功，愈恣橫，私奏曰：「大家但內裏坐，外事聽老奴處置。」代宗怒其不遜，以方握禁軍，不欲遽責，乃尊為尚父，政無巨細，皆委參決。五月，加司空、中書令，食實封八百戶。〔註22〕

這段文字記載，常被用作論證唐代宦官專權的史料。實際上，這段文字還有繼續深入挖掘的價值。從字面上看，這是寫唐代宗與李輔國君臣之間因權力之爭而產生矛盾，然而，凡事皆一體兩面，這段文字如果從另外一方面看，還曲折隱晦地寫出了唐代宗和李輔國之間的密切關係。我認為，李輔國因為定策擁立之功而愈加恣橫，並私奏「大家但內裏坐，外事聽老奴處置」云云，正從一個側面反映出他和唐代宗之間深遠的政治淵源，若非曾經有親密至極之政治聯帶關係，李輔國就是再怎麼「恣橫」，也決不會公然說出如此「大逆不道」的話語。至於後來李輔國被代宗所殺，那只是唐代宗在帝位穩固以後，君臣二人因為權力之爭而出現的必然結果。〔註23〕

要之，在建寧王李倓和廣平王李俶的權力爭奪中，後者得到了來自李輔國等人的強力支持，正是以李輔國等強援為後盾，廣平王李俶不僅成功出任兵馬元帥，並最終造成建寧王李倓被賜死，李倓之死並非簡單的誣陷所致，而是統治集團內部權力之爭的結果。〔註24〕

〔註21〕 前揭拙撰：《讀〈太平廣記〉卷二七七「代宗」條引〈杜陽雜編〉——兼論唐玄宗與李輔國之死》，《文史》2003年第4輯，第147～162頁。

〔註22〕 《舊唐書》卷一八四《宦官·李輔國傳》，第4761頁。

〔註23〕 前揭拙撰：《讀〈太平廣記〉卷二七七「代宗」條引〈杜陽雜編〉——兼論唐玄宗與李輔國之死》，《文史》2003年第4輯，第147～162頁。

〔註24〕 呂思勉氏就曾指出，建寧王李倓與廣平王李俶之間的爭鬥，從分兵靈武時既已展開，就權力之爭的層面說，本無是非可言，呂氏云：「肅宗性頗昏庸，又其得位不以正，故張良娣、李輔國、廣平、建寧等，遂乘之竊權爭位焉……故知二王之爭，實乘非常之際，各樹黨圖握兵以求位，不能以繼嗣之常法，判其曲直也……代宗既獲為元帥，其與建寧之爭，勝負已定。」（前揭《隋唐五代史》第五章《安史亂後形勢》之第一節《代宗之立》，第234～236頁。）

　　這裏還要再說一下前面提到的李泌，因爲就在建寧王李倓被賜死以後，李泌又專門同唐肅宗談及其事，由此或可進一步分析李泌的政治傾向。據前揭《舊唐書·李倓傳》略云：

　　　　明年冬，廣平王收復兩京，遣判官李泌入朝獻捷。泌與上有東宮之舊，從容語及建寧事，肅宗改容謂泌曰：「倓於艱難時實得氣力，無故爲下人之所間，欲圖害其兄，朕以社稷大計，割愛而爲之所也。」泌對曰：「爾時臣在河西，豈不知其故。廣平兄弟，天倫篤睦，至今廣平言及建寧，則嗚咽不已。陛下之言，出於讒口也。」帝因泣下曰：「事已及此，無如之何！」泌因奏曰：「臣幼稚時念《黃臺瓜辭》，陛下嘗聞其說乎？高宗大帝有八子，睿宗最幼。天后所生四子，自爲行第，故睿宗第四。長曰孝敬皇帝，爲太子監國，而仁明孝悌。天后方圖臨朝，乃鴆殺孝敬，立雍王賢爲太子。賢每日憂惕，知必不保全，與二弟同侍於父母之側，無由敢言。乃作《黃臺瓜辭》，令樂工歌之，冀天后聞之省悟，即生哀愍。辭云：『種瓜黃臺下，瓜熟子離離。一摘使瓜好，再摘令瓜稀，三摘猶尚可，四摘抱蔓歸。』而太子賢終爲天后所逐，死于黔中。陛下有今日運祚，已一摘矣，愼無再摘。」上愕然曰：「公安得有是言！」時廣平王立大功，亦爲張皇后所忌，潛構流言，泌因事諷動之。〔註25〕

上述唐肅宗與李泌的談話內容，乍看上去，字字都是圍繞建寧王李倓說事，但字字其實又都是在說廣平王李俶。從表面上看，李泌是在述說建寧王李倓之冤情，但其眞正目的並不是爲了給李倓洗刷冤屈，而是爲了引起肅宗對廣平王李俶的關注。李泌特別強調指出，李倓死後，「至今廣平言及建寧，則嗚咽不止」，這是在告訴唐肅宗，廣平王李俶是如何地看重兄弟情義。及肅宗自己表示出後悔之意，李泌又趁勢向他講起了《黃臺瓜辭》的故事，其用意更是爲了保護廣平王李俶，希望通過對大唐往事的追述，規勸肅宗「已一摘矣，愼無再摘」，亦即提醒肅宗不要讓廣平王李俶也被「僭構流言」所傷。

　　如果《舊傳》此處所載不虛，此事還是能夠體現出李泌的政治智慧。何以言之？

　　其一，李泌顯然清楚唐肅宗對建寧王李倓之死一直耿耿於懷，甚至不無惋惜，在這種情況下，李泌當著唐肅宗的面對建寧王李倓大加讚美，自然可

〔註25〕《舊唐書》卷一一六《肅宗代宗諸子·承天皇帝倓傳》，第3385頁。

以博得肅宗的共鳴。其二，建寧王李倓既死，這一政治對手已不復存在，就是再多的讚美之辭，也無損於廣平王李俶的利益，對李泌本人亦無不利之處。其三，廣平王李俶此時的儲君地位，依然不夠穩定，借建寧王李倓之死講故事，勸說肅宗勿聽信對太子不利的謠言，更是於死者無助而於生者有益的妙著。

基於以上三點，我認為，從訴說建寧王之冤情，到借《黃臺瓜辭》說故事，都是李泌耍弄的政治手腕，而且取得了良好的政治效果。就這樣，建寧王李倓在死後還被李泌利用了一回，給廣平王李俶的儲君地位又增加了一道保險。總之，在建寧王李倓與廣平王李俶的權力博弈中，李泌先是極力勸說唐肅宗立廣平王李俶為天下兵馬元帥，初衷並非出於國家利益，只是為一己之私利選擇廣平王而已；繼而在建寧王李倓既死的情況下，通過講故事的方式，再次襄助廣平王一把。可以說，和李輔國一樣，李泌從始至終都是廣平王李俶的忠實擁護者。

四、唐代宗「手足情深」之眞相

無情最是帝王家，帝王家的一切殘酷無情，全部源於對權力的追逐。這種權力追逐從表面上看，多在皇子之間展開，其實更值得關注的是，皇子們身後各種政治勢力之間的博弈。權益既得者為維護業已取得的各項利益，或無端妄生猜疑，或頻起冤獄，對那些可能的潛在威脅者進行無情打壓；覬覦者則隱忍蟄伏，等待時機，隨時準備擁立或扶植新的代言人作為陞遷的手段。這種為了爭奪最高統治權而展開的權力鬥爭，可謂你死我活，歷朝歷代，不勝枚舉。

當親人被作為敵人趕盡殺絕，當昔日的政治敵手已經不再構成威脅，這些無情帝王又常常出於籠絡人心的目的，而虛情假意地展示他們「人性的悲憫」，實際上這絕非他們人性的復甦，只能是一種良心自我救贖的企圖，更是權力之爭勝利者的固有姿態。僅以唐代前期而言，勝利者在事後追諡或追封權力角逐中的失敗者，就不乏其例，如前揭呂思勉氏就曾明確指出：「唐高宗子弘之死，時人以為武后所酖，乃追諡為孝敬皇帝，蓋以息物議也。玄宗既篡儲位，兄憲死，追諡為讓皇帝。肅宗立，亦追諡其兄琮曰奉天皇帝。代宗則追諡建寧曰承天。蓋其得位皆有慚德，其為是，正所以掩其爭奪之迹也。失禮之本意矣。合於經義、故事與否，又何足論？」〔註26〕由此可知，唐代

〔註26〕《隋唐五代史》（下冊）第二十章《隋唐五代政治制度》之第一節《政體》，第 1057 頁。

前期倒是有這樣一個傳統，即權力爭奪的勝利者，在登上帝位以後，往往要追諡當初與自己競逐權力而死去的親人。然而，正如呂思勉氏所說，他們這麼做，只是因爲「其得位皆有慚德，其爲是，正所以掩其爭奪之迹也」，亦即因爲心中有愧，同時也是爲了掩蓋權力之爭的醜陋眞相，並非眞正出於手足親情。

循此思路，我們似乎可以解釋唐代宗爲何一再追封建甯王李倓，而且追封規格如此之高的原因了。從政治才幹來說，唐代宗肯定不如建甯王李倓，從靈武分兵開始，兄弟之間的權力之爭就已經展開，唐代宗最後獲得勝利，實際上得力於其背後政治勢力的支持。在權力爭奪的過程中，唐代宗及其所在勢力集團迫使唐肅宗賜死了建甯王李倓。即使是在建甯王李倓死後，他的故事還被唐代宗的支持者李泌利用了一回。所以說，在兄弟之間的權力爭奪過程中，廣平王李俶是從始至終的受益人，建甯王李倓則是地地道道的輸家。當帝位既穩，當建甯王李倓已成往事之後，也許是心中的親情發作，也許是爲了減輕內心深處的歉疚感、負罪感，當然更有可能是出於籠絡人心之考慮，唐代宗這才一次又一次地高規格追封建甯王李倓。

總而言之，建甯王李倓之死絕非史籍記載的那麼簡單，李輔國和張良娣的幾句誣陷之詞並不足以致其於死地。建甯王李倓之死的眞正原因，在於他和廣平王李俶之間的權力之爭，史籍所載李輔國等人對李倓的中傷，都可以視爲廣平王李俶一派對李倓的政治攻擊。對於雙方的權力爭奪，其時唐肅宗因爲帝位尙未企穩等原因，只能在權衡利弊的情況下，迎合政治上的實力派而無奈地選擇賜死建甯王李倓。

至於諸史記載此事頗多曲折隱晦，我們往往只看到唐代宗追封兄弟的「手足情深」，卻很難看出其中權力爭奪的殘酷，這主要是因爲修史者面對政治壓力，不能不從勝利者的要求出發而小心翼翼地掩蓋事實眞相。然而，歷史無情亦有情，隻手終究難以盡掩天下萬千之耳目，透過唐代宗超乎尋常追封的迷霧，通過對史家避諱所遺細節的探賾訪幽，我們畢竟還是能夠在一定程度上還原歷史的本來面目。

晚唐五代沙州淨土寺相關籍帳文書試釋

　　唐耕耦、陸宏基氏所編《敦煌社會經濟文獻眞蹟釋錄》第三輯，主要收錄反映社會經濟方面的敦煌文書，其中也兼收少量吐魯番等地出土文書。〔註1〕在所收錄的眾多文書中，其中有一批可以確定爲屬於晚唐五代時期沙州淨土寺或與之有密切關係的籍帳文書，共計有 14 件。〔註2〕

　　這批屬於沙州淨土寺的籍帳文書，主要記錄了其間淨土寺各種收入與支出的情況。通過對淨土寺收支情況的剖析，不僅可以深化對敦煌地區寺院經濟在其間的發展狀況，以及寺院經濟運行模式等問題的研究，還有助於我們從社會習俗、宗教信仰等方面，多角度地認識和理解晚唐五代敦煌地區的發展全貌。〔註3〕認識和理解這批文書的內容和性質，是所有研究工作的前提和

〔註1〕唐耕耦、陸宏基編：《敦煌社會經濟文獻眞蹟釋錄（第三輯）》「編例」，第 1 頁。北京，全國圖書館文獻縮微複製中心，1990。

〔註2〕唐宣宗大中二年（848），沙州人民起義結束了沙州七十餘年的吐蕃佔領時期，851 年，沙州起義的首領張議潮被唐朝中央政府任命爲歸義軍節度使，沙州地區從此進入綿延一百八十餘年的歸義軍時期。學界習慣將歸義軍政權統治時期分爲前後兩個階段：前期（851～914），通常稱爲「張氏歸義軍時期」，其間包括索勳政變（890～894）和 905 年後一度建立的「西漢金山國」；後期（914～1036），又稱「曹氏歸義軍時期」。（詳參姜伯勤 撰：《唐五代敦煌寺戶制度》，第 115 頁，北京，中國人民大學出版社，2011。）本文所述淨土寺籍帳文書，從時間分佈上來看，大致從 911 年到 982 年，即從後梁到北宋初年，其時敦煌地區正處於歸義軍政權統治的後期──曹氏歸義軍時期。由於學界在習慣上往往把歸義軍政權統治時期概稱爲晚唐五代時期，故本文將這批與沙州淨土寺有關的籍帳文書，也概括稱爲晚唐五代沙州淨土寺籍帳文書。

〔註3〕唐耕耦氏曾對五件屬於淨土寺的入破歷算會稿（時間分別 939、942、943、944、945 年），進行過綴合復原，並從會計文書的角度對這批籍帳進行專題研究，其研究結論爲我們進一步探討淨土寺財物收支、僧侶日常生活開支、寺院與俗世社會之間的經濟關係，以及敦煌地區寺院經濟的運行模式等問題奠定了

基礎。當然，我們也可以籠而統之地用一句話概括，說這批籍帳文書乃是淨土寺的收支明細帳目。這樣的概括或論斷自然完全正確，但是對於我們進一步的深入研討，卻不會有實質性幫助，是以有必要對這批籍帳文書的內容和性質稍作具體闡釋。

從這批籍帳文書的內容和形式來看，大致可將其分為「領得歷」、「入歷」、「破歷」、「入破歷」四類，只有《後唐清泰三年（公元 936 年）沙州儭司教授福集等狀》較為特殊，與其他幾份明顯不同，並非淨土寺的財務籍帳文書，而是沙州儭司教授福集等人就沙州儭司所管理的「大眾儭利」向全體寺院所做的財務決算報告。

鑒於「入破歷」整體篇幅較長，內容也更為複雜，故本文只討論「領得歷」、「入歷」和「破歷」，對於「入破歷」，將另外撰文討論。另外，《後唐清泰三年（936）沙州儭司教授福集等狀》雖然從性質上與以上幾類籍帳存在較大差異，但考慮到這個報告是福集等人在淨土寺所作，故本文「附論」部分，對這份文書也略加剖析。

一、領得歷──財物交接明細帳目

「領得歷」的性質屬於財物交接明細帳目，所收錄的淨土寺「領得歷」只有一件，即第 116～118 頁的 P.3638 號《辛未年（公元 911 年）正月六日沙州淨土寺沙彌善勝領得歷》。該件文書今存 62 行，時間為公元 911 年。〔註4〕池田溫氏《中國古代籍帳研究》第 468～469 頁，對此亦有著錄。〔註5〕為方便考釋，茲將本籍帳移錄於下：

  1. 辛未年正月六日，沙彌善勝於前都師慈恩手上，現領得

  2. 函櫃鐺鏃梡楪氈褥門户鑠鑰，一一詣實，抄錄如後：

  3. 拾碩櫃壹口，像鼻屈釟並全 在李上座。柒碩櫃壹口並像鼻

  4. 全。針線櫃壹口，像鼻屈釟並全 在李老宿房。又拾伍碩新櫃壹

  5. 口，像鼻屈釟並全。參拾碩陸腳櫃壹口。貳拾碩櫃一口。

堅實基礎。當然，唐氏的關注也從一個側面表明這批屬於淨土寺的籍帳文書，在敦煌籍帳研究領域具有重要參考價值。詳參唐耕耦 撰：《敦煌寺院會計文書研究》第二章第二節《五件淨土寺諸色入破歷算會稿殘卷綴合》，第 77～280頁，臺北，新文豐出版公司，1997。

〔註 4〕公元 911 年相當於後梁太祖乾化元年，處於敦煌「西漢金山國」統治時期，也是歸義軍政權由前期（張氏政權）向後期（曹氏政權）的轉折過渡時期。

〔註 5〕【日】池田溫撰，龔澤銑譯：《中國古代籍帳研究》，北京，中華書局，2007。

6. 貳拾碩盛麵櫃壹口 屈鉞。兩碩櫃子一口。索闍梨兩碩故櫃子

7. 壹口。大經藏壹。次經藏壹 在中院堂。小經藏子壹 在氾闍梨房。臥

8. 像幄帳子壹。大伯文經案壹。小伯文經案壹。故經

9. 案壹。無脣經案壹 在李上座。經架壹。曲伎壹。如意杖

10. 壹。漆香匲壹。方香印壹。團香印壹，木香寶子

11. 壹。金油木師子壹。石師子叄對內壹雙石銀油。骨崙

12. 坐小經架子壹。浴佛槐子壹。盛幡傘大長函壹。盛

13. 佛衣櫃子壹。盛頭冠函子壹。盛帳函子壹。盛文書

14. 函肆 在李上座。踏隔子肆片，內叄個 在南院。壹片在中院。嚴師子大

15. 隔子在眾堂。家部隔子壹。高腳隔子壹片，亦在南院。新隔

16. 子壹在保護。方隔子貳在中院。魚肚隔子壹在紹戒。牙腳大新火爐

17. 壹。故小火爐壹。安架壹。大床新舊計捌張。索闍梨施大

18. 床壹張。新六腳大床壹張。方食床壹張。新牙床壹。

19. 新踏床壹。故踏床壹。又故踏床壹，無當頭。肆尺小踏

20. 床子壹。畫油行像床子柒箇。新方床子壹，納官。

··（紙縫）

21. 捌尺牙盤壹。陸尺牙盤壹。朱神德新牙盤子壹。又

22. 故牙盤壹。無脣牙盤壹。小方牙盤壹。高腳佛盤壹。

23. 八角聖僧盤壹。新競盤壹，在李上座。故競盤壹。團盤壹。

24. 石焱律鉢競盤壹。李君君競盤壹。兩碩赤盆壹。兩碩

25. 破盆壹，在梁。叄斗列盆壹。肆斗新盆壹。大案板壹。故桉板

26. 壹。立食模壹，在紹戒。斗壹具並槩。勝方壹。半升壹。抄子壹。

27. 接子壹。士心秤壹量，並石錐鐵鈎。破黑槐子壹。木鉢

28. 壹。青剛鞍兀壹副。箒筆壹。簸箕壹。又簸箕壹在

29. 寶嚴。車壹乘並釧鍊並全。大木杓壹。小杓子壹。梧

30. 桐轂壹雙。鐘壹口。大鑊壹口。柒斗鑊子壹欠壹耳。

31. 捌斗釜壹口，在梁。伍斗新釜壹口。破釜群壹。又破釜群壹。

32. 叄斗熒油鐺壹口，欠壹耳。貳斗煮油鐺壹口，欠壹耳。貳

33. 尺面鏉壹，有列。叄斗新銅鍋壹口，伍斗銅盆壹雙。

34. 捌勝銅灌壹。李君君柒勝鐺子壹。石興興伍勝鐺子

35. 壹。在李上座。鐵缽壹。熟銅盞壹。鑷叄具並鑰匙壹具

36. 全。小鑠子壹並鑰匙全。破鐺鍬弱鐵壹拾肆斤。

37. 銅君遲壹在吳判官。銅香爐兩柄。大銅鈴壹。小銅鈴

38. 子壹在信因。金銅蓮花兩枝並臺坐。好生鐵拾肆斤。

39. 幡幵龍頭壹。鐵鏷伍個。勒爐子壹並釧鍊。磁茶

40. 瓶貳。琉璃瓶子壹。鸞頭壹在史陰。鑠腔壹在氾吳。切刀壹具。

41. 銅爪濾壹。銅注瓶壹。盛油瓷肆口，內壹無𩱓

42. 量油灌頭。乾盛瓮貳。樫圌子大小肆。索闍梨施

43. 瓷大小拾叁。氎毬大小三。新裏胸衣氎毬

....（紙縫）

44. 壹。小食氎毬壹。新漆椀壹在神會。銅佛印壹。

45. 大緋花氎壹領。故緋花氈壹領。大青花氎兩領。緋繡氎

46. 壹領。土褐花氎壹領。白氎兩領。桃花氎壹領。新

47. 大桃花氎壹領。陝（狹）桃花氎壹領。白氎條壹。五色褥壹

48. 條。袂納氎條玖個。新漢㩵白氎兩領。又新漢㩵白氎

49. 兩領，內壹領緩與住住，壹領緩花氎。陰家五色花氎壹

50. 領。史家新白氎壹領。住住氎體白氎壹領。又新白

51. 氎壹領 在孫寺主。細毛持氎壹領。地衣壹。聖僧褥子

52. 貳，內壹個細緤裏。

53. 大捌碩褐袋壹口，在神會。朱神德陸碩褐袋壹口。古黃

54. 布柒條壹。

55. 見得花標子廿五個 欠一個。黑標子壹拾捌個。花盤子伍個。

56. 黑盤子伍個。楪子捌個。又得黑標子壹。赤裏椀子柒個。

57. 見領得麥貳拾碩肆斗。見領得粟三拾柒碩壹斗

58. 伍勝。見得黃麻壹拾貳碩陸斗。見得豆拾玖碩

59. 伍斗。黑豆壹碩叁斗伍勝。麵柒碩捌斗。見得油

60. 玖斗伍勝。見得查貳拾貳餅。見布貳伯捌拾捌

61. 尺。麻壹伯肆拾肆束。門戶內外好弱大小粗細新

62. 舊都計陸個。

本籍帳文書開頭部分文字內容如下：「辛未年正月六日，沙彌善勝於前都師慈恩手上，現領得……一一詣實，抄錄如後……」，結合籍帳具體內容，可知這是公元 911 年淨土寺財物交接明細帳目，新任直歲僧沙彌善勝於當年正月初

六，從「前都師」即前一任直歲僧慈恩的手上，領取包括櫥櫃、床榻、鍋碗瓢盆、箒笓（芭斗）、簸箕、鐵錘、鐵鈎、毛毯、鎖鑰、紙筆、麥、粟、黃麻、豆、黑豆、麵、油、渣、布、麻等在內的一切日常生活用品，以及經卷、印章、法器、香燭等佛事活動用品。作爲淨土寺財物保管的交接明細帳目，這份「領得歷」乃是淨土寺辛未年（911）沙彌善勝與「前都師」慈恩之間，進行財物保管工作移交時所留下的一份帳目清單。

沙彌善勝乃是淨土寺新一年度保管寺廟財產的值事僧，所以才由他負責從慈恩手中接管這些物品。之所以要留下這份詳細的清單，主要是爲了明確交接雙方的責任，從善勝的角度來說，他作爲新任寺院財物管理的第一責任人，在接手管理工作之際，必須要對所有財物逐一進行登記，這樣既是爲瞭解所接掌的工作範圍，也是明確今後的管理職責所在；從慈恩一方來說，既是對其過去財務管理工作的一種總結，也包含有對他過去財務管理工作所進行的審計。

細查籍帳條目，不難發現淨土寺在財物管理工作方面的認眞與細緻。首先，由於所接管的財物包括日常生活及法事活動所需要的各種用品，如櫃子、經藏、經架、香印、奩子、獅子（木、石）、浴佛槐子等屬於法事活動用品；隔子、火爐、床、盤子、盆、案板、勺子、箒笓、簸箕、釜、鑊、鐺、鏊、鉢、鎖、鏊、盞、瓶子、缸、甕、氊子、地毯、樏、楪等屬於日常生活用品；麥、粟、麵、豆、渣、麻等則又屬於食物品類。因此，登記工作不僅十分瑣碎，而且很容易出現差錯。然而，當我們細讀這份經由善勝接手的「領得歷」時，卻絲毫感覺不到混亂，因爲善勝在登記這些物品的時候，基本能夠按照物品的類別，先是各種法事用品，接下來是日常生活用品，最後是食物品類，逐項分類登記，顯得井井有條。

其次，善勝所做的這份財物登記清單，不僅分類明確記錄所有物品的具體數量、具體樣式、具體位置、具體狀況，還包括某物歸何人使用，或是準備用於何事等信息。如，第 3 行：「拾碩櫃壹口，像鼻屈鉞並全」，後面緊接著幾個小字：「在李上座」，意思就是說：有一個容量爲 10 石（碩）的櫃子，櫃子上的「像鼻屈鉞」（即形狀如象鼻的鎖鑰），都很完整，在李上座那裏。

又如，第 7 行：「次經藏壹」後有小字「在中院堂」，「小經藏子壹」後有小字「在氾闍梨房」，意即，有一部次經藏在淨土寺的中院堂裏，一部小經藏則收在氾闍梨的房間。

又如，第 30 行：「柒㪷鑊子壹，欠壹耳」、第 32～33 行：「貳㪷煮油鐺壹

口，欠壹耳。貳尺面傲壹，有列。」前者是說有一個容量爲七斗的鑊，缺少一隻耳朵；後者是說，有一口容量爲二斗的煮油鐺，也缺少一隻耳朵，還有一個直徑爲二尺的鑿子，上面有裂紋。

又如，第 20 行：「新方床子壹」，後有小字「納官」，意思是說：有一個新方床，是準備送納給官府的。

又如，第 55 行：「見得花楪子廿五個」後有「欠一個」三個字，以較小字體寫在「五個」的旁邊，表示現在只有 25 個花楪子，還少一個，意即原本應該是 26 個。

諸如此類，帳目簡潔明瞭，要而不繁，讓人看後一目了然。尤其難得的是，某些物品的獲得方式，在籍帳文書中也有記錄。如，第 17 至 20 行所登記的物品爲「床」：「大床新舊計捌張。索闍梨施大床壹張。新六腳大床壹張。」，第 42 至 43 行「索闍梨施缸甕大小拾三。」據前一條記錄可知，善勝共接手新舊大床 8 張，其中有一張是索闍梨布施給淨土寺的，還有一隻是新六腳大床；據後一條記錄則知，索闍梨還布施給淨土寺大小 13 隻缸甕。又如，第 21 行：「朱神德新牙盤子壹」，第 53 行「朱神德陸碩褐袋壹口」，意思是朱神德送來新牙盤子 1 隻和容量爲 6 碩的褐布口袋 1 隻。又如，第 24 行：「石欻律鉢競盤壹。李君君競盤壹」，意思是石欻律鉢和李君君各送來一個競盤。第 34 至 35 行「李君君柒勝鐺子壹，石興興伍勝鐺子壹」，後有小字「在李上座」，意思是：七升鐺子 1 隻和五升鐺子 1 隻分別是李君君、石興興送來的，這兩隻鐺子都在李上座那裏。

朱神德、李君君、石興興、石欻律鉢等人爲何將上述物品送給淨土寺呢？究竟是主動布施，還是帶有債務性的抵押，還是他們與寺院之間存在某種交易？我們注意到，索闍梨送給淨土寺的 1 張大床和 13 隻缸甕，完全是布施性質，因爲索闍梨本身就是寺院中具有較高地位的僧官。朱神德、李君君、石興興、石欻律鉢等人送給淨土寺的物品，顯然與索闍梨不一樣，否則也應該在這些物品的前面加一「施」字。由此可以肯定，他們送給淨土寺的物品不是布施，只可能是債務性的抵押或者是他們與寺院之間的交易。那麼，究竟是哪一種呢？

據同書所錄 S.5495 號《唐天復四年（公元九〇四年）燈司都師會行深信依梁戶朱神德手下領得課油歷》〔註6〕記載：

　　1. 天復四年甲子歲二月一日，燈司都師會行、深信依

〔註 6〕《敦煌社會經濟文獻真蹟釋錄》第三輯，第 115 頁。

2. 梁戶朱神德手下領得課油抄錄如後：

3. 三月十一日，領得油壹斗，朱。四月五日，領得油貳斗

4. 玖勝，朱。七月十四日，領得佛料油三斗。八月十

5. 二日，領得油肆勝半，朱。九月八日，領得油肆勝。

6. ☐☐☐得油伍勝，又領得油伍勝，朱。十月廿日，

7. ☐☐☐又領得油捌勝，朱。

⋯⋯⋯⋯⋯⋯⋯⋯⋯⋯⋯⋯⋯⋯⋯⋯⋯⋯⋯⋯（後缺）

對於朱神德的身份，姜伯勤氏曾根據 P.2856 號背（一）《乾寧二年營葬僧統牓》，判斷認為：朱神德乃是隸屬於沙州「中團」的「常住百姓」，「常住百姓」的身份相當於以前的寺戶，仍然屬於寺院的依附性人口。然而，依據本件文書，朱神德的身份則應當是一個梁戶，因為沙州都司下屬燈司的會行、深信兩位都師曾先後從他的手中領取課油。所謂梁戶，乃是個體經營者或個體小生產者，他們因為租借寺院的油梁而與寺院之間形成一種契約關係，梁戶在契約規定時期內對油梁有使用權，並按照契約以產品形式提供梁課。朱神德究竟是常住百姓，還是梁戶？姜伯勤氏肯定了他的梁戶身份，但究竟屬於哪一個寺院的梁戶，則未敢確定，而是用了「某寺 904 年梁戶」的說法；此外，姜氏還結合 P.2856 背～1 號《乾寧二年（895 年）營葬僧統牓》朱神德編入「中團」並執「鐘車役」的情況，進一步推測認為，朱神德的身份應該是某寺的常住百姓。〔註7〕

朱神德的身份究竟如何，到底屬於哪個寺院的常住百姓，是報恩寺還是淨土寺？前揭姜伯勤氏關於朱神德身份的猜測，認為他是「某寺 904 年梁戶」，或者是某寺的常住百姓（傾向於報恩寺）。這個猜測性的推斷，體現出姜氏治學的嚴謹性。結合本籍帳所載朱神德至少兩次送納物品給淨土寺的事實，並參考姜氏「某寺 904 年梁戶」的推測性判斷，我認為朱神德和淨土寺之間有更為密切的關係，進而我推測他很可能就是租用淨土寺油梁的梁戶。朱神德之所以要送牙盤子和褐布袋給淨土寺，很有可能是用以折納本應上交給淨土寺的油課，因為在當時就有梁戶因為欠缺油課，而不得不另外交納絹帛來代替的例子。〔註8〕

〔註7〕 詳參前揭氏著：《唐五代敦煌寺戶制度》第三章第三節《「常住百姓」的分種制與勞役制》，第 132～147 頁；第四章第四節《寺院的油梁經營與「梁戶」的出現》，第 203～206 頁。

〔註8〕 據 S.6781 號《陽王三欠油憑》記載：「紫捌窠欺政綾兩鳥全長三拾貳尺，準折欠油兩碩」伍斗壹勝半。更殘欠油三碩，用爲後憑。」⋯⋯（後略）」這是說梁戶陽王三因為欠缺油課，而以 32 尺「紫陽窠欺政綾」（一種絲織品）作為替代品。本件文書轉引自前揭《唐五代敦煌寺戶制度》，第 218 頁。

　　對於本件籍帳文書所載，石興興送納物品給淨土寺，我十分贊同姜伯勤氏的判斷，即石興興作爲開元寺的常住百姓，曾經以抵押家資的方式向淨土寺舉債，在有違期限而未能還清貸款時，所抵押的一個「伍勝鐺子」因此被寺方沒收，並存於李上座處。〔註9〕至於石欻律鉢，根據 P.2856 背-2 號《景福二年（893年）納草抄錄》中「蓮：石欻律鉢下納草柒拾束」的記載，可知此人爲蓮臺寺常住百姓。〔註10〕由此我們或可進一步推論，李君君應當也屬於某寺的常住百姓。李君君、石欻律鉢二人所送納的「競盤」，也應當是曾經舉債於淨土寺，後因無力償還債務，而被淨土寺沒收的抵押物品。

　　最後，略爲說一下都師慈恩與沙彌善勝之間的工作交接問題。首先要解釋一下「都師」的含義。根據本件籍帳文書可知，沙彌善勝是從「前都師慈恩」手中接掌這些物事的。所謂都師，乃是歸義軍時期「掌管經濟部門的寺級僧官」，都師有時也可指「都維那」。〔註11〕所以，慈恩應當是淨土寺前一任負責保管寺產的僧官，或者他本身就是淨土寺的都維那。〔註12〕同時，按照敦煌地區的僧官制度，慈恩又是屬於沙州都司系統的僧官，也要聽命於沙州都司。因此，從某種意義上說，慈恩具有雙重身份，一方面，慈恩作爲淨土寺負責管理寺產的都師，乃是淨土寺上座、寺主下屬的高級僧職人員；另一方面，由於慈恩在僧官系統上同時隸屬於沙州都司，所以又相當於沙州都司派駐淨土寺的僧職官員。至於慈恩爲何謝任，由於文書沒有關於這方面的任何信息，我們不得而知，當然很有可能的原因，是慈恩年事已高或另有任用。

　　不過，這裏還有一個問題令人頗感費解，即善勝作爲新出家、身份低微的沙彌僧，爲何卻能夠從「都師」慈恩手中，接掌淨土寺新一年度的財務管

〔註 9〕　前揭《唐五代敦煌寺戶制度》，第133頁。

〔註10〕　前揭《唐五代敦煌寺戶制度》，第133頁。

〔註11〕　前揭《唐五代敦煌寺戶制度》，第122頁，並參該頁注釋1。

〔註12〕　據任繼愈 主編：《佛教大辭典》「維那」條：「維」，意爲「統攝僧眾」；「那」，梵文「羯磨陀那」（Karmadāna）之略，意譯「授事」。漢梵並舉爲「維那」，也稱「都維那」；舊稱「悦眾」、「寺護」等。有二義：1. 僧官名。始於後秦。《高僧傳》卷六：「僧遷法師禪慧兼修，即爲悦眾。」北魏朝廷立沙門統爲最高僧官，以維那爲副，隋朝因之。2. 僧職名。寺院三綱之一。管理僧眾庶務，位於上座、寺主之下。後爲禪宗寺院東序六知事之一，主掌僧眾威儀進退綱紀。《百丈清規》卷四：「維那（意爲統攝）眾僧，曲盡調攝。堂僧掛塔，辨度牒眞僞，眾有爭競遺失，爲辨析和會，戒臘資次，床歷圖帳，凡僧事內外，無不掌之。（第 1143 頁，南京，江蘇古籍出版社，2002。）結合本件文書的年代，慈恩所任之「都師」，其含義當爲第二義項，即寺院三綱之一的（都）維那，乃是位於上座、寺主之下的僧職。

理工作？因爲在正常情況下，管理寺院財產這樣的重要事務，應當由資歷較深、身份地位較高的「老宿」輩僧侶，或者寺內其他僧官擔任。而善勝作爲剛出家不久之新人，毫無資歷可言，卻能夠被委以財務管理的重任，這背後必定有其特別的原因。

聯繫 P.3234 號背-5《壬寅年（公元 942 年）正月一日已後淨土寺直歲沙彌願通手上諸色入歷》，該籍帳件文書也載有善勝，第 15～16 行：「麥肆拾碩，善勝施入」。這兩件文書中的「善勝」，應該是同一個人。只不過，在 911 年，善勝還只是一個剛剛出家爲僧的沙彌；到了 942 年，善勝已然成爲淨土寺老資格的僧侶，從他一次施捨給本寺 40 碩麥子來看，可知善勝此時已經擁有較爲雄厚的家資。此事或可爲我們推測善勝的出身提供某種線索。

我們知道，中國中古時代的寺院已經發展成爲物質財富雄厚的經濟實體之一，作爲敦煌地區佛教團體的最高領導機構，沙州都司各級僧官及其下屬諸寺的「寺綱」（包括寺主、上座、都維那），居於教團的統治上層，而數量眾多的下層普通僧侶則處於教團的低端。史實表明，那些因爲家境困難等原因而不得不出家爲僧的普通僧侶，很難躋身教團上層。也就是說，在眾多出家的僧侶中，無論他們如何勤於修持，也是沒有辦法在若干年後，變成擁有巨大家產的僧職人員。因此，沙彌善勝經過 30 餘年，能夠成長爲一個家資豐厚的僧侶，只能有一個解釋，即善勝絕非出身於普通家庭。易言之，善勝可能出身於敦煌地區某個著名的世家大族，這正是他日後能夠成長爲高級僧侶的關鍵性原因。正是因爲善勝來自當地很有勢力的大家族，所以他出家到淨土寺之後，雖然只是一個輩份低微的沙彌，卻能夠被委以管理寺院財務的重任。如果不是依靠家族的背景，我們實在難以解釋這樣的困惑：爲何善勝甫一出家，就被委以通常情況下只有都師一級的僧侶才有資格出任的財務管理之職。

二、入歷——收入明細帳目

「入歷」的性質與「領得歷」不同，「領得歷」是財務交接的明細帳目；「入歷」則是財務收入明細帳目。所見淨土寺「入歷」共 2 件，分別爲：第 440 頁的 P.3234 號背～5《壬寅年（公元 942 年）正月一日已後淨土寺直歲沙彌願通手上諸色入歷》；第 452～454 頁的 P.3234 號背～11《年代不明（公元十世紀中期）淨土寺西倉豆等分類入稿》。以下分別對這兩個籍帳文書加以釋讀。

（一）《壬寅年正月一日已後淨土寺直歲沙彌願通手上諸色入歷》
（P.3234 號背-5）

本件籍帳文書殘缺過多，僅餘 16 行。時間爲後晉高祖天福七年（942），爲淨土寺當年經直歲沙彌願通之手入帳的一份收入明細。鑒於本件文書篇幅不長，茲移錄於下以供分析：

1. 壬寅年正月一日已後，直歲沙彌願通手上諸色入歷。
2. 麥兩碩五斗、粟肆碩五斗，二月六日、七日沿行像散施入。
3. 官布一疋，張萬川車頭念誦入。細布一疋，官布壹疋，索家
4. 小娘子念誦入。布一疋，安婆車頭念誦入。麵陸拾碩，
5. 自年春磑入。麩十八碩，自年磑入。連麩麵拾碩捌
6. 斗，春磑入。粟麵叄碩，春磑入。布壹疋，春　官齋
7. 儭入。連麵三碩，六月三日磑入。粟麵三石，六月磑入。
8. 粗麵捌碩肆斗，秋磑入。麥玖碩壹斗，菜田渠地〔註13〕稅入。
9. 麥貳拾貳碩肆斗，菜田渠地稅入。麥四斗、粟四斗，
10. 願眞母患念誦入。粟四斗，二月八日王平川施入。
11. 布二丈，小骨車頭念誦入。麥八斗、粟一石一斗，
12. 十二月諸巷道場佛名儭入。粟貳拾叄碩，
13. 無窮渠地稅入。麥捌碩肆斗，園南地稅入。連麵
14. 柒碩，秋磑入。穀麵叄碩，秋磑入。麵陸拾碩，秋
15. 磑入。粟拾碩伍斗，自年僧菜價入。麥肆拾
16. 碩，善勝施入。

將本件文書所載各色收入列一簡表，示之如下：

表 1：942 年淨土寺諸色收入簡表（部分）

收入途徑	收入物品種類及數量
行像散施	麥 2 石 5 斗，粟 4 石 5 斗
念誦入	布 4 匹 2 丈，麥 4 斗，粟 4 斗
一般施入	麥 40 石，粟 4 斗
齋儭入	布 1 匹，麥 8 斗，粟 1 石 1 斗
地稅入	麥 39 石 9 斗，粟 23 石

〔註13〕「地」字旁邊有一「生」字，表示「生地」。

磑入	麵 176 石 2 斗（麵、連麵、粗麵、粟麵、穀麵、麩）
茱價入	粟 10 石 5 斗
總計	麥 84 石 5 斗；粟 39 石 9 鬥；麵 176 石 2 鬥；布 5 匹 2 丈

　　爲便於比較各項收入在總收入中所佔比重，我們首先要把這些物品折算爲統一的標的物。在以上麥、麵、粟、布四種物品，選取何者爲折算標的物呢？

　　筆者曾根據 P.2912 號《丑年正月已後入破歷稿》〔註14〕所載「□教授送路布拾伍疋，準麥六十七石五斗」、「□（慈）燈布拾疋，準麥四十五石」以及「與宋國寧布兩疋，〔準〕麥九石」等信息，推算出吐蕃佔領時期布與麥的折算比率爲：1 匹布=4.5 石麥，即 1 匹布折價爲 4.5 石麥。絹布等紡織品不僅在吐蕃佔領時期具有準貨幣的功能，在此後的歸義軍時期亦然，因此以上麥布折價比，可以用來計算本件文書中的麥布比價。即 5 匹 2 丈布=23.4 石麥。

　　粟與麥之間的折算，鑒於粟與麥同類，同爲北方民眾日常生活的常規食物，我們這裏不妨假定：麥粟同價。

　　這裏較難計算的是「麵」與麥的折算比例。因爲上述「麵」中包括麩、連麩麵、粗麵、粟麵和穀麵等多種；另外，折算時還需考慮到唐代的碾磑加工水平、自然損耗等因素，因此我們在推算當時小麥出粉率時，不能按照今天較爲通行的七五麵粉比例（100：75），而是按 100：85 的比例進行折算，即假定：100 石麥=85 石麵。

　　基於以上折算比例，我們將「表 1」簡化後，並計算出各項收入所佔之百分比，製成下表（表 2：942 年淨土寺諸色收入構成比例表），同時爲直觀起見，再根據表二數據，製作成爲餅狀示意圖（圖 1：942 年淨土寺諸色收入構成比例圖〔註15〕）：

表 2：942 年淨土寺諸色收入構成比例表

收入途徑	收入數量（石）	所佔比例
行像散施〔註16〕	7	1.98%

〔註14〕　《敦煌社會經濟文獻眞蹟釋錄》第三輯，第 55 頁。

〔註15〕　按，餅狀示意圖所標示的百分比數據只能精確到個位數，因此與文中更爲精確的比例數據存在一定差異，以下餅狀圖所示比例數據同此。

〔註16〕　「行像」本是西域之俗，每年佛祖生日，要莊嚴佛像，以車載之巡行城內，謂之行像。《法顯傳》、《僧史略》、《佛國記》均有關於「行像」的記載。一年一度於佛祖生日舉行的行像活動，實即佛祖生日慶典，由於伴有音樂歌舞等表演，因此圍觀者很多，屆時信徒往往要提供布施，以示對佛祖的敬仰。

念誦入	19.7	5.56%
一般施入	40.4	11.41%
齋儭入	6.4	1.81%
地稅入	62.9	17.76%
磑入	207.3	58.52%
菜價入	10.5	2.96%
總計	354.2	100%

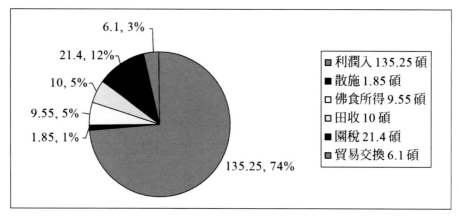

圖1：942年淨土寺諸色收入構成比例圖

從「表2」數據比例可以看出，淨土寺在942年經過直歲沙彌願通之手入帳的諸色收入中，「磑入」一項最多，折合207.3石，占比58.52%；其次是「地稅入」，折合62.9石，占比17.76%；再次是一般性布施，折合40.4石，占比11.41%，不過需要注意的是，在這項總數爲40.4石的收入當中，有40石（超過總數的99%）來自於本寺僧侶善勝的布施，而來自世俗信眾（王平川）的布施只有4斗（0.4石），占比不到1%。〔註17〕

在淨土寺的這些收入中，「行像散施」、「齋儭入」與「一般施入」三項，從性質上說均屬贈予性收入，總占比爲15.2%；其他幾項收入（念誦入、地稅入、

〔註17〕 此件文書之善勝，當即前文所述之 P.3638 號《辛未年（公元911年）正月六日沙州淨土寺沙彌善勝領得歷》中的沙彌善勝，911年的善勝還只是淨土寺的一個直歲沙彌。而經過30餘年後，到了942年，善勝已然成爲淨土寺老資格的僧侶了，從他一次施捨給本寺40石麥來看，我們似可推知，善勝此時已經擁有較爲雄厚的家資。

碯入、菜價入），均屬經營性收入，共占 84.8%。經營性收入與贈予性收入之間的比例爲 5.58：1，後者是前者 5.5 倍還要多。這清楚地表明，歸義軍時期敦煌寺院的經濟來源，已經主要依靠各種經營性收入，信徒布施等贈予性收入只占其經濟來源很小的部分。不依賴贈予性的布施收入，而依靠各種經營性收入來解決寺院的經濟問題，正說明敦煌地區的寺院在經濟上已經完全擺脫對世俗社會的依附性，變成獨立性很強的經濟實體。至少淨土寺 942 年諸色收入的構成特點，就證明了這一點。

在淨土寺經營性收入中，「碯入」所佔比重最大，淨土寺通過出租碾碯所獲取的收入，占比 58.52%，接近三分之二，成爲最主要的收入來源。寺院出租碾碯所獲收入稱爲「碯課」（所謂「碯課」，即承租人向寺院交納的碾碯使用費）。碯課又分「年碯」、「春碯」、「秋碯」，依字面意思及常理推論，即分別按年和春、秋兩季爲計時單位所應交納的碯課，另外，第 7 行的「六月三日碯」、「六月碯」，則可能是臨時增加的「碯課」。在淨土寺的收入構成中，既然有「碯入」一項，那就明白無誤地告訴我們，淨土寺的碾碯是對外出租的，並且依靠出租碾碯獲得了「碯課」。然而，前揭姜伯勤氏經過分析，否定了日本學者道端良秀在這一問題上的看法，而認同了那波利貞的觀點，即認爲：淨土寺沒有「碯課」收入，諸籍帳文書所載的「春碯入」、「秋碯入」都不是碯課入，而是加工後的寺糧的重新入帳，在此基礎上姜氏進而指出，淨土寺寺碯是寺院自營的，而沒有發生碯戶承租的情況。〔註18〕

對於姜伯勤氏的上述論斷，我不盡認同。理由之一是，願通所經手的這份「入歷」中，「碯入」是和「地稅入」、「行像散施」、「齋儭入」、「菜價入」等收入項目並列記錄，這表明願通在記錄帳目時，是將這些視爲同類性質的收入。如果「碯入」只是寺院自有糧食經過加工後的重新入帳，這個帳目就不應該和前面幾項混在一起，因爲它們在性質上完全不同。但實際情況卻是，願通對這些帳目同時做了記錄。理由之二，其他籍帳所提供的信息，確實顯示出淨土寺的碾碯在很多時候屬於自我經營，但這並不排除淨土寺在自營之外還將其對外出租，因爲畢竟出租碾碯有利可圖，而且在 P.2040 背《後晉時期淨土寺諸色入破歷算會稿》〔註19〕的帳目中，確實存在這樣的帳目，

〔註18〕 前揭《唐五代敦煌寺院寺戶制度》第四章，第 191～197 頁。

〔註19〕 前揭《敦煌社會經濟文獻眞蹟釋錄》第三輯，P.2040 號背《後晉時期淨土寺諸色入破歷算會稿》，第 401～434 頁。

如第 213 行：「麥兩碩伍斗，秋磑課用」，另外，本件籍帳所載「春磑入」、「秋磑入」多項。因此，淨土寺對外出租寺有碾磑以獲得磑課收入，不宜完全否認。

前揭姜伯勤氏指出，在歸義軍時期敦煌地區的各個寺院幾乎全部經營高利貸，而且其利潤收入在所有收入中占最大比例。〔註20〕但是在本件籍帳文書中，卻根本沒有「利潤入」這一項。所以我判斷，本件諸色入歷應當只是淨土寺眾多收支明細帳目中的一種，本件文書之所以沒有「利潤入」的明細帳目，最大可能在於，本件文書乃是一份並不完整的殘缺籍帳，其利潤入一項可能已經殘缺亡佚。當然，也不排除另有一份專門的「利潤入」籍帳。

（二）《年代不明淨土寺西倉豆等分類入稿》（P.3234 號背-11）

P.3234 號背-11《年代不明淨土寺西倉豆等分類入稿》，為十世紀中期淨土寺西倉某年收入的豆、布等明細帳目，本件籍帳文書具體時間不詳，殘缺過期，僅餘 57 行。茲移錄於下以供分析：

....（前缺）

1. 西 倉

2. 豆入　豆伍斗平弘住利潤入，豆壹碩齊義延

3. 利潤入，豆柒斗伍升孫撟攆利潤入，豆伍斗李

4. 啓恩利潤入，豆壹碩史富通利潤入，豆伍斗

5. 因會利潤入，豆柒斗伍升杜啓兒利潤入，豆

6. 壹碩曹富住利潤入，豆伍斗陰善德利潤入，

7. 豆壹碩貳斗伍升〔註21〕王晟子利潤入，豆伍斗令狐

8. 佛護利潤入，豆壹碩伍斗王義郎利潤入，

9. 豆壹碩貳斗伍升王恒啓利潤入，豆兩碩

10. 曹富住利潤入，豆柒斗王富延利潤入，豆伍斗嚴富進利潤入，豆

11. 伍斗安富進利潤入，豆兩碩伍斗董聰進利

〔註20〕姜伯勤氏在《唐五代敦煌寺院寺戶制度》第五章中曾以淨土寺爲例，論述敦煌地區寺院經濟結構的變化，通過對己亥年淨土寺西倉各項收入的統計分析，得出如下重要結論：「在麥、粟、豆三項主要糧食收入中，高利貸利息分別占全年收入的 56。41%、64。66%和 72。23%，成爲各項收入中的首位進項。由於糧食還可以成爲交換手段（當時在沙州有貨幣職能），因此，寺院實際上是把封建的寄生性的金融業作爲寺院經營的命脈性事業。」（第 267 頁）

〔註21〕「升」字原誤爲「斗」。

12. 潤入，豆叁斗伍升羅山兒利潤入，豆壹碩李

13. 通達利潤入，豆伍斗黃象通利潤入，豆貳

14. 斗陰清奴利潤入，豆伍斗王進通利潤入，

15. 豆壹斗因會利潤入，豆壹碩馬賢者利潤入

16. 豆伍斗張留德利潤入，豆壹碩史憨子利潤入，豆

17. 柒斗郭清奴利潤入，豆貳斗曹安住利潤入，

18. 豆伍斗史富通利潤入，豆一石孫延古利潤入，豆壹碩李幸端利

19. 潤入，豆叁斗彭員住利潤入，豆叁斗石擖**撻**

20. 利潤入，豆三斗安惠信利潤入，豆伍斗楊員定利潤入，

21. 豆肆斗陽再通利潤入，豆伍斗安富通利潤入，

22. 豆貳斗何安定利潤入，豆伍斗王富定利

23. 潤入，豆貳斗梁再溫利潤入，豆柒斗伍升

24. 願果利潤入，豆壹碩張將頭利潤入，豆

25. 伍斗王富進利潤入，豆伍斗王壽永利潤入，

26. 豆壹碩貳斗伍升〔註22〕齊祐啓利潤入，豆貳斗

27. 伍升程富住利潤入，豆壹斗賀園阿娘利

28. 潤入，豆貳斗伍升張石住利潤入，豆叁斗陽

29. 憨奴利潤入，豆伍斗程延昌利潤入，豆柒斗

30. 伍升〔註23〕張骨子利潤入，豆五斗郭再定利潤入，豆伍斗董押
    衙利潤入，

31. 豆叁斗僧善因利潤入，豆貳斗解再啓利

32. 潤入，豆貳斗伍升傅恩義利潤入，豆柒

33. 斗伍升曹安信利潤入，豆伍斗安進通利

34. 潤入，豆壹碩彭員通利潤入，豆貳斗王富清利潤入，豆貳斗李

35. 善祐利潤入，豆貳斗伍升杜保晟利潤入，

36. 豆貳斗五升〔註24〕梁進子利潤入，豆貳斗伍升馬賢住利潤入，豆
    伍斗氾

37. 緊兒利潤入，豆玖斗氾保子利潤入，豆伍斗

〔註22〕「升」字原誤爲「斗」。
〔註23〕「升」字原誤爲「斗」。
〔註24〕「升」字原誤爲「斗」。

38. 唐〔註25〕彥通利潤入，豆伍䗂裴進定利潤

39. 入，豆壹碩索〔註26〕僧政利潤入，豆叁斗朱員住利潤入，豆叁䗂
　　趙進明

40. 利潤入，豆壹碩伍斗張判官利潤入，豆伍䗂

41. 令狐將頭利潤入，豆伍䗂程恩子利潤入，豆

42. 柒䗂伍升王豐潤利潤入，豆伍䗂趙安定

43. 利潤入，豆壹䗂龍善住利潤入，豆伍䗂恒子

44. 郎君利潤入，豆伍䗂王富延利潤入，豆五斗張恒昌利潤入，豆
　　壹碩王

45. 撻子利潤入，豆伍䗂張醜兒利潤入，豆貳䗂李

46. 定清利潤入，豆叁斗安員進利潤入，豆叁斗

47. 李慶恩利潤入，豆伍䗂氾什德利潤入，豆貳

48. 䗂伍勝安子寧利潤入，豆伍䗂陰安信利

49. 潤入。豆

50. 　　　　　計五十三石六斗五升

51. 布入　　土布壹疋吳和上患念誦入，布

52. 　　八尺辛幸婆患念誦入，布一疋吳和上百日嚫齋

53. 　　入，布一疋氾幸者木價入，布壹疋秋〔註27〕官齋

54. 　　嚫，布壹疋秋官齋嚫入，布一疋西倉王得友

55. 　　折物入。

56. 　　　　　計二百四十八尺。

57. 緤入　　立機一疋吳僧統患念誦施入。

　　　　………………………………………………………………………（後缺）

　　從現存內容及計帳形式看，本籍帳採用了「四柱式計帳」，即先分類，每一類先是具體的入帳，然後是該類收入的分類總帳。一類記述完畢，接下來是第二類，然後是第三類……依此類推。但由於文書本身已經殘缺，只保留下「豆」、「布」、「緤」三項，其中「緤」一項僅存一行。

〔註25〕　「唐」字旁邊有一「王」字。

〔註26〕　「索」字旁邊有一「金」字，大概是指金光明寺的索僧政。

〔註27〕　「秋」字旁邊有一「春」字，字體稍小，從後面第 54 行有「秋官齋嚫」來看，此處之「秋」當爲「春」字，秋字係誤書。《敦煌社會經濟文獻眞蹟釋錄》第三輯第 454 頁注 3 已經指出。

就本籍帳所反映的淨土寺西倉收入來源情況，可以清楚地看到，「利潤入」已然成爲淨土寺收入的最重要來源，因爲所收入的 53 石 6 斗 5 升豆，全部來自於「利潤入」。這個情況再一次印證了前揭姜伯勤氏的判斷，即：經營高利貸所獲得的利潤收入，已經成爲晚唐五代時期敦煌地區寺院收入的首要來源，「寺院實際上是把封建的寄生性的金融業作爲寺院經營的命脈性事業。」〔註28〕

再來看所收入「布」一項。就本件籍帳所載，淨土寺其間共收入「布」248 尺（每匹 40 尺，共折合 6 匹 8 尺），分別來自：A. 念誦入（共 1 匹 8 尺，合 48 尺，其中：吳和尚患病念誦入 1 匹，辛辛婆患病念誦入 8 尺）、B. 齋儭入（共 3 匹，合 120 尺，其中：吳和尚齋儭入 1 匹，春官齋儭入 1 匹，秋官齋儭入 1 匹）、C. 木價入（共 1 匹，合 40 尺：氾幸者木價入 1 匹，應當是氾幸者欠缺淨土寺木材，而以相應的布作爲折算物）、D. 折物入（共 1 匹，合 40 尺：西倉王得友折價入 1 匹，大概是王得友欠缺淨土寺麥、粟，故以布折算替代）。以上 A、B、C、D 四項收入的比例爲：1.2：3：1：1，據此可知，在「布」入一項中，以官私齋儭所入最多，其他幾項來源則相差不多。爲直觀起見，茲據以上數據，將淨土寺「布入」構成比例製成如下餅狀示意圖（圖 2：某年淨土寺西倉布入構成比例圖）：

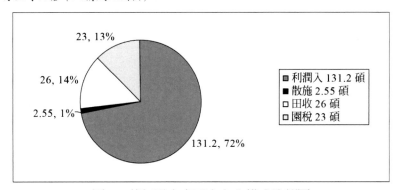

圖 2：某年淨土寺西倉布入構成比例圖

殘存的最後一行爲：「緤入　立機一匹吳僧統患念誦施入」，表明下面記錄的是當年淨土寺所收入的「緤」數，由於只剩餘這一行，因此淨土寺當年所入「緤」數已無從得知。不過，從前述「布」入途徑的多樣化可以推測，「緤」的收入來源也當不止於「念誦入」一端。

以上僅爲淨土寺「西倉」收入的一個部分。既然淨土寺有所謂的「西倉」，依理推測，淨土寺還應該有其他「倉」。這一點從 P.2049 號背《後唐同光三

〔註28〕前揭《唐五代敦煌寺戶制度》第五章，第 267 頁。

年（公元 925 年）正月沙州淨土寺直歲保護手下諸色入破歷算會牒》〔註29〕
的相關記述中可以找到明證，據第 258～259 行：「麥肆拾碩玖斗，東西兩庫
春磑麵用」，可見淨土寺至少有東、西兩個倉庫。又據諸 P.3234 背～8 號《年
代不明（公元十世紀中期）淨土寺西倉粟破》記載，曾支出粟 40 碩，「付東
庫所由廣進用」，可見淨土寺確有「東庫」存在。只不過，在眾多文書中，
西倉或西庫出現的頻率較高，而「東庫」則較為少見。除此而外，據 S.6452
～3 號《壬午年（公元 982 年）淨土寺常住庫酒破歷》可知，淨土寺還有所
謂「常住庫」，可見淨土寺儲存物資的倉庫應當有多個。由此我們可以作進
一步的推測，寺院既然不止一處儲藏物資的倉庫，那麼很可能這些倉庫的用
途也不盡一樣，至於各倉庫的具體用途，由於史料囿限，還不好作出明確判
斷。

三、破歷──支出明細帳目

「破歷」即支出歷，是各項支出的明細帳目。淨土寺「破歷」共 4 件，
分別是：第 222～223 頁的 S.6452-1 號《某年（公元 981～982 年？）淨土寺
諸色斛斗破歷》、第 224～226 頁的 S.6452～3 號《壬午年（公元 982 年）淨土
寺常住庫酒破歷》、第 445 頁的 P.3234 號背～8《年代不明（公元十世紀中期）
淨土寺西倉粟破》、第 446～449 頁的 P.3234 號背～9《癸卯年（公元 943 年）
正月一日已後淨土寺直歲沙彌廣進麵破》。

在這四件支出歷中，第一件為文書為多種物品的支出歷，後三件則為酒、
粟、麵的單項物品支出歷。以下分而釋之。

（一）《某年（981～982 年？）淨土寺諸色斛斗破歷》（S.6452-1 號）

本件籍帳文書的年代不能明確，大致為 981 年或 982 年，即宋太宗太平
興國六年或七年，共餘 30 行。係淨土寺當年九月以後各種生活資料的支出明
細帳目。

從現存計帳內容來看，儘管支出歷的文字記述比較簡單，但支出時間、
支出物品種類、支出數量、支出原因（用途）等項，均記述清晰明白。為方
便下文分析，茲將其內容列表如下（表3：淨土寺某年九月至十二月諸色支出簡表〔部
分〕）：

〔註29〕 《敦煌社會經濟文獻真蹟釋錄》第三輯，第 347～366 頁。

表 3：淨土寺某年九月至十二月諸色支出簡表〔部分〕

日　期	支出物品名稱及數量	用途（支出原因）
九月九日	麥 2 斗	買地造文書吃用
九月十四日	粟 1 斗	就汜家店沽酒，周和尚、三界寺張僧正吃用
九月廿日	造胡餅麵 6 斗、煮油麵 8 升、油 1 升	看夫人
九月廿一日	麵 1 斗	□種人用
九月廿五日	連麵 19.5 斗、白麵 4.5 斗、油 2 升	西窟造作
九月廿七日	胡餅麵 2 斗	又來迎
十月一日	麵 1 斗	戒火造飯
十月五日	白麵 2 斗、連麵 4.5 斗	北園造作（按，五、六兩日共用油 1.5 升）
十月六日	白麵 1 斗、連麵 3 斗	掘蔥午料
	粟 2 斗	沽酒看待馬都料用）
十月七日	粟 2 斗	沽酒汜都頭就店吃用
	粟 2 斗	沽酒張僧正李教授就汜家店吃用
十月八日	粟 2 斗	沽酒汜都頭家送
十月十日	麥 1 斗	買胡餅，就蘭喏、三界寺，大張僧正周李譚法律等吃用
十月十二日	粟 1 斗	大眾迎僧錄用
十月十四日	白麵 1.3 斗；白麵 1.5 斗	看木，造餅用；早飯、晚飯
	白麵 1 斗+粟 2 斗	馬孔目開櫃造飯+沽酒
	油 2 升	買礬用
十月十五日	饅餅麵 7.2 斗，餶餅麵 4.5 斗，餬餅麵 9 斗，餕食俞麵 4 斗，蒸餅麵 15 斗，油 8 升	佛食（另，支付給做餅女人伙食連麵 1 斗）
十月十六日	麵 3 升	于闐大師來，造飯
十月十七日	麵 1 斗+麩 2 斗	造飯+于闐大師馬吃用
十月廿四日	連麵 5 斗、白麵 3 升、麩 1 斗、餬餅麵 2 斗	東河莊看木
十一月五日	麵 1 斗	縫皮毬
十一月六日	連麵 4 斗、白麵 1 斗、油 0.5 升	花麻

十一月十三日	麵 5 斗、粟 5 斗、油 3 合	靈圖寺孔僧正亡納贈用
十一月廿日	麵 2 斗	造破歷用
冬至	麵 6 斗、油 1 升	冬至節日食用
	麵 5 升、油 2 合	賽天王
十二月八日	解齋麵 6 斗、炒鹺油 1 升、䭀餅麵 2 斗、餬餅麵 3 斗、䊋麥主麵 1 斗	解齋用
十二月九日	飥麵 1.5 斗	
十二月十日	飥麵 1.5 斗、連麵 0.5 斗、油 2 升	
十二月十一日	飥麵 3.5 斗	
十二月十三日	麵 1.3 斗、粟 1 斗、油 2 合	（大）雲寺令狐法律亡，納贈
十二月廿日	麥 3 斗	沽酒，看刺史娘子用

　　以下據諸表 3，對淨土寺財物支出的特點略加分析。首先，支出物品均爲食品或食品原料，如麵、油、麥、粟等。其中支出次數、數量最多的麵粉（按，支出麵粉的種類，主要爲白麵、連麩麵即粗麵，至於餺餅麵、䭀餅麵、餬餅麵、餺䬯麵、蒸餅麵等，則是以所製作食品種類不同而得名），從支出用途看，麵粉的支出基本上都是用來製作食品或做飯，以供食用或是用來製作「佛食」，所謂「佛食」即指供養佛的食品。

　　除麵粉以外，支出較多的還有麥、粟，二者均屬食品原料，不能直接食用。故多數情況下用來充當支付手段，換取所需物品。如，九月十四日支出粟 1 斗，就是到氾家店沽酒，以供周和尙與三界寺的張僧正飲用。再如，十月六、七、八、九、十、十一、十二日連續支出不同數額的麥、粟，或是用來沽酒，或是用來購買胡餅，自然都是用來招待客人或是供本寺僧人自己食用。就本件文書所提供的信息來看，支出的麥、粟兩項，絕大多數情況下都是用來沽酒以供食用，只有九月九日支出麥 2 斗，是因爲「買地造文書吃用」不太好直接判斷，其中一部分當爲沽酒，一部分可能用於購買胡餅等食物，以提供給「造文書」的人食用。〔註30〕另外，十月十日支出麥子 1 斗，是用來買胡餅，拿到蘭喏（若）寺、三界寺，供大張僧正及周、李、譚三位法律吃用。除此之外，其他場合所支出的麥、粟，其用途均爲沽酒以供吃用。

〔註30〕按，如果推測不錯，應該是淨土寺購買土地後需要造作地契或買賣憑證等文書，而造作這些文書又需要聘請寺外人員承擔，故淨土寺必須爲他們提供酒食。

油也是淨土寺支出的一個項目，但數量比較少，總共只有 15.5 升，另帶 7 合。這是因爲油只是製作食品時所需的輔料，一般情況下，與麵粉同時支出。

接下來，我們對淨土寺本年九至十二月各項支出的性質進行簡單分類。

1、第一類，招待性支出

來自其他寺院的僧侶或是僧官，如三界寺的張僧正，周法律、李法律、譚法律，于闐大師等來訪，淨土寺都要提供伙食、酒水進行招待。

2、第二類，饋贈性支出

這又包括兩種情況，一種是看望地方長官或其家屬時提供的饋贈，如九月廿日「看夫人」、十月六日沽酒看望馬都料、十二月廿日「沽酒看刺史娘子」，就屬於這一種；還有一種是撫慰性的饋贈，如十一月十三日靈圖寺孔僧正死亡、十二月十三日大雲寺令狐法律死亡，淨土寺均提供了「納贈」，就帶有撫慰的性質。

3、第三類，報酬性支出

對於一些事務性的勞動，本寺僧侶無法承擔，而必須聘請寺院外的人來做，淨土寺要爲他們提供伙食酒水，如：九月九日購買土地，請人造作地契文書；九月二十五日西窟造作；十月五日，北園造作；十月十四日，馬孔目開櫃；十月廿四日東河莊看木；十一月五日請人「縫皮毯」；十一月廿日「造破歷」等，由於都雇傭了寺外人員，淨土寺要爲這些外聘人員提供伙食酒水，有些甚至還要提供工錢。

4、第四類，節日慶典性支出

每逢佛教的法定節日或是中國傳統節日，寺院也要舉行慶祝儀式，這種時候也需要一定的支出，如：十月一日「戒火造飯」、十月十五日造「佛食」、十二月八日「解齋」，都是因佛教節日而支出；冬至爲中國傳統大節日，因此冬至日寺院也要特別加餐，與冬至同一天，敦煌地區還有「賽天王」等地方節俗，這也需要一定的支出。

（二）《壬午年（982 年）淨土寺常住庫酒破歷》（S. 6452-3 號）

本件籍帳文書的時間爲北宋太宗太平興國七年（982），共 54 行，係淨土寺常住酒庫當年酒支出的明細帳目。本件文書的計帳從正月開始，一直到十二月十九日（此日之後殘缺），相對較爲完整，記載了從淨土寺「常住庫酒」所支出的酒水帳目。

　　先來解釋何爲「常住庫酒」。內律嚴格區分佛圖所有權與眾僧所有權，「佛圖」財產稱爲「佛物」，所謂「四種佛物」指堂塔、伽藍、供養及獻給佛的一切物，即「佛受用物」、「施屬佛物」、「供養佛物」、「獻佛物」；眾僧財產則稱爲「僧物」，所謂「四種僧物」指僧團的不動產及僧尼個人的生活用品，即「常住」、「十方常住」、「現前」、「十方現前」。〔註31〕姜伯勤氏曾據佛教經典並結合敦煌文獻所載，對「常住」的內涵作出精准定義：「其第一種常住常住指不動產、重要生產資料和隸屬人口，包括眾僧之廚庫、寺舍、眾具、華果、樹林、田園、僕畜等，永定於一處，不可分判，所以稱爲『常住物中之常住物』。」〔註32〕所以，淨土寺「常住庫酒」乃是屬於淨土寺不動產「廚庫」中的一種，只有寺院僧侶才有權動用。

　　爲方便下文分析，茲將淨土寺 982 年常住酒庫支出明細帳目，列簡表如下（表4：淨土寺982年常住酒庫支出帳目表）：

表4：淨土寺982年常住酒庫支出帳目表

日　期		支出數量	支出原因（用途）
正月 （共7天）	十一日	1 甕	大張僧正打銀椀局席用
	十四日	1 角	東窟頭用
	十九日	5 升	周、李二僧正就店吃用
	廿日	1 斗	二和尚（周、李二僧正）就店吃用
	廿五日	2 斗	僧正法律就店吃用
	廿六日	1 角	僧正三人、法律二人就店吃用
	廿七日	1 甕	李僧正、音聲人就店吃用
二月 （共7天）	六日	0.5 甕	
	七日	3斗+3斗	耽佛人酒+醜撻酒
	八日	7 甕	
	十三日	1 角	李僧正種麥用

〔註31〕〔唐〕道宣撰：《四分律刪繁補闕行事鈔》卷中《隨戒釋相篇第十四》，佛陀教育基金會印：《大正新修大藏經》第四十卷《論疏部一》，第55頁下欄至57頁下欄。

〔註32〕前揭《唐五代敦煌寺戶制度》第三章，第139頁。按，前揭《四分律刪繁補闕行事鈔》卷下《諸雜要行篇第二十七》有云：「僧有五種物不可賣不可分，一地二房舍三須用物四果樹五華果……」（前揭《大正藏》第四十卷《論疏部一》，第146頁上欄。）

	十九日	1斗	佛食（宋判官家送）
	廿四日	1斗	周和尚淘麥用
	廿九日	5升	看刺史用（另，煮油人吃用，不詳）
三月（共11天）	四日	1甕	寒食
	五日	1甕	梁闍梨亡
	七日	1甕	東園造作人吃用
	八日	8杓	李僧正屈人用
		1斗	大張僧正淘麥用
		3斗	北園造作人吃用
	九日	?杓	
	十日	3斗	北園造作人吃用
	十一日	3斗	河母造作用
	十三日	3斗	僧正亡，送槃用
		1斗	李僧正招待造鞍匠吃用
	廿五日	1斗	大張僧正東窟來迎
	廿八日	0.5甕	北園造作
	廿九日	3斗	音聲人就店吃用
		1斗	李僧正造鞍局席
四月（共10天）	二日	1斗	尙和（？）官渠來吃用
	四日	2斗	破歷用
	七日	1甕	刺史亡，用
	九日	5升	二和尚（周、李）就院吃用
	十六日	1斗	二和尚（周、李）就店吃用
	廿三日	1斗	李僧正淘麥用
	廿五日	1斗	東窟上用
	廿六日	1甕	大張僧正盡局席用
	廿八日	1甕	眾僧吃用
	廿九日	1斗	宋僧正就店吃用
五月（共9天）	一日	1斗	張僧正李教授就店吃用
	三日	1斗	迎小張僧正用
	四日	1斗	二和尚（周、李）就庫門吃用
	七日	2斗	磑頭吃用

	八日	2斗	東窟用
		0.5甕	眾僧吃用
		1斗	小張僧正淘麥用
	廿一日	1甕+7杓	北園造作午料+夜料
	廿二日	2斗+粟4斗	指揮、孔目、僧正，老宿、法律等吃用
	廿六日	1角	弘兒醜撻圈園門吃用
六月 （共3天）	三日	3斗	賈舍造文書用
	十日	3斗	僧下載法律就倉門吃用
	廿一日	2斗	李僧正東窟來迎用
七月 （共11天）	十三日	5升	煮油人吃用
	十四日	1角	東僧上用
		1甕	小張僧正看使君用
		粟1斗	大眾東窟來迎用
	十六日	2甕	破盆
	十八日	1斗	造函午料
	十九日	1角	午料
	廿日	1斗	午料
	廿一日	1斗	午料
	廿二日	1斗+1斗+1斗	午料+夜間局席+手工價
	廿三日	1斗	鐵匠陳丑子造作
	廿四日	粟2斗沽酒	安教練轉局來
		粟2斗沽酒	使君脫孝
	廿八日	粟2斗	屈、董都料沽酒
		2斗	造破歷
八月 （共5天）	六日	1甕	顯德寺人助酒
	十六日	2斗	東窟看大張僧正
	十七日	1甕	安國寺人助用
	廿日	1斗	李僧正造後門博士吃用
	廿五日	3斗	西窟造作
十月 （共10天）	五日	1角	北園造作
	六日	1斗	掘蔥
	八日	1斗	李、張、高僧正，索法律等就院吃用
		1角	周僧正東窟來迎用

		5 升	李僧正就少氾家吃用
	十三日	1 斗	張僧正、僧子法律吃用
	十四日	1 斗+1 斗	看木+夜間來
	十六日	粟 2 鬥沽酒+1 斗	看侍僧錄+大師來
	十七日	1 斗	宋判官家送
	廿一日	1 甕	翟家人助用
	廿四日	1 角+1 斗	東河莊看木
	廿八日	1 斗	周和尚鋪暖房
十一月（共 7 天）	一日	1 斗	李僧正鋪暖房
	二日	1 角	楊孔目、周、李就店吃用
	四日	1 斗	周、李就店吃用
	十三日	8 甕	周和尚 3、李和尚 2、大小張僧正、高僧正各 1
	十九日	1 甕	僧正、法律等吃用（麥酒）
	廿五日	1 斗	大張僧正東窟來迎用
	冬至	1 甕	麥酒
十二月（共 5 天）	二日	1 斗	二和尚（周、李）、羊司就店吃用
	三日	1 角	三界寺二張僧正、周和尚、法律等就店吃用
	五日	1 斗	二和尚（周、李）、教授等就店吃用
	六日	1 斗	眾法律東窟來迎用
	十九日	1 甕	張僧正友 連亡

本年淨土寺除九月以外，其他 11 個月均有酒水支出，從正月到十二月（按，由於文書後半部分缺失，十二月爲不完全統計）每月支出酒水的天數分別爲：7 天/正月、7 天/二月、11 天/三月、10 天/四月、9 天/五月、3 天/六月、11 天/七月、5 天/八月、0 天/九月、10 天/十月、7 天/十一月、5 天/十二月，全年共 85 天。如果全年以 365 天計，則每 4.3 天就有一天用到酒，再考慮到十二月的統計數字不完全，以及有時候一天之內要 2 次、3 次或更多次數地支用酒水，我們大致可以確定，淨土寺至多每隔 4 天，就有一次酒的支用。因此，我們可以斷言：淨土寺常住酒庫所支出的酒水相當頻繁，這是因爲有許多場合都需要用酒。

酒的頻繁支用，充分反映出敦煌地區寺院俗世化的明顯特徵。如所週知，內地寺院多數都有「酒戒」一條，敦煌地區的寺院卻如此頻繁用酒，這表明該地區的寺院並無「酒戒」之規定，這應當是敦煌各寺均設有「常住酒庫」的原因所在。我們還可以根據表 4 中所提供的信息，將淨土寺用酒分為如下幾類：

1、第一類，日常生活飲用類用酒

指寺院僧侶日常生活中所飲用，一般來說能夠在日常生活中飲酒的僧侶，多為寺院上層人物，或者本身就是沙州都司下屬的各級僧官。如，頻頻飲酒的周、李二和尚，他們的另一個身份是都司下屬的僧正；再如教授、法律等職位較高的僧職人員，也都經常飲酒，儘管有時候他們是出於接待的用途，但更多場合還是本人日常飲用，故籍帳往往籠統記為「吃用」。資料所顯示的普通僧人飲酒，只有五月八日「眾僧吃用」，而且數量也比較少，僅有半甕，能夠在日常生活中喝到酒，對僧眾來說是一種享受或者說是特權，只有上層高級僧侶或僧官，才能夠經常喝酒，廣大下層僧侶則很少得到這樣的機會。

2、第二類，接待類用酒

指宴請或接待其他寺院僧侶、僧官、地方長官等所支用的酒水。如，東窟迎接、宴請三界寺僧人、周李二和尚接待「羊司」來人、迎接大小張僧正、「大師」來寺等場合，所支用的酒水均於這一類用酒。

3、第三類，招待類用酒

指淨土寺雇傭寺外人員勞動，治辦宴席所支用的酒水。如，造破歷（即請人造作寺院支出的帳目文書），請銀匠、鐵匠製做法器，雇人淘洗小麥，雇人為和尚鋪設暖房，雇人修治菜園（如北園、東園造作）或修治寺廟建築（如造後門）之類的有償勞動，由於要治辦宴席，因此也需要用酒，這一類既屬於寺院帶有經營性的灑類支出，也屬於招待性用酒。

4、第四類，節日慶典活動類用酒

指各種佛教節日或中國傳統節日時，寺院舉行慶祝活動所支用的酒水。如，東窟、西窟上水或舉行佛事活動，請「音聲人」唱歌禮佛，造作「佛食」、「破盆」以及各種節日（如寒食）慶典，都需要用到酒水，就屬於這一類。

5、第五類，撫慰饋贈類用酒

指寺院或僧侶在非常情況下，向那些與本寺有密切關係，或是當地有影響

的人物及其家屬，所提供的饋贈性酒水。如，三月五日梁闍梨死亡，支出酒 1
甕；三月十三日，某僧正死亡，送槃用酒 3 斗，此二項屬於僧侶死亡時提供的
撫慰性用酒，或用來治辦喪事使用。再如，四月七日，支出酒 1 甕，是因爲「刺
史亡」，即沙州刺史死亡時，淨土寺向其家屬饋贈 1 甕酒，大概是資助其家屬治
辦喪事使用，或用作賻金；又如，七月廿四日，支出粟二斗用於沽酒，原因是
「使君脫孝」，大概是爲了慶賀某「使君」守孝期滿，而沽酒饋贈；再如，十二
月十九日，支出酒 1 甕，原因是「張僧正友連亡」，意即張僧正的幾個朋友連續
死亡，故而從淨土寺常住酒庫支出酒水 1 甕，應當也是用於饋贈。

　　姜伯勤氏曾專門討論敦煌寺院「酒戶」及寺院用酒的問題，並得出許多
精闢結論，如：「所謂『沽酒』指用現糧現購的酒類，每次用量爲 1 斗、2 斗
或 3 斗麥粟。『臥酒』則是預付糧食作爲酒本，然後由酒戶處獲得酒供。」、「酒
戶與寺院的關係，主要表現爲自寺院領取酒本，並向寺院提供酒供。」、「由
於預付酒本，而形成了一定時期對寺院的依賴，並使寺院得到低於時價水平
的供酒，從而對酒戶形成某種超額的剝削。」〔註 33〕這些都是經得起檢驗的
不刊之論。

　　不過，這裏也有費解之處，即本件文書爲何要稱爲「淨土寺常住庫」呢？
既然稱爲「常住」，就應該是淨土寺的不動產，從而與前揭姜伯勤氏的論斷不
無扞格。除非這個爲淨土寺提供酒供的酒戶，在人身關係上也隸屬於寺院，
否則他的酒莊就不能稱爲「常住庫」，因爲「常住庫」意味著此酒庫本身就是
淨土寺的固定資產。所以很有可能，淨土寺解決用酒問題，除了通過「沽酒」、
「臥酒」的方式向一些酒戶獲得酒供外，寺院本身也有自己的固定酒庫，而
這些酒庫的經營交由那些和寺院之間存在人身依附關係的寺戶經營，姜伯勤
氏將這些從事煮酒勞役的人也稱爲「酒戶」。只不過，這類「酒戶」與歸義
軍時期的普通「酒戶」在身份上明顯有不同，乃是屬於寺院的一種「賤口」。
〔註 34〕這種情況表明，在歸義軍時期寺戶制度雖然衰落，但並未完全退出敦

〔註 33〕　前揭氏著《唐五代敦煌寺戶制度》第四章第八節：《從寺戶「酒戶」到領取寺
　　　　　院酒本的「酒戶」》，第 250、251、255 頁。

〔註 34〕　前揭《唐五代敦煌寺戶制度》第二章第四節：《寺戶的勞役制與分種制》:「『酒
　　　　　戶』役是長上專當的製酒戶。」（第 77～78 頁）這裏所說的「酒戶」乃是
　　　　　吐蕃佔領時期寺戶制度下的情況，與歸義軍時期「酒戶」之間的最大不同
　　　　　在於：蕃占時期的酒戶與寺院之間有明顯的人身依附關係，是隸屬於寺院
　　　　　的「賤口」；而後者與寺院之間並無人身依附關係，二者之間只是一種契約
　　　　　關係。

煌地區的社會舞臺，包括淨土寺在內的一些寺院仍然擁有數量不等的依附人口，淨土寺「常住酒庫」的存在及其經營，仍由這些不得完全人身自由的「酒戶」進行，就是最好的說明。由這些與淨土寺存在人身依附關係的「酒戶」所經營的「酒店」本身也屬於寺院固定資產，於是就出現了文書中多處記載的「就用」，正是由於這個酒店是淨土寺的不動產，故而僧伽才能夠經常直接在這裏飲酒用餐。

（三）P. 3234 號背-8《年代不明（公元十世紀中期）淨土寺西倉粟破》

本件籍帳文書具體時間不明，殘缺過多，僅餘 11 行，為十世紀中期淨土寺西倉粟的支出明細帳目。茲據籍帳所載，將淨土寺某年西倉粟支出情況表列如下（表 5：某年淨土寺西倉粟支出明細表）：

表 5：某年淨土寺西倉粟支出明細表

支出數額	支出原因（用途）	支出性質
1 石 4 斗	園子春糧用	雜役人員口糧
5 石 1 斗	張定子梁子價用	購物費用
3 斗	沽酒送路于闐僧用	接待費用
2 斗	吳僧政、宋法律上窟迎頓用	接待費用
1 斗	就寺看尼索闍梨用	禮品性饋贈
2 石	恩子春糧用	雜役人員口糧
7 石	春磑淘麥課用	支付磑戶工錢
4 斗	於楊員慶面上買氈 16 條用	購物費用
1 石 4 斗	園子糧用	雜役人員口糧
1 斗	支於安胡兒	購物費用？
8 石	殿簷上赤白人手工用	支付工錢
6 石	挑赤土白土人手工用	支付工錢
2 斗	眾僧沽酒吃用	日常生活支出（自用）
4 斗	箭前簷上仰用	支付工錢
2 石	恩子秋糧用	雜役人員口糧
2 斗	西窟和尚上水來迎頓用	接待費用
7 斗	園子秋糧用	雜役人員口糧
40 石	付東庫所由廣進用	本寺物資調撥周轉
40 石 3 斗	付僧及人上換麥用	交換其他物品（購物）

1 石 5 斗	付善慈齋儭汗衫價用	購物費用
1 石	付應啓，儭用	購物費用
1 石	支與王得全造門手工用	支付工錢
5 石	校物時爲斗不同折直用	自然損耗
3 石	張師梁子價用	購物費用
總計支出：127 石 8 斗		

　　需注意者，這僅僅是當年淨土寺從西倉支出粟數的一部分，其數量卻高達 127.8 石之多，我們完全可以想像出淨土寺全年所支出物資的規模。我們根據「表 5」所提供的信息，可以將這些物資支出的途徑，歸納爲如下幾類：購物費用、工錢支付、雜役人員口糧、接待費用、禮品饋贈、自然損耗、寺內周轉調撥、寺內僧侶自用等。茲據上表所述，將各類支出的數據、比例製作成下表（表 6：某年淨土寺西倉粟支出途徑及比例表），並據以製作成餅狀示意圖（圖 3：某年淨土寺西倉粟支出途徑構成比例圖）：

表 6：某年淨土寺西倉粟支出途徑及比例表

支出途徑	購物費用	工錢支付	雜役人員口糧	接待費用	禮品饋贈	自然損耗	寺內周轉調撥	寺內僧侶自用
支出數量	51.4 石	22.4 石	7.5 石	0.7 石	0.1 石	5 石	40 石	0.2 石
所佔比例	40.2%	17.5%	5.9%	0.5%	0.1%	3.9%	31.3%	1.6%

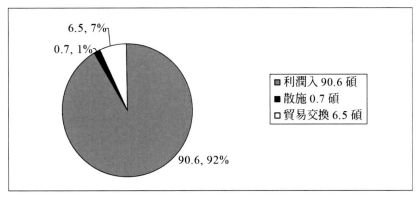

圖 3：某年淨土寺西倉粟支出途徑構成比例圖

以上對淨土寺各項支出性質所進行的分類，或許未盡科學，如用於「付僧及人上換麥」，而支出的粟40石3斗，可能就會有不同的理解方式。不過，我認爲「付僧及人上換麥」的意思，是將這些粟交給其他僧侶以及其他的人用來「換麥」，以粟換麥，儘管從嚴格意義上說，這個交易行爲屬於物品交換，但將所支出的粟歸入購物費用之列，並無原則性的不妥。再退一步說，對於這些支出途徑的性質，我們或許可以有不同解釋，但淨土寺財務支出多樣化的這個特點，則可以確定無疑。由淨土寺支出種類的多樣化，我們進而不難想像出敦煌地區寺院事務之繁雜，及寺院生活俗世化的程度，可以說，寺院已經成爲敦煌社會生活的一支主導性力量，因爲對它們而言，各種迎來送往的「俗務」，遠比參禪念經等佛教修持活動重要得多。

另外，據後文所述之 P.3234 號背-9《癸卯年（公元 943 年）正月一日已後淨土寺直歲沙彌廣進麵破》第 49 行「麵三勝，王得全校斗吃用」，本件文書第9行「粟壹碩，支與王得全造門手工用」，此二文書所載王得全，當爲同一個人。943 年，王得全曾替淨土寺校準量具「斗」，淨土寺因此招待他吃飯；本件文書則記錄了王得全替淨土寺造門，並因此獲得寺院支付的手工價費粟 1 碩。由此看來，王得全應是一個掌握一定技能，並以此賺錢養家的手藝人。據此我們或可推斷，本件籍帳文書的時間，可能就在公元 943 年前後。

（四）P.3234 號背-9《癸卯年（943 年）正月一日已後淨土寺直歲沙彌廣進麵破》

本件籍帳文書時間爲後晉出帝天福八年（943），餘 71 行，爲淨土寺直歲僧人廣進就本年度支出的麵數向寺院提交的決算報告。

本件文書實際可以分爲兩個部分，1～52 行爲面的分類破用記帳，53～71 行爲連麩麵的分類破用記賬。據文書後面的整理者按語，後半部分系從「入歷」上移錄而來。〔註35〕茲據文書所載，將 943 年直歲沙彌廣進經手支出的麵及連麩麵的帳目，分別表列如下（表7：淨土寺943年「麵破」帳目表、表8：淨土寺943年「連麩麵破」帳目表）：

〔註35〕《敦煌社會經濟文獻真蹟釋錄》第三輯，第 449 頁，編者按語。

表 7：淨土寺 943 年「麵破」帳目表

日 期		支出數量	支出原因（用途）	支出性質
正月	一日	3 斗	歲日解齋用	節日性支出
	四日	1 石 2 斗	眾僧解齋用	節日性支出
		3 斗	堆園日，眾僧食用	僧侶勞動伙食
		5 斗 5 升	算會日，供願通及寫帳人食用	雇傭人員伙食
		1 斗 5 升	造胡餅，支綾儭日用	僧侶勞動伙食
	十五日	2 斗	上窟用	節日性支出
		3 斗 5 升	還錦襖子價時，看僧錄、僧正、法律等用	禮品性饋贈
正月小計		3 石 5 升（3.05 石）		
二月	一日	5 升	撩治佛塑師吃用	雇傭人員伙食
	三日	2 斗	木匠、畫人，兼弘建撩治佛炎二時食用	雇傭人員伙食
	八日	2 石 2 斗 5 升	解齋、齋時看雨社及第二日（即九日）屈郎君、孔目、押牙、擎像人等用	節日性支出
	九日			
		3 斗	與擎像北門頓定	節日性支出
	十七日	1 斗	看牧羊人用	長役人員伙食
	十八日			
		9 斗 5 升	造寒食祭拜盤及第二日看眾僧及沙彌用	節日性支出
		4 斗	高僧政亡時納贈用	禮品性饋贈
二月小計		4 石 2 斗 5 升（4.25 石）		
四月		2 斗	官上窟時用	節日性支出
		4 斗	造食及道糧將換毛用	雇傭人員伙食
		3 斗	將群上用	雇傭人員伙食
		5 升	拔毛人來日食用	雇傭人員伙食
		4 斗 5 升	新戒來日造食用	節日性支出
		5 斗	贈憨兒用	禮品性饋贈
		5 斗	造食贈保達用	禮品性饋贈
		4 斗	造食看報恩寺於城角壘舍徒眾用	禮品性饋贈
		5 斗 5 升	造食將窟上用	節日性支出

		1 斗	來日造羹用	節日性支出
		6 斗	窟上脫墼及壘牆兩件將（？）	雇傭人員伙食
		4 斗	窟上壘牆時造食用	雇傭人員伙食
		3 斗	到來日解火用	節日性支出
		2 斗 5 升	磑麵時造食用	雇傭人員伙食
		7 斗	造後門及作斗博士食用	雇傭人員伙食
		2 斗	挑赤土造燒餅人夫食用	雇傭人員伙食
		6 斗	調白土用	雇傭人員伙食
		7 斗 8 升	上赤白僧及上沙麻塑匠等用	雇傭人員伙食
		2 斗	造胡餅兩件馱赤土用	雇傭人員伙食
		1 斗	牧羊人來及苽田渠地送地稅人吃用	招待費用
		2 石 1 斗	上赤白了日，造局席眾僧吃用	治辦局席
		6 斗	造苿餅、胡餅眾僧吃用	僧侶勞動伙食
四月小計		10 石 2 斗 8 升（10.28 石）		
七月	十五日	2 石 3 斗	造佛盆用	節日性支出
	十七日	2 石 8 斗	破盆用	節日性支出
		3 石 3 斗	造春季佛食用	節日性支出
		2 斗 5 升	于闐僧來，比得官料供助用	招待費用
		1 斗 5 升	造小破盆用	節日性支出
		1 斗	煮佛盆僧用	僧侶勞動伙食
		9 斗	七月下旬當寺轉經眾僧齋時用	僧侶勞動伙食
		1 斗	兵馬去時，造小胡餅子用	招待費用
		1 斗	兩件耕地僧用	僧侶勞動伙食
		1 斗	新戒壘廚舍西牆用	雇傭人員伙食
		1 斗	周、趙二家納地課來用	招待費用
七月小計		10 石 2 斗（10.2 石）		
八月	三日	6 斗	填西倉粟眾僧解齋時用	僧侶勞動伙食
		3 斗	兵馬來時，迎保會、善保用	招待費用
		1 斗	兵馬來時，造小胡餅子將城外迎人用	招待費用
		4 斗 5 升	造食，將窟上水用	僧侶勞動伙食
		4 斗	將西窟用	僧侶勞動伙食
		4？斗	造小胡餅子西窟上水回來時迎頓用	僧侶勞動伙食

		1 石 9 斗	秋座局席用	治辦局席
		1 斗	兩件捺耕地僧用	僧侶勞動伙食
		2 斗	看作坊及博士用	雇傭人員伙食
		5 斗	造食，陳水官慶窟時將窟用	節日性支出
		2 斗	亦將窟上用	節日性支出
		4 斗	造食，看行像社聚物用	招待費用
		1 石	淨勝裙價麥，造齋時用	招待費用
		2 斗	乞麻造齋時用	節日性支出
八月小計		6 石 3 斗 5 升（6.35 石）		
十一月	冬至	3 斗	冬至日，眾僧戒齋用	節日性支出
		5 升	羊群徵來時看放羊人用	雇傭人員伙食
		3 斗	支與義員婦産用	長役人員伙食
		4 斗	贈僧錄納用	禮品性饋贈
		4 斗	歲支與恩子節料用	長役人員過節費
十一月小計		1 石 4 斗 5 升（1.45 石）		
十二月	七日	1 石 2 斗	中間造解齋眾僧用	節日性支出
	九日	8 斗	雷僧政解齋用	節日性支出
		1 石 8 斗	正月一日至六日眾僧解齋食用（乞柴齋）	節日性支出
		9 斗	十二月城上轉經僧解齋齋時及神佛料用	節日性支出
		5 斗	造粥祭盤贈弘建用	禮品性饋贈
		3 升	王得全校斗吃用	雇傭人員伙食
		3 石 2 斗	冬季佛食用	節日性支出
		2 斗 7 升半	堆園日眾僧食用	僧侶勞動伙食
		1 斗	造小胡餅子，算日吃用	雇傭人員伙食
		2 斗	贈雒法律用	禮品性饋贈
十二月小計		9 石半升（9.005 石）		
全年總計		44 石 5 斗 8 升半（44.585 石）		

表 8：淨土寺 943 年連麩麵破帳目表

支出日期		支出數量	支出原因（用途）	支出性質
正月		3 斗	堆園僧食用	僧侶勞動伙食
		1 斗	義員出糞，食用	長役人員伙食
		1 斗	算會時造食女人食用	長役人員伙食
正月小計		5 斗		
二月	六日	2 斗	造食女人食用	長役人員伙食
	廿日	4 斗	與牧羊人用	長役人員伙食
二月小計		6 斗（按，六日所支出的 2 斗，實際上用於六、七、八三日）		
三月至七月〔註36〕		1 斗	荣田渠種人夫食用	長役人員伙食
		3 斗	寒食付恩子用	長役人員過節費
		7 斗	拔毛時將群上用	雇傭人員伙食
		4 斗	將窟上脫墼人食用	雇傭人員伙食
		4 斗	兩日淘麥用	雇傭人員伙食
		5 斗	窟上壘牆時用	雇傭人員伙食
		1 斗 5 升	兩件列荣女人及義員兒食用	長役人員伙食
		2 斗	煮佛盆人食用	長役人員伙食
		1 斗	佛盆□餅調培用	長役人員伙食
		2 斗	新戒壘廚舍西牆用	雇傭人員伙食
		1 斗 5 升	春造佛盆女人食用	長役人員伙食
		5 斗	塡西倉日僧食用	僧侶勞動伙食
		1 石 4 斗	付牧羊人糧用	長役人員伙食
綜合小計		5 石 1 斗		
八月	三日	7 斗	塡倉僧食用	僧侶勞動伙食
		4 斗	將西窟上水用	僧侶勞動伙食
		1 斗	秋座局席女人用	長役人員伙食

〔註36〕 之所以判斷爲三月至七月，理由如下：第 57〜58 行「麵三斗，寒食付恩子用」，
　　　　這表明此次支出乃是提供給恩子的寒食節過節費，唐代寒食節與清明大致同
　　　　時，在陽曆 4 月 5 日，相當於農曆三月初。第 61〜62 行「麵貳斗，煮佛盆人
　　　　用；麵壹斗，佛盆□併調培用」，此次支出中麵 2 斗可能是爲了提供給煮佛盆
　　　　人食用，麵 1 斗則是用於煮佛盆時烘焙，煮佛盆的時間爲農曆七月十五日。
　　　　綜合判斷，可知這幾次支出當在三月至七月之間。

	1 斗	兩件耕地人用	長役人員伙食
	1 斗	陸水官上梁時，造食女人及義員用	長役人員伙食
	1 鬥	西窟上水時造食女人用	長役人員伙食
	5 升	造廳設局席女人食用	長役人員伙食
	3 斗	乞麻齋時用	節日性支出
八月以後小計	18 斗 5 升（1.85 石）		
次年正月？	3 斗	正月十日牧羊人妻將（用）	長役人員伙食
	5 升	雷僧政解齋女人用	長役人員伙食
	5 升	榮弘建勸孝女人用	長役人員伙食
	3 斗	堆園眾僧食用	僧侶勞動伙食
	5 升	義員二日出粉用	長役人員伙食
小　　計	7 斗 5 升（0.75 石）		
以上總計	8 石 8 斗		

　　本件文書實際包括精細白麵和連麩粗麵兩份支出帳目，是 943 年正月一日以後，淨土寺經由直歲僧廣進支出的白麵、粗麵的明細，帳目文書較爲精確詳細地記錄了每一項支出的數量、支出的用途。我們在前面分析 S.6452～1號《某年（981～982 年？）淨土寺諸色斛斗破歷》時，曾將淨土寺的各項支出用途分爲：招待性支出、饋贈性支出、報酬性支出、節日慶典性支出等四類。這裏我們也參照這個分類方法，並結合本件文書的具體內容，對淨土寺943 年各項支出進行分類整理：

1、招待性支出

　　招待性支出包括兩種，一種是招待來自其他寺院或沙州都司的僧侶、僧官，如第 28 行：「麵貳斗伍勝，于闐僧來，比得官料供助用」，這是招待來自于闐的僧侶。還有一種是招待其他寺外人員，如第 23～24 行：「麵壹斗，牧羊人來及菜田渠地稅人吃用」，這是招待牧羊人以及送納菜田渠地租稅的人；又如，第 32 行：「麵壹斗，趙、周二家納地稞來用」，這是招待前來送納地課的趙、周二家來人。以上人等或是租種淨土寺土地的人戶，或是與淨土寺有一定依附性關係的人（如牧羊人可能就屬於在淨土寺服長役的人員，送納菜田渠地稅的人也有可能是淨土寺的雜役人員）。淨土寺招待的寺外其他人員，還包括官府人員或是沙州地區的官兵，如第 33～34 行：「麵三斗，兵馬來時迎保會、善保用，麵壹斗，兵馬來時造小胡餅子將城外迎人用」，這兩次支出均與到城外迎接「兵馬」

有關，這些「兵馬」駐紮在沙州地區的官兵。第41～42行，因爲「看行像社聚物」、「淨勝裙價麥造齋」分別支用了 4 斗麵和 1 碩麵，這兩項支出也應該列入招待性支出。本件文書所見的招待性支出，在上表「支出性質」一欄標注爲「招待費用」。

根據以上兩表數據，淨土寺本年「招待性支出」總計：麵 2 碩 3 斗 5 升（2.35 碩）。

2、饋贈性支出

這項支出也包括兩類，一種是看望僧錄、僧政、法律等僧官時的「納贈」支用，如第 45 行：「麵四斗，贈僧錄納用」、第 48～49 行：「麵伍斗，造粥祭盤贈弘建用」、第 51 行：「麵貳斗，贈雠法律用」，以上均爲送給僧官的禮品性饋贈。

還有一種是提供給一般人員或其他寺院的禮品性饋贈，如第 15～17 行：「麵伍斗，贈憨兒用，麵伍斗造食贈保達用，麵四斗造食看報恩寺於城角壘舍徒眾用」，憨兒是什麼人並無確切信息可考，但很有可能是在淨土寺服長役，且與寺院有一定人身依附關係的奴婢式人員；保達則有可能是本寺或其他某寺的一位僧侶；造食看報恩寺壘舍徒眾，則屬於送給其他友好寺院勞役者的饋贈性食物。

根據以上兩表數據，淨土寺本年「饋贈性支出」，總計：麵 3 碩 2 斗 5 升（3.25 碩）。

3、雇傭人員伙食

對於一些事務性的勞動，本寺僧侶無法承擔，而必須聘請或雇傭院外人員完成，如文書中所列「寫帳人」、木匠、畫匠、塑匠、博士等，以及其他爲寺院提供各種勞動者，由於這些勞動者本身和寺院並無人身依附關係，他們和寺院之間一般是通過契約的方式構成雇傭關係，因此當他們爲寺院提供勞動服務時，寺院不僅要爲他們提供相應的伙食酒水，有時甚至還要支付相應的工錢。這體現在以上兩表中，主要就是「雇傭人員伙食」一項。

根據以上兩表數據，本年淨土寺「雇傭人員伙食」支出總計：麵 5 碩 7 斗 6 升（5.76 碩）、粗麵 1 碩 7 斗（1.7 碩）。

4、僧侶勞動伙食

歸義軍時期隨著寺戶制度的衰落，下層僧侶參加勞動生產的次數相應增加，因此，寺院也要爲他們提供一份額外伙食，就本件文書所反映的情況來

看，諸如「堆園」、「耕地」、「塡倉」、「上水」（按，西窟上水較爲常見）、「壘牆」、「煮佛盆」等勞作，均有本寺僧侶參加，屆時參加這些勞作的僧侶，均可獲得伙食供應。

根據以上兩表數據，淨土寺本年「僧侶勞動伙食」支出總計：麵 4 碩 3 斗 5 升半（4.355 碩）〔註37〕、粗麵 2 碩 2 斗（2.2 碩）。

5、節日性支出

每逢佛教的法定節日或是中國傳統節日，如歲日、寒食、燃燈節〔註38〕、二月八日行像節、四月八日釋迦牟尼誕辰節、七月十五至十七日盂蘭盆節、「乞麻齋」、冬至等，敦煌諸寺都要舉行一些慶祝活動，此時僧侶往往也可以「解齋」，即解除過午不食的規定，在這種時候寺院需要一定的額外支出.對於這類支出，我們概括稱爲「節日性支出」。

根據以上兩表數據，淨土寺本年「節日性支出」總計：麵24 碩 4 斗 5 升（24.45 碩）、粗麵 3 斗（0.3 碩）。

6、長役人員伙食

參加寺院勞作的成員中，還有一類屬於和寺院有密切關係的人員，如「恩子」、「義員」、「人夫」等，他們或是寺院的依附性人口，或是在寺院擔任長役，他們和他們的家屬（常以「女人」、「造食女人」等名目出現）在爲寺院提供勞動服務時，也可以獲得院方提供的伙食，這體現在以上兩表中，就是「長役人員伙食」。

〔註37〕 其中有一處「造小胡餅子西窟上水回來時迎頓用」，數字看不清楚。結合其他幾處與「西窟上水」有關事宜時的支出數分別爲 4 斗、4.5 斗、4 斗等，姑且將其推定爲 4 斗 5 升。如此，則淨土寺本年「僧侶勞動伙食」支出總計：麵 4 碩 3 斗 5 升半（4.355 碩）。

〔註38〕 按，《無量壽經》有云：「懸繒燃燈，散花燒香」，可見作爲佛教的一種儀式，燃燈與花、香都是對佛的供養，也是僧侶和信徒積累功德的一種形式，故佛經中有《施燈功德經》一卷，北齊時由那連提耶舍譯出，在中國傳播。佛教燃燈的儀式，後來演變爲正月十五坊市燃燈的節俗。唐五代敦煌地區也盛行此俗，但受社會經濟力量的制約，一般只限於在寺窟中燃燈，且燈數不多，一夕便罷。另外，二月八日佛誕節和十二月八日「臘八」之夜也要遍窟燃燈。敦煌佛教對諸節燃燈很重視，都僧統司下設燈司，配備燃燈法師教授負責燃燈節的運籌工作，並制有《燃燈文》供僧俗、官民祝節誦讀。燃燈之日僧俗官員上窟賀節，寺中備有酒食招待。由於燈節開支繁多，寺院財力難以獨立承擔，民間信眾有自願結成的「燃燈社」，湊集油糧給附近寺院。故燃燈成爲敦煌地區官民同慶的盛大節日。（詳參季羨林主編：《敦煌學大辭典》「燃燈」條，上海，上海辭書出版社，1998。）

根據以上兩表數據，本年淨土寺「長役人員伙食」支出總計：麵4斗（0.4碩）、粗麵3碩4斗5升（3.45碩）。

7、長役人員過節費

本件文書所載節日性支出中，還包括爲寺院隸屬人員提供的過節費，如「恩子」，作爲和淨土寺有人身依附關係的奴婢式人員〔註39〕，每逢節日都能夠得到寺裏額外提供的一份「節料」，這在本件文書中也有反映，如第45行：「麵肆斗，支與恩子節料用」，即爲冬至時提供給恩子的過節費用；又第 57～58 行：「麵三斗，寒食付恩子用」，即爲寒食節提供給恩子的過節費用。這類節日性支出，我們不妨稱之爲「長役人員過節費」。

根據以上兩表數據，本年淨土寺 「長役人員過節費」支出總計：麵7斗（0.7碩）。

8、治辦局席支出

所謂「局席」即佛教所說的「齋會」，類似俗世之宴席。〔註40〕一般而言，每年春、秋兩季及年終都要舉行一次，其中春、秋兩季局席規模最大，稱爲「春座局席」、「秋座局席」；此外，在某些時候，寺院會進行一些較爲重大的修造工程，待其完工後，往往也要治辦「局席」以示慶祝。如第24～26 行：「麵兩碩壹斗，上赤白了日，造局席衆僧吃用」，此處所支出的 2石 1 斗麵，就是淨土寺修造工程（按，鑒於工程中使用了赤土、白土，估計是用來泥牆或塑造佛像）完成以後，治辦宴席以示慶祝。再如，第37～38 行：「麵壹碩玖斗，秋座局席用」，則是943年秋季舉行的盛大齋會，爲此支出的麵粉多達 1 石 9 斗。

根據以上兩表數據，本年淨土寺「治辦局席」支出總計：4碩。

以上各項支出總計：麵（包括粗麵）共53碩3斗8升半（53.385碩）。爲進一步分析淨土寺當年支出構成上的特點，茲據以上統計數據將各項支出及其所佔比例製成下表（表9：943年淨土寺各項支出構成暨比例表），並製作成餅狀示意

〔註39〕 姜伯勤氏曾專門探討「恩子」之謎，在池田溫、謝和耐、北原熏諸氏研究的基礎上，對恩子的身份做出準確界定，云：「我們認爲恩子確是一個人名，其地位是當寺廁兒，身份相當於寺奴婢。」（前揭《唐五代敦煌寺戶制度》第四章，第183頁）

〔註40〕 從不太嚴格的意義上來說，治辦局席也可視爲佛教徒的重要節日儀式。不過，爲使我們的分類更爲明晰，此處將「局席」單獨列爲一項，沒有將之歸入「節日性支出」。

圖（圖 4：943 年淨土寺各項支出構成比例圖）如下〔註41〕：

表 9：943 年淨土寺各項支出構成暨比例表

支出類別	招待性支出	饋贈性支出	節日性支出	雇傭人員伙食	僧侶勞動伙食	長役人員伙食	長役人員過節費	治辦局席支出
支出數量	2.35 碩	3.25 碩	24.75 碩	7.73 碩	6.575 碩	3.85 碩	0.7 碩	4 碩
所佔比例	4.40%	6.09%	46.36%	14.48%	12.32%	7.21%	1.31%	7.50%

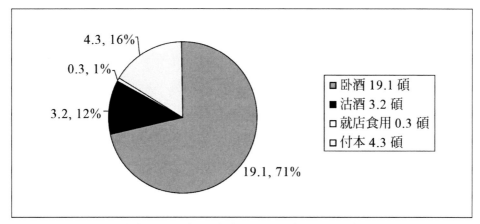

圖 4：943 年淨土寺各項支出構成比例圖

　　從「表 9」、「圖 4」可以清楚地看到，在沙門廣進所記錄的這份支出帳目中，「節日性支出」一項所佔比重最大，高達 46.36%；其次分別爲「雇傭人員伙食」、「僧侶勞動伙食」兩項，分別占 14.48%、12.32%，最低的是「長役人員過節費」，占 1.31%，這一項加上「長役人員伙食」的 7.21%，達 8.42%。其他「饋贈性支出」、「招待性支出」、「治辦局席支出」所佔百分比，均未超過 10%。

　　「節日性支出」占比近 47%，幾近一半，如果再考慮到其他一些支出也間接地與「節日性支出」存在著密切的關聯（如「長役人員伙食」一項中，就有很大一部分都是爲了舉行節日慶典活動而提供給相關勞役人員食用），那麼，「節日性支出」

〔註41〕　爲簡明起見，「表 9」統計數據包括「麵」、「粗麵」，二者是累加計算。「圖 4」係根據「表 9」而來，其各項支出中，也包括「麵」、「粗麵」兩項，不再區分。

所佔比重可能還要提高不少。「節日性支出」在各類消費中所佔比例如此之高，適足表明敦煌諸寺對各種節日的重視，甚至可以說，一年中的許多時間都是在各種「節日」中度過。

「雇傭人員伙食」、「僧侶勞動伙食」兩項占比，均超過 10%，這兩數據也值得引起我們的注意。因為這既從一定意義上顯示出，敦煌諸寺在勞動力獲取方面所發生的變化，也從某種程度上表明寺戶制度趨於崩潰的形勢。可以說，正是由於寺戶制度日漸走向沒落，由寺戶提供的勞役已經不能滿足寺院生產和生活的需要，敦煌諸寺不得不採用「雇傭」，以及增加下層僧侶參加勞作次數等方式，以緩解勞動人手短缺的窘境。這種情況反映到本件支出籍帳中，就是淨土寺為雇傭人員，以及參加勞動的僧侶所提供的伙食開支，在全部支出中所佔的比例的較大提高，二者均各超過了 10%。

表中其他幾項支出所佔比例，儘管都沒有超過 10%，但也並非沒有值得關注的價值。因為儘管以上支出所佔比例都不是很高，卻明白無誤地反映出淨土寺支出項目的多樣化，由此進一步體現出淨土寺與俗世社會來往的頻繁。

在這裏還有一個問題，即直歲僧廣進在記錄帳目時，為何要將白麵與粗麵分開記錄呢？另外，不知什麼原因，只有少數帳目的時間標注得十分精確，具體到某一月某一天，而多數記帳則沒有記錄具體的時間。

經過認真比對兩份帳目文書，發現這兩份帳目之間似乎存在一定的對應關係，即兩份帳目中的支出，有時是因為同一件事情。茲將比對情況表列如下（表 10：943 年淨土寺破用白麵、粗麵對應關係簡表）：

表 10：943 年淨土寺破用白麵、粗麵對應關係簡表

破用白麵數及用途	破用粗麵數及用途	破用時間
3 斗，堆園日眾僧食用	3 斗，堆園日眾僧食用	正月
5 斗 5 升，算會日，願通及寫帳人用	1 斗，算會日，造食女人用	正月
2 石 2 斗 5 升，八日解齋、看雨社，九日，屈郎君、孔目、押牙、擎像人用	2 斗，六、七、八日，造食女人用	二月
1 斗，十七、十八日看牧羊人	4 斗，二十日，與牧羊人	二月
4 斗、3 斗、5 升，羊群拔毛	7 斗，羊群拔毛	
6 斗、4 斗，窟上脫墼、壘牆	4 斗、5 斗，窟上脫墼、壘牆	
1 斗，牧羊人來，荣田渠地送地稅人吃用	1 斗，荣田渠種人食用；1 石 4 斗，付牧羊人	

3 石 3 斗，造春季佛食	1 斗 5 升，春造佛食女人食用	
2 石 3 斗，造佛盆	1 斗 5 升，煮佛盆人食用	七月十五日
2 石 8 斗，破盆	1 斗，佛盆□餅調培用（？）	七月十七日
1 斗，新戒疊廚舍西牆	1 斗，新戒疊廚舍西牆	
6 斗，八月三日，填西倉粟眾僧解齋	5 斗、7 斗，填西倉僧食用	八月
4 斗 5 升、4 斗、? 斗，西窟上水	4 斗，西窟上水；1 鬥西窟上水造食女人食用	
1 石 9 斗，秋座局席	1 斗，秋座局席女人用	
1 斗，耕地僧用	1 斗，耕地人用	
5 斗，陳水官慶窟	1 斗，陸水官上梁，造食女人及義員用	
2 斗，乞麻齋用	3 斗，乞麻齋用	
8 斗，雷僧政解齋用	5 升，雷僧政解齋女人用	十二月九日
5 斗，造粥祭盤贈弘建	5 升，弘建勸孝女人用	十二月
2 斗 7 升半（？），堆園日眾僧食用	3 斗，堆園日眾僧食用	十二月

從「表 10」可以看出，淨土寺支出的白麵與粗麵帳目中，在許多情況下都呈對應關係，兩種支出往往是爲了同一件事情。如在正月所支出的白麵、粗麵項目中，至少有兩次帳目呈對應關係：其一，堆園日眾僧食用白麵 3 斗，粗麵 3 斗，這裏無論是白麵，還是粗麵，都是提供給參與堆園勞作的僧侶的伙食；其二，算會日支出白麵 5 斗 5 升、粗麵 1 斗，其中白麵 5 斗 5 升，是提供給沙門願通及寫帳人食用（按，其中也可能有一部分充當寫帳人的工錢），粗麵 1 斗提供給算會時「造食女人」食用，這裏「造食女人」的身份相當於寺院在算會日臨時雇傭的幫廚人員。

再如，二月曾支出白麵 2 石 2 斗 5 升，標明是用於「八日解齋、看雨社，九日，屈郎君、孔目、押牙、擎像人用」，同時於六、七、八日支出粗麵 2 斗，標明是「造食女人用」。這兩項支出也呈對應關係，都是圍繞二月八日的「行像節」展開，前者支出的白麵是爲了行像節時僧侶解齋、探望雨社成員，以及九日行像節結束以後，犒賞郎君、孔目、押牙、擎像人等所食用〔註 42〕；

〔註42〕 按，籍帳文書中所載「屈郎君、孔目、押牙、擎像人用」一句，其中「屈」，意爲「請」，也有可能是發音的問題，西北地區「請」、「屈」音不分，意思就是請客、犒賞。其中「郎君」頻繁出現於諸籍帳文書，當指歸義軍政權首領張氏（後來爲曹氏）家族男性人物；孔目、押衙則爲歸義軍政權中的軍事行政人員；擎像人則爲行像社雇傭人員，負責行像時舉擡佛像。

粗麵 2 斗，則是提供給在行像節中做飯的女人們（按，這些女人可能是淨土寺長役人員的家屬，也有可能是臨時雇傭的幫廚人員）的伙食。

與此相類似情況還有：「造春季佛食」支用白麵 3 石 3 斗，「春造佛食女人食用」卻只有粗麵 1 斗 5 升，這兩項也呈對應關係，「造春季佛食」是寺院一項重要佛事活動，需要臨時雇傭一批女人充當幫廚人員，1 斗 5 升粗麵就是寺院為她們所提供的伙食。後面的「造佛盆」支用白麵 2 石 3 斗，「煮佛盆人食用」粗麵 1 斗 5 升；「秋座局席」支用白麵 1.9 石，「秋座局席女人用」粗麵 1 斗；「雷僧政解齋」，支用白麵 8 斗，「雷僧政解齋女人用」粗麵 5 升。情況均與之相同。

一般來說，前一項白麵支出是佛事活動，供給以僧官為首的僧侶們享用（當然有些是以供養佛的名義出現），後一項支出的粗麵，則是供給為佛事活動提供勞動服務的人員食用，前、後兩項支出之間往往存在因果互動關係，如果沒有前一項佛事的活動，也就沒有後一項為佛事活動提供服務人員的開支。

就本件籍帳所提供的信息來看，從事這一類勞作的人員主要是所謂的「女人」，她們以「造食女人」、「解齋女人」、「造佛食女人」、「秋座局席女人」等眾多名目，頻繁出現於淨土寺的籍帳。她們是些什麼人呢？她們的身份如何？前揭姜伯勤氏對此曾進行過探討，並得出重要結論，認為淨土寺帳目中的「女人」與「廝兒」連稱，因此，他們還不屬良口，而是賤口中的家眷。〔註43〕我們知道，到北宋初期，寺院經常雇請客戶婦女或其他良家婦女到寺中擔任編織、縫補等針線手工，她們與寺院之間只是一種契約雇傭關係，並非完全或部分依附於寺院的賤口。〔註44〕很明顯，本件文書中的「女人」和她們並不相同，本件文書中的「女人」只是為淨土寺服長役者的家屬，從本質上看，她們依然屬於和淨土寺之間有一定人身依附關係的賤口，地位低下，因此即便她們為寺院提供勞動服務，但寺院提供給她們的伙食，仍一無例外的都是「粗麵」，這種情況正從一個方面表明這些為寺院提供服務的女性勞動人員社會地位之低下，另一方面也曲折地表明她們和寺院之間可能仍至少部分地存在著人身依附關係。

〔註43〕 前揭氏著《唐五代敦煌寺戶制度》第四章，第 185 頁。

〔註44〕《禪苑清規》卷四曾提及寺院「莊主之職」，有云：「莊主之職，主管二稅……安停客戶，選擇良家針線婦人……」（【宋】宗頤 撰，蘇軍點校：《禪苑清規》卷四「磨頭園頭莊主廨院主」條，第 48 頁，鄭州，中州古籍出版社，2001。）其中所說「客戶」、「良家針線婦人」，均為寺院雇傭人員，她們與寺院之間是一種契約雇傭關係。（按，點校本此處斷句為：「莊主之職，主管二稅，耕種鋤榜，收刈持梢……安停客戶，選擇良家；針線婦人，常居顯處；錢穀文書，支破分明……」，斷句明顯有誤，故本文引用時徑改。）

四、附論：沙州僧司「大眾僧利」收支決算報告

編號爲 P. 2638 號的《後唐清泰三年沙州僧司教授福集等狀》，其時間爲後唐清泰三年（936），共 88 行，池田溫《中國古代籍帳研究》第 503～505 頁、那波利貞《支那佛教史學（二）》第 2～4 頁，均有著錄。係 936 年六月某日，沙州僧司教授福集、法律金光定、法律願清等人，在淨土寺就最近三年沙州僧司的「大眾僧利」收入及支出情況，向沙州各寺院負責人（「僧首、禪律、老宿」）所作的決算報告書。

在這件籍帳文書的開頭，鈐有「（河西都）僧統印」字樣的紅色印章，據此可知：沙州僧司教授福集等三人，乃是奉沙州都司（即河西都僧統司）的命令執掌大眾僧利，時間爲「從癸巳年六月一日已後，至丙申年六月一日以前，中間三年」，也就是從癸巳年（公元 933 年）六月一日至丙申年（936 年）六月一日之間。〔註45〕

茲據籍帳所載，將福集所作的這份收支決算報告分爲收入和支出兩個部分，分別表列如下（表 11：936 年沙州僧司「大眾僧利」收入統計表；表 12：936 年沙州僧司「大眾僧利」出破統計表）：

表 11：936 年沙州僧司「大眾僧利」收入統計表

時　間	收入物品	收入數量	收入途徑（出唱，即拍賣）
（癸）巳年（933）	布	2320 尺	官施衣物
	布	9032 尺	陰僧統和尚衣物
	布	363 尺	價（賈）法律衣物
	布	830 尺	陰家夫人臨壙衣物
年度小計	布 12545 尺		
甲午年（934）	布	2320 尺	官施衣物
	布	4810 尺	又壹件衣物（官施？）
	布	5580 尺	又壹件衣物（官施？）
	布	4776 尺	龍（興寺）張僧政衣物
	布	2918 尺	普（光寺）精進衣物
年度小計	布 20404 尺		

〔註45〕據《敦煌社會經濟文獻眞蹟釋錄》第三輯，第 395 頁注二：「此件上有『河西都僧統印』數樣。」可知，本件籍帳不僅開頭鈐有此印，在文書其他部分也鈐有河西都僧統司的印章。

乙未年	布	3540 尺	曹僕射臨壙（壙）衣物
（935）	布	8320 尺	大王臨壙衣物
	布	510 尺	梁（？）馬步臨壙衣物
	布	3475 尺	國（安國寺）無染衣物
	布	2580 尺	普（光寺）祥能衣物
	布	800 尺	天公主花羅裙
	布	6382 尺	王僧統和尚衣物
	布	2266 尺	孫法律衣物
年度小計	布 27873 尺		
分類總計	布，60822 尺，與分類總帳 58502 之間相差 2320 尺，誤差率爲 3.97%。〔註 46〕		
	樓機綾	3 匹	迴殘（即前一會計年度剩餘）
	生絹	5 匹	迴殘（即前一會計年度剩餘）
	黃小綾襖子	1 領	迴殘（即前一會計年度剩餘）
	烏玉腰帶	1	迴殘（即前一會計年度剩餘）
	鞓踝具	9 事	迴殘（即前一會計年度剩餘）
	布	804 尺	計又得見布
	粗緤	30 匹	
	細緤	7 匹	
	絹	128 尺	
	綿綾	2 匹	
	布	400 尺	官施見布
	粗緤	11 匹	
	大綾	2 匹	
	樓機綾	2 匹	宰相錦襖子價
	綿綾	3 匹	散施
	綿綾	1 匹	王僧統襖子價入
	細緤	6 匹	

〔註46〕 籍帳第 24～25 行：「上件應出唱衣物，計得布伍萬捌阡伍佰貳尺」，即 58502 尺。然而，我們將籍帳所載各項收入累加之後，得 60882 尺，兩者之間相差 2320 尺。所差之數正好是一年的「官施衣物」數，抑或福集所作的收入決算報告，因爲疏忽而將其中一年的「官施衣物」所得布數遺漏？

	粗絲	7 匹	
	粗絲	9 匹	絹價入
分類總計	大小綾 7 匹、生絹 5 匹、綿綾 5 匹、生絹 128 匹、粗絲 57 匹（計 1452 尺）、絲 13 匹（計 325 尺）、布 1240 尺。〔註 47〕		
三年總計	61456 尺（第 39～41 行：「已前出唱衣物及見絲，右都計陸萬壹阡肆伯伍拾陸尺。」）〔註 48〕		

表 12：936 年沙州儭司「大眾儭利」出破統計表

出破物品	出破數量	出破途徑（用途）	支出性質
樓機綾	1 匹	寄上于闐皇后用	地方官府人事用
樓機綾	1 匹	贖鞍上官家用	地方官府人事用
大綾	1 匹	上司空用	地方官府人事用
樓機綾	1 匹	沿大眾用	沙州都司用
生絹	2 匹	大雲、永安慶寺人事用	寺院人事、法事用
生絹	2 匹	郎君小娘子會親人事用	地方官府人事用
生絹	1 匹	賀　官鞍價用	地方官府人事用
生絹	1 匹	買粗絲玖匹，沿大眾用	沙州都司用
生絹	1 匹	二月八日賞法師用	寺院人事、法事用
生絹	1 匹	天公主上梁人事用	地方官府人事用
絹	8 尺	歸文寄信用	寺院人事、法事用
綿綾	1 匹	聖光寺慶鐘用	寺院人事、法事用
綿綾	1 匹	開元寺南殿上梁用	寺院人事、法事用
綿綾	1 匹	安國慶寺人事用	寺院人事、法事用
綿綾	1 匹	甘州天公主滿月人事用	地方官府人事用

〔註 47〕 此處帳目在籍帳文書第 33～41 行。其中「大小綾柒匹」，根據「表 10」所載，有「大綾」2 匹，並無「小綾」，而「樓機綾」數正好是 5 匹，據此我認為，所說「小綾」當即「樓機綾」。生絹共有二項，後面一項「生絹壹伯貳拾捌尺」，當指籍帳第 28 行中的「絹壹伯貳拾捌尺」。布的分類統計 1240 尺，與分類計帳第 27 行：「計又得見布捌伯肆尺」、第 29 行：「官施見布肆伯尺」，兩數相加得 1204 尺，這個誤差當出在第 27 行，在「肆」後面少掉一個「拾」字。粗絲、細絲兩項統計數字完全相同。黃小綾襖子、烏玉腰帶、鞋鞦具三種物品則沒有在分類總帳中標明。

〔註 48〕 由於前面分類統計數據有誤差，故 61456 尺這個總計數目也不準確。根據表中數據，總計布、絲當為 63739 尺。

綿綾	1 匹	二月八日賞法師用	寺院人事、法事用
綿綾	1 匹	于闐僧鞔衣用	寺院人事、法事用
綿黃綾襖子	1 領	三界、淨土賞法事用	寺院人事、法事用
細緤	17 匹	天公主滿月，及三年中間諸處人事等用	地方官府人事用
粗緤	57 匹	三年中間諸處人事、七月十五日賞樂人、二月八日賞法師禪僧衣直、諸寺蘭若慶陽等用	寺院人事、法事用
布	2710 尺	三年中間沿僧門、八日法師、七月十五日設樂、三窟僧禪衣直、布薩、慶陽、弔孝等用	寺院人事、法事用
布	210 尺	申年修開（元寺）、永（安寺），支布薩法事用	寺院人事、法事用
布	80 尺	賞監儭和尚用	僧侶賞賜
布	150 尺	賞支儭大德三人用	僧侶賞賜
布	90 尺	賞都司三判官等用	僧侶賞賜
布	20 尺	賞大眾維那用	僧侶賞賜
布	400 尺	給算日供主用	
布	240 尺	折送路漆椀三枚用	
支出總計	大小綾 4 匹，生絹 8 匹 8 尺，綿綾 6 匹，細緤 325 尺，粗緤 1425 尺，布 3900 尺		
見存（剩餘）	大白綾 1 匹，樓機綾 2 匹，布 55806 尺。		

　　先來看本件籍帳的記帳會計年度問題。從這份收支決算報告所記錄的實際內容來看，其中收入部分是按年度記帳，即按照「（癸）巳」／933、「甲午」／934、「乙未」／935 三個年度記錄。然而，這個時間記錄卻與實際的會計年度並不完全等同，「癸巳年」作爲會計年度，實際上是從癸巳年的六月一日起，到甲午年的六月一日止，即從 933 年六月開始，至 934 年六月作爲一個會計年度。以下「甲午」、「乙未」同，即：作爲會計年度，它們實際上都是跨年度，即從當年的六月至次年的六月作爲一個會計年度。

　　本件籍帳的支出，即「出破」帳目，並沒有按照會計年度進行，除了每年的二月八日「出破」帳目屬於有明確的時間記錄外，其他「出破」既沒有按年度記錄，也沒有支出的具體時間。「出破」帳目何以沒有象「入帳」一樣按照明確的會計年度記錄，大概是由於支出往往具有臨時性，隨意性較強，故而只能簡單地記錄支出的數量、用途及簡單的支出緣由。

「表 11」中的各項收入，即福集等三人所掌當年大眾儭利，據文書第 3〜5 行：「……應所有官施、私施、疾病死亡僧尼散施及車頭、齋儭，兼前儭迴殘，所得……」，可見其收入來源有如下幾種：第一，官施、私施、疾病死亡僧尼衣物，經過拍賣（即「唱得」）後的收入；第二，各種散施及車頭等人的齋儭；第三，「前儭迴殘」，即前一會計年度剩餘。這裏值得我們關注的還有兩點：

其一，車頭齋儭，即寺院車乘出租所得。關於「車頭」的問題，前揭姜伯勤氏曾有專論，根據姜氏所論並結合相關文書所載，我認為：在歸義軍時期，敦煌地區的「車頭」（按，前揭姜伯勤氏認為又可稱為「車牛家」，甚是。）包括兩種，一種是私家所有，他們一般情況下靠為寺院提供服務，賺取雇價（當然也可能為普通人家提供服務賺錢）；還有一種是寺院自備車牛中，而由「寺戶」充當車頭，寺院備有車乘除滿足寺院自用外，應當還對外提供服務，以賺取利潤。對於第二種「車頭」所賺取的利潤，姜氏在所著中也引用分析了本件籍帳文書，並指出：「因此在 P.2683 號《後唐清泰三年（公元 936 年）沙州儭司教授福集等狀》所記各種布施項目中，有官施、私施、病死亡僧尼散施及『車頭齋儭』。從『車頭齋儭』已成為各種布施中一個重要項目的事實，反映出私人經營的『車頭』已成為歸義軍時期沙州封建經濟中引人注目的一個新因素。」〔註49〕據此或可認為，所謂「車頭齋儭」，應當是指寺院以自備的車乘和「車頭」，對外租車服務所賺取的利潤，這種利潤儘管是通過由寺戶充當的「車頭」的勞動所換來，但在沙州都司等寺院的領導機構看來，它也是施主們提供的一種布施。

其二，第 16〜18 行：「乙未年曹僕射臨壙衣物唱得布三阡伍伯肆拾尺，大王臨壙衣物唱得布捌阡三伯貳拾尺」、第 21 行：「天公主花羅裙唱得布捌伯尺」，這裏的「曹僕射」、「大王」、「天公主」均為歸義軍政權的上層統治者，由此可以推知淨土寺與歸義軍政權的密切關係。據學者考證，文書所載的「曹僕射」，為歸義軍首領曹議金（仁貴）的兄長曹仁裕，「大王」則指歸義軍首領曹議金。〔註50〕「天公主」則是指曹議金的回鶻族妻子李氏，她是甘州回鶻可汗之女，大概在後梁貞明四年（918）前就已經嫁給曹氏，與甘州回鶻聯

〔註49〕前揭《唐五代敦煌寺戶制度》，第 244 頁。
〔註50〕前揭《歸義軍史研究——唐宋時代敦煌歷史考索》第七章《曹議金與曹氏歸義軍政權基礎》，第 236〜237 頁。

姻並確立父子關係，乃是曹議金統治初期穩定政權基礎的重要舉措。〔註51〕
除此件文書外，在其他多件屬於淨土寺的籍帳文書中，關於「天公主」施捨
的記錄還有多條，這適足表明淨土寺與歸義軍政權的關係十分密切。

　　福集等人所掌沙州「大眾儭利」，具體包括如下物品：綾、錦、綿、綾、
絹、褐、布（以上爲各種紡織品），衣物、盤、碗、臥具、什物等。所謂「大眾儭
利」，即這一類施物是在沙州都司下屬的全體僧團中分配給各僧人，不屬於各
寺的收入。正是由於這類布施不屬於某一寺院的資產，故而其管理權由河西
都僧統衙門──「都司」下屬的儭司執掌。姜伯勤氏曾據本件文書對「大眾
儭利」進行過分析，指出：

　　　　如 P. 2683 號《後唐清泰三年（公元 936 年）沙州儭司教授福集
　　　　等狀》，反映了河西都僧統衙門「都司」所屬儭司教授所掌「大眾儭
　　　　利」，自癸巳至丙申的三個會計年度內，「官施、私施、疾病死亡僧
　　　　尼散施及車頭齋儭，兼前儭迴殘所得綾錦、綿綾、絹褋、褐布、衣
　　　　物、盤椀、臥具、什物等」，均由都司所屬儭司教授拍賣（即「出唱」）。
　　　　計「出唱」衣物及見褋共計 61456 尺，並在應得儭僧徒 852 人中瓜
　　　　分，最後僧尼各支布 60 尺，僧尼沙彌各支布 30 尺。因爲此項收入
　　　　由都司執掌，最後分給個人，故不列入各寺帳目。〔註52〕

姜伯勤氏所言頗具啓發意義，如指出儭司所掌「大眾儭利」，不入各寺帳目，
而是分配給全體僧徒（應得儭僧徒852人），就是精當不刊之論。

　　不過，姜氏所論似有未盡之處，竊揣上述引文，其核心結論是：儭司所
管理之「大眾儭利」最終完全分配給全體僧尼。然而，徵諸籍帳原文，並不
如此。也就是說，由儭司執掌的「大眾儭利」，除了要在具備分配資格的全體
僧尼中進行分配外，還有一部分要用於儭司管理費用的支出。何以言之？

　　因爲這份籍帳分爲「入」、「破」兩個部分，「入」的部分爲各項大眾儭
利收入，「破」的部分就包括沙州儭司在三個年度間的各項支出，從文書第
42 行至 66 行，詳細列出了儭司的各項支出，這些支出均屬於大眾儭利管理
過程中所產生的費用。茲據「表12」所列，將以上「出破」途徑簡單分類如
下：

〔註51〕 前揭《歸義軍史研究──唐宋時代敦煌歷史考索》第十章第二節《曹議金與
　　　　回鶻的聯姻及其親征甘州之役》，第309～327頁。
〔註52〕 前揭《唐五代敦煌寺戶制度》，第259頁。

1、第一類：與歸義軍政權之間的人情來往，在某些時候或稱為「人事用」

如：「寄上于闐皇后用」、「贖鞍上官家用」、「上司空用」、「郎君小娘子會親人事用」、「賀官鞍價用」、「天公主上梁人事用」、「甘州天公主滿月人事用」、「天公主滿月，及三年中間諸處人事等用」等，均屬此類。據前揭榮新江氏研究，其中「于闐皇后」當指與曹氏政權有密切關係的于闐國天子李聖天的皇后曹氏（曹議金女），〔註53〕「司空」當指曹議金長子曹元德，「天公主」即前述之曹議金夫人李氏，亦即聖天公主，她在曹議金死後即被尊為國母；〔註54〕「郎君、小娘子」則指曹氏的姊妹及其夫婿，只不過我們不知道具體何指。〔註55〕由此可見，沙州僧司與歸義軍政權上層統治者的關係十分密切，他們之間往還頻繁，正表明歸義軍政權後期，沙州政治局面所發生的新變化，以沙州都司（按，即河西都僧統司）為代表的佛教勢力同俗世政權之間的關係進一步密切，其對世俗政治的干預重新加強。〔註56〕

〔註53〕 前揭《歸義軍史研究——唐宋時代敦煌歷史考索》，第七章，第242頁。
〔註54〕 前揭《歸義軍史研究——唐宋時代敦煌歷史考索》，第二章，第107～110頁。
〔註55〕 榮新江氏曾對敦煌莫高窟第98窟的供養人題記進行研究，並藉此揭示曹氏歸義軍的社會政治基礎，他將第98窟的人物造像分為四組，其中第二組，即主室東壁靠近甬道的兩邊，所繪人物均為與曹氏有親屬關係的女性，包括曹議金的老婆、姊妹、女兒、侄女和媳婦等。其中姊妹和女兒均標明出嫁給哪一姓；媳婦則標明來自哪一門，這些與曹議金聯姻的家族有：翟氏、陰氏、鄧氏、陳氏、慕容氏、氾氏、閻氏、張氏、羅氏、李氏、索氏、宋氏等，均為瓜沙大族。「其中，曹議金姐第十一小娘子嫁給了瓜州刺史慕容歸盈，妹第十六小娘子嫁歸義軍應管內衙前都押衙張懷慶，妹第十七小娘子嫁歸義軍應管內外諸司馬步軍都指揮使羅盈達，他們都是掌握瓜沙重權的人物，而且，張懷慶出身南陽張氏，與張議潮同族。這些大族是歸義軍政權的社會基礎，曹議金用聯姻的方式與他們結成同盟，使他們成為曹氏政權的支柱。」（第241～243頁）本籍帳文書中的「郎君小娘子」，肯定是指曹議金的姊妹，但具體是誰，卻無法判定。
〔註56〕 前揭姜伯勤氏曾指出：「歸義軍後期（914～1036），又稱『曹氏歸義軍時期』。但從宗教政策上分析，張議潮一代由於改革的實行，劃然顯出為一特殊階段；至遲從索勳政變開始，沙州政壇一路實行了與張議潮改革相背馳的政策。」（前揭氏著《唐五代敦煌寺戶制度》第三章，第115頁）眾所週知，張議潮在推翻吐蕃統治以後，在宗教界推行包括放免「寺戶」在內的一系列「分都司」改革，對敦煌地區的佛教勢力產生了較大抑製作用，以沙州都司為代表的佛教政治權力因此受到削弱。然而，自890～894年索勳政變以後，以至曹氏歸義軍統治時期，沙州當政者卻「拋棄了放免寺戶及將『卑戶』『矜判入鄉管』的政策……對沙州寺觀佔有隸屬人戶，採取了保護、縱容和支持的態度。」（前揭氏著第117～119頁）本件籍帳的時間正屬於歸義軍後期，其中所反映沙州僧司與地方政府人員之間的頻繁往來，及其向俗世統治者提供數量不菲的物質饋贈等內容，正體現出沙州都司（河西都僧統司）在政治舞臺上的重新活躍，以及對世俗政權干預的加強。

2、第二類：用於沙州諸寺的「人事」或「法事」支出

沙州都司（河西都僧統司）作為沙州諸寺的上級領導機構，負責行使教團的司法權力，其下屬的沙州儭司還負責本地區大眾儭利的收支管理與分配。大雲寺、永安寺、開元寺、安國寺、三界寺、淨土寺等寺院，作為沙州都司領導下的寺院，在遇到諸如寺院工程修造、上梁鑄鐘等「人事」或「法事」支出時，所需物品費用很多時候要由沙州儭司調撥分配。

就本件籍帳而言，聖光寺慶鐘（慶賀鐘樓建成）、開元寺南殿上梁屬於寺院工程修造，另外，第 62 行「（布）貳伯壹拾尺，申年修開、永，支布薩法事用」，所支出的 210 尺布，則是用作申年（936）開元、永安兩寺的維修費用，從性質上講也屬於工程維修費用支出。這些工程儘管都是各寺事務，但是維修所需的部分費用，卻要從沙州儭司所管理的「大眾儭利」中支出。

大雲寺、永安寺、安國寺用於「慶寺」的「人事用」，則是三寺舉行慶祝活動所支出的費用。此外，三界、淨土兩寺所支用的黃綾襖子一領，則是由於「賞法事用」，至於是什麼「法事」，我們不得而知。這些原本分屬各寺的事務，由於需要支用儭司管理下的「大眾儭利」，因此也需要沙州儭司居中調撥。

3、第三類，各種節日慶典支出

如「諸寺、蘭若慶陽等用」，即各寺院每年慶陽節所支出的費用。另外，「二月八日賞法師用」、「七月十五日賞樂人」也屬於這一類，這是因為二月八日為每年的行像節，七月十五日則為每年的盂蘭盆節，這兩個節日都是佛教的重大慶典性節日，所以要對法師、樂人進行獎賞，當然是對他們在這些節日慶典活動中辛勤工作所作出的酬謝。

4、第四類，對參與大眾儭利管理的僧侶，以及其他僧人的獎賞

這些僧人包括：監儭和尚（賞布 80 尺）、支儭大德三人（賞 150 尺，大概指儭司教授福集、儭司法律金光定及法律願清三人）、都司三判官（賞 90 尺，當是沙州都司委派下來監督大眾儭利算會的僧官）〔註57〕、大眾維那（即寺中僧職，賞 20 尺）〔註58〕。

〔註57〕 前揭姜伯勤氏指出：「都司體現了教團內的司法權力。都僧統（都教授）有權任命或批准寺職，簽署有關文告，通過都司供職的『法律』一職傳令各寺綱管，並派出『判官』巡檢。」（前揭《唐五代敦煌寺戶制度》，第44頁）可見，沙州都司所派出之「判官」負責巡檢各寺之工作，也包括對大眾儭利管理情況的巡察，其職掌與唐代職官體系中的巡按御史有相類之處。

〔註58〕 按，各寺「綱管」包括寺主、上座、都維那三種僧職。

以上所列開支項目，都要從所收穫的「大眾儭利」中支出，這些支出從性質上說，屬於管理大眾儭利過程中所產生的必要費用，這也正是它們要從「大眾儭利」中列支的原因所在。由此可以得出結論：沙州儭司所執掌之「大眾儭利」，主要部分最終要分配給具備分配資格的全體僧尼，但是管理過種中所產生的費用，也要從「大眾儭利」中支出。

作爲執掌「大眾儭利」的沙州儭司，全面負責敦煌地區「大眾儭利」收入與支出的財務管理工作，它除了要按時將各項大眾儭利收入及時登記入賬，並負責日常保管外，還要在相應的財政年度內，將這些原本就屬於僧尼所有的財產，按照相關規則在全體僧尼中進行分配。當然，管理過程中所產生的費用支出，也要從大眾儭利中支出，這些支出也要如實登記在冊，並寫明支出的原因，並在財政年度的決算報告中接受審核。

沙州儭司作爲沙州都司下屬的財政管理部門，在淨土寺就三年期間大眾儭利收支情況，向沙州都司下屬的各寺院進行通報，與今之各級財政機構要定期向各級人民代表大會提交財政預算決算的情況十分類似。沙州儭司之所以要向各寺院提供財政收支報告，既是爲了讓各寺院瞭解一定時期「大眾儭利」的收支狀況，也是爲了接受各寺院對儭司財務活動的監督。

我們還要指出的是，儘管在福集所作的這份決算報告的開始列出了「車頭齋儭」一項，但是我們在籍帳中卻沒有找到與之對應的一項。單就「表10」所具列的各項收入中，「布」入一項主要是官私布施、死亡僧尼衣物「出唱」（拍賣）所得；其它絹、綾、緤等收入，則來自「前帳迴殘」（即以前剩餘）、官私布施等。之所以未見「車頭齋儭」的項目，或許是因爲本件籍帳本來殘缺不全的緣故。